Aufklärung und Anlageberatung

Europäische Hochschulschriften
Publications Universitaires Européennes
European University Studies

Reihe II
Rechtswissenschaft

Série II Series II
Droit
Law

Bd./Vol. 4537

PETER LANG
Frankfurt am Main · Berlin · Bern · Bruxelles · New York · Oxford · Wien

André Hofmann

Aufklärung und Anlageberatung

Pflichtenmaßstab und Kausalität

PETER LANG
Europäischer Verlag der Wissenschaften

Bibliografische Information der Deutschen Nationalbibliothek
Die Deutsche Nationalbibliothek verzeichnet diese Publikation in der Deutschen Nationalbibliografie; detaillierte bibliografische Daten sind im Internet über <http://www.d-nb.de> abrufbar.

Zugl.: Köln, Univ., Diss., 2006

D 38
ISSN 0531-7312
ISBN 978-3-631-56110-2

www.peterlang.de

Meinem Großvater

Vorwort

Diese Arbeit wurde von der Rechtswissenschaftlichen Fakultät der Universität zu Köln im Sommersemester 2006 als Dissertation angenommen.

Meinem Doktorvater, Herrn Professor Dr. Heinz-Peter Mansel danke ich sehr herzlich für seine persönliche, engagierte und kontinuierliche Betreuung, die eine zügige Anfertigung der Arbeit überhaupt erst möglich gemacht hat. Von seinem Rat und seiner Unterstützung habe ich sehr profitiert.

Herrn Professor Dr. Krüger danke ich für die ausgesprochen rasche Erstellung des Zweitgutachtens.

Besonderer Dank gilt meinen Eltern und meinem Großvater. Meine Eltern haben mir nicht nur Ausbildung, Studium und Auslandsaufenthalte ermöglicht, sondern mich zeitlebens in jeglicher Hinsicht unterstützt. Auch mein Großvater hat meinen Lebensweg stets mit größtem Interesse begleitet. Er ist mir mit seinen mittlerweile 96 Jahren ein großes Vorbild als Mensch, der sich seine Lebensfreude, seine Zufriedenheit und sein Interesse an der Welt bis ins hohe Alter bewahrt hat. Ihm ist diese Arbeit gewidmet.

Frankfurt, im September 2006 André Hofmann

Inhaltsverzeichnis

Kapitel 1: Begriffsbestimmung, Abgrenzung und rechtliche Grundlagen

I. Einleitung

Das Thema des Anlegerschutzes und die Haftung für eine fehlerhafte Anlagebe- 1
ratung existiert seit dem Zeitpunkt, als der erste Kapitalmarkt gegründet wurde. Die Schutzbedürftigkeit von Kapitalgebern, die sich an der Börse betätigen, ist bereits für das 14. Jahrhundert nachgewiesen worden.[1] Beispiele aus der Rechtsprechung zu Fragen der Aufklärung von Kunden bei der Vermögensanlage finden sich schon für den Beginn des letzten Jahrhunderts.[2] Auch in der zweiten Hälfte des letzten Jahrhunderts haben sich immer wieder Gerichte mit dem Thema des Anlegerschutzes auseinandergesetzt, ebenso wie die Literatur,[3] die grundlegende Überlegungen zur Haftung für fehlerhafte Information beigesteuert hat. In den Blickpunkt größerer juristischer Kreise ist es allerdings wohl erst mit der Entscheidung des Bundesgerichtshofes[4] im Jahre 1993 gelangt, der im so genannten „Bond-Urteil" grundsätzliche Ausführungen im Hinblick auf eine anleger- und anlagegerechte Beratung statuiert hat. Wie wichtig und notwendig diese Grundsatzentscheidung war, hat auch die nichtjuristische Öffentlichkeit spätestens zu dem Zeitpunkt erkannt, als auf die Jahrhundert-Hausse der späten Neunziger Jahre mit der Euphorie über Neue Märkte, Internet und innovative Technologien, für viele Anleger ein böses Erwachen im Jammertal des Börsencrashs folgte.

Die Anlageberatung wird oft als „Thema ohne Ende"[5] oder „unendliche Ge- 2
schichte"[6] bezeichnet. Konsequenterweise herrscht deshalb auch kein Mangel an Literatur zu dieser Thematik, die Zahl der Urteile der Rechtsprechung lässt sich mittlerweile mit Fug und Recht als fast unüberschaubar beschreiben. Trotzdem soll dieser Sammlung ein weiteres Werk hinzugefügt werden. Schaut man sich nämlich viele Ausführungen zur Anlageberatung an, so wird man feststellen, dass trotz einer Vielzahl detaillierter Einzelfallentscheidungen – oder vielleicht gerade deshalb – in einigen Bereichen allgemeine und damit ausfüllungsbedürftige Begrifflichkeiten existieren. Dies ist vor allem im Zusammenhang mit der Abgrenzung zwischen Aufklärung und Beratung, sowie der Klassifizierung von Anlegern und Anlageformen der Fall. Worin unterscheidet sich eine Aufklärung

---

[1] Vgl. *Steuer*, Haftung für fehlerhafte Anlageberatung – Eine unendliche Geschichte, in: Festschrift für *Herbert Schimansky*, 1999, 793.
[2] RG, WarnR 1908, Nr. 463; RG, BankA 29, 454.
[3] Vgl. statt vieler *Musielak*, Haftung für Rat, Auskunft und Gutachten, 1974; *Lorenz*, Das Problem der Haftung für primäre Vermögensschäden bei der Erteilung einer unrichtigen Auskunft, in: Festschrift für *Larenz*, 1973, 575.
[4] BGH, WM 1993, 1455.
[5] *Heinsius* in: Freundesgabe für *Friedrich Kübler*, 1997, 405.
[6] *Steuer*, aaO., 793.

von einer Beratung? Was genau ist ein „erfahrener" Anleger, wann kann man von „einschlägigem" Fachwissen sprechen, wie sieht ein „begrenztes Risiko" aus und was hat man unter einer „sicheren" oder „spekulativen" Anlage zu verstehen, um nur einige Beispiele zu nennen. Auch der Frage nach der Kausalität, dem Zusammenhang zwischen der Pflichtverletzung der Bank, der dadurch verursachten Rechtsgutsverletzung und dem Schaden des Anlegers kommt besondere Bedeutung zu. Dieses Thema wird in vielen Arbeiten oft nur als Annex und damit recht oberflächlich behandelt. Auch wird häufig, insbesondere in den Urteilen der Rechtsprechung, nicht deutlich genug zwischen haftungsbegründender und haftungsausfüllender Kausalität unterschieden.

3 Gerade wegen der enormen Komplexität der auf dem Kapitalmarkt existierenden Anlageprodukte und der Verpflichtung zur anleger- und anlagegerechten Information ist es von großer Wichtigkeit, den „Vorüberlegungen" zur eigentlichen Aufklärung bzw. Beratung den entsprechenden Wert beizumessen. Denn nicht zuletzt von der Informationsleistung im Rahmen von Aufklärung und Beratung, von der genauen Charakterisierung des Anlegers hinsichtlich seiner Erfahrungen und Kenntnisse, sowie der Klassifizierung von Anlageformen, wird auch die Frage nach der Kausalität von Information beeinflusst. Die vorliegende Arbeit konzentriert sich somit auf einen sachlich begrenzten Untersuchungsgegenstand. Mit Hilfe der Abgrenzung von Aufklärung und Beratung, sowie der Klassifizierung von Anlegern und Anlageformen, werden die Inhalte der Informationspflichten der Banken und die damit korrespondierenden Kausalitätsfragen untersucht.

4 Keine Erwähnung finden die Themen Mitverschulden,[7] Schaden[8] und Verjährung,[9] da eine Diskussion dieser Problemfelder den Umfang der vorliegenden Arbeit sprengen würde. Es sei daher nur bruchstückhaft auf die Dinge hingewiesen, die im Rahmen einer weitergehenden Erörterung von Interesse wären. Hin-

---

[7] Vgl. *Claussen*, Bank- und Börsenrecht, 3. Auflage, 2003, § 6 Rz. 41; *Bechtel*, Anlageberatung der Kreditinstitute im Wandel. Aufklärungs-, Beratungs- und Informationspflichten, 1998, 183 f.; *Geibel*, Der Kapitalanlegerschaden, 2002, 447 ff.; *Schwintowski/Schäfer*, Bankrecht, 2. Auflage 2003, § 18, Rz. 46; BGH, WM 1993, 1238; BGH, WM 2001, 1716; BGH, ZIP 2002, 1292; OLG Braunschweig, WM 1996, 1242; OLG Köln, ZIP 1990, 90; OLG Schleswig, ZIP 2002, 1840; OLG Frankfurt/M., WM 1995, 665; OLG Oldenburg, WM 2001, 1685; OLG Braunschweig, WM 1998, 375; OLG Braunschweig, WM 1996, 1484.

[8] *Schwintowski/Schäfer*, aaO., § 18, Rz. 48; *Möllers/Leisch*, BKR 2001, 78; *Gsell*, BKR 2002, 504; BGH, BKR 2002, 499; BGH, BKR 2002, 538; BGH, ZIP 2002, 1292; OLG Nürnberg, BB 2001, 380; OLG Düsseldorf, WM 2003, 1263; OLG Koblenz, WM 1996, 1089.

[9] *Besch/Kiene*, DB 2004, 1819; *Ellenberger*, Prospekthaftung im Wandel, 2001, 118 ff.; *Bechtel*, aaO., 184 f.; *Geibel*, aaO., 353 ff.; *Preute*: Interessengerechte Anlagenberatung, Dogmatik, Ökonomische Analyse und Rechtsvergleich, 2000, 175 ff.; LG Zweibrücken, NJW-RR 2004, 1690; OLG München, WM 2005, 647; BGH, WM 2005, 929.

sichtlich der Frage des Mitverschuldens wird insbesondere die Frage einer Verkaufsobliegenheit-, bzw. einer Anzeigepflicht des Anlegers kontrovers diskutiert.[10] In Bezug auf die Verjährung ergeben sich interessante Fragestellungen rund um die Vorschrift des § 37a WpHG und eine etwaige Konkurrenz im Verhältnis zu anderen Verjährungsregelungen.[11] Die Frage, ab welchem Zeitpunkt ein Anspruch auf Schadensersatz entsteht, hängt darüber hinaus eng mit der Frage nach dem durch eine fehlerhafte Aufklärung/Beratung entstandenen Schaden zusammen. So könnte beispielsweise fraglich sein, ob bei einer Aufklärungs-/Beratungspflichtverletzung ein Vermögens- oder Nichtvermögensschaden gegeben ist. Auch stellt sich die Frage, ab wann ein Schaden vorliegt. So könnte man argumentieren, ein Schaden läge schon mit Abschluss des (nachteiligen) Wertpapierkaufvertrages vor.[12] Ebenfalls möglich wäre es, auf den Zeitpunkt der ersten Kursverluste abzustellen, die durch den Umstand entstehen, auf den der Anleger nicht ordnungsgemäß hingewiesen worden ist. Einen Schaden könnte man aber auch erst dann bejahen, wenn der Anleger seine Wertpapiere mit Verlust verkauft hat.[13]

Es sei darauf hingewiesen, dass die meisten der in dieser Arbeit zitierten Urteile 5
aus den 90er Jahren stammen. Aus diesem Grund wird dort, wo es um die Börsentermingeschäftsfähigkeit eines Anlegers geht, die Vorschrift des § 53 Abs. 2 BörsG zitiert. Seit dem 3. Finanzmarktförderungsgesetz von 1998 findet sich diese Vorschrift in § 37d Abs. 1 WpHG wieder. Zum Zwecke einer besseren Übersichtlichkeit soll im Rahmen dieser Arbeit jedoch darauf verzichtet werden, bei jeder Erwähnung der alten Vorschrift auf deren neue Verortung im Wertpapierhandelsgesetz hinzuweisen. Zum 1. Mai 2002 ist ferner das Bundesaufsichtsamt für den Wertpapierhandel (BaWe) mit den damaligen Bundesaufsichtsämtern für das Kreditwesen (BaKred) und das Versicherungswesen (BAV), zur Bundesanstalt für Finanzdienstleistungsaufsicht (BaFin) verschmolzen worden. Dies gilt es zu beachten, da in vielen älteren Urteilen und Aufsätzen noch vom Bundesaufsichtsamt für den Wertpapierhandel die Rede ist. Durch das Schuldrechtsmodernisierungsgesetz (SMG) ist der ehemals ungeschriebene Tatbestand der positiven Forderungsverletzung (pFV) in § 280 Abs. 1 BGB n.F. geregelt worden.[14] Die Vorschrift des § 280 Abs. 1 BGB n.F. gilt auch für vertragsähnliche Sonderverbindungen, wie das ursprünglich ebenfalls ungeschriebene Rechtsinstitut der *culpa in contrahendo* (c.i.c.). Sie ist, auch soweit An-

---

[10] Vgl. statt vieler *Rothenhöfer*, WM 2003, 2032, mit weiteren Nachweisen.

[11] Vgl. zum Beispiel *Koller* in: *Assmann/Schneider*, WpHG, 3. Auflage 2003, § 37a, Rz. 6; OLG München, WM 2005, 647.

[12] So der BGH, WM 2005, 929 mit weiteren Nachweisen.

[13] Vgl. statt vieler *Geibel*, aaO., 1 ff.; *Koller*, aaO., § 37a, Rz. 7.

[14] *Palandt/Heinrichs*, BGB, 65. Auflage, 2006, § 280 Rz. 5.

sprüche auf c.i.c. gestützt werden, die die Haftung begründende Norm.[15] Für das Rechtsinstitut der c.i.c. gilt dies in Verbindung mit § 311 Abs. 2 und Abs. 3 BGB n.F. Auch in diesem Fall bleibt es im Sinne einer besseren Übersichtlichkeit bei der Benennung der beiden Rechtsinstitute in ihrer ursprünglichen Form, ohne jedes Mal auf ihre neue Verortung im BGB zu verweisen.

II. Aufklärung und Beratung

1. Problemaufriss

6 Bevor diese Arbeit sich mit den rechtlichen Grundlagen von Aufklärungspflichten und Anlageberatung befassen kann, muss zunächst eine Definition von „Beratung" und „Aufklärung" sowie eine eventuelle Abgrenzung beider Begriffe vorgenommen werden. Das dies nötig ist, stellt man beim Lesen der bankrechtlichen Rechtsprechung und Literatur immer wieder fest, werden doch teilweise die Begriffe Beratung und Aufklärung in einem Atemzug als synonyme Begriffe verwendet,[16] während an anderer Stelle eine genaue Unterscheidung zwischen beiden Begriffen vorgenommen und befürwortet wird.[17] Aber auch die Teile der Literatur, die auf eine genaue Unterscheidung der Begrifflichkeit wert legen und versuchen, die Unterschiede zwischen Beratung und Aufklärung herauszuarbeiten, finden nicht immer eine eindeutige Antwort auf die Frage, was den Unterschied nun konkret ausmacht. Während der Inhalt der Beratungspflichten der Banken (unter Bezugnahme auf das Bond-Urteils des BGH) detailliert beschrieben wird, erschöpft sich die Beschreibung des Inhalts der Aufklärungspflichten oft lediglich in dem Hinweis, dass diese eine andere rechtliche Grundlage als die Beratungspflichten hätten und dass Aufklärungspflichten, im Unterschied zur Beratung, nicht nur vom Kunden und dem Anlageobjekt, sondern auch von der Bank und den Umständen der Anbahnung des geschäftlichen Kontakts abhingen.[18]

7 Auch die Rechtsprechung unterscheidet grundsätzlich zwischen Aufklärung und Beratung. So wird in Urteilen beispielsweise zunächst das Vorliegen eines Beratungsvertrages geprüft und erst bei der Verneinung eines solchen Vertrages da-

---

[15] *Palandt/Heinrichs*, § 280 Rz. 8.

[16] *MünchKommBGB/Roth*, 2001, 4. Auflage, § 242 Rz. 260; im Ergebnis auch *Keßler*, VuR 1/1998, 3, 4; letztlich auch *Schwintowski/Schäfer*, aaO., § 18, Rz. 1, die eine Trennung beider theoretisch unterscheidbaren Begriffe in der Praxis für kaum möglich halten.

[17] *Vortmann*, Aufklärungs- und Beratungspflichten der Banken 2006, 8. Auflage, Rz. 2 (Schaubild); *Preute*, aaO., 14 ff.; *Schwennicke* WM 1998, 1101, 1103; *Möllers* JZ 1998, 404; *Ellenberger* WM 2001, Sonderbeilage 1, 2; *Möllers/Ganten* ZGR 4/1998, 773, 785; *Reich* WM 1997, 1601, 1607; *Richrath* WM 2004, 653, 655.

[18] *Ellenberger*, WM 2001, Sonderbeilage 1, 6; *Nobbe*, Aufklärungs- und Beratungspflichten bei Wertpapieranlagen, in: *Horn / Schimansky*, Bankrecht 1998, 235, 251.

nach gefragt, ob davon unabhängig Aufklärungspflichten existierten.[19] An anderer Stelle werden Aufklärung und Beratung von der Rechtsprechung zumindest terminologisch getrennt, allerdings ohne eine detaillierte Abgrenzung vorzunehmen.[20] Ob eine Differenzierung tatsächlich berechtigt ist, ob sie über das Streben nach terminologischer Korrektheit hinaus auch rechtliche Konsequenzen hätte, etwa in Bezug auf dogmatische Grundlagen, wird oftmals nicht erwähnt und daher zu diskutieren sein.

Zu beachten ist ferner, dass eine Anlageberatung immer sowohl Aufklärungs- 8
als auch Beratungspflichten umfasst. In solch einem Fall baut die Beratung auf die vorangegangene Aufklärung auf, eine Beratung ohne vorherige Aufklärung ist nicht denkbar. Dies führt zu der Ansicht, dass zwar für die Einordnung der Pflichteninhalte die Unterscheidung von Beratung und Aufklärung erforderlich sei, in der Praxis jedoch Information und Beratung untrennbar miteinander verwoben und daher stets im Zusammenspiel mit der jeweils anderen Pflicht zu betrachten seien.[21] Diese Ansicht übersieht jedoch, dass im täglichen Bankgeschäft durchaus Situationen denkbar sind, in denen eine Aufklärung, aber ausdrücklich keine Beratung, gewünscht sein kann. In solch einem Fall existiert somit gerade kein Zusammenspiel beider Pflichten.

2. Definitionsversuch

Bevor konkret auf eine Abgrenzung zwischen Aufklärung und Beratung im 9
Rahmen der Vermögensanlage eingegangen wird, sollen die einschlägigen Begriffe zunächst in allgemeiner Weise vorgestellt und analysiert werden. Der Versuch einer Definition allgemeiner bankrechtlicher Pflichten wird ausführlich von *Hadding*[22] unternommen. Hierzu nimmt er eine Aufteilung in Unterrichtung, Aufklärung, Auskunft, Rat/Beratung und Empfehlung vor.[23] Das allgemeine Merkmal, das allen Begriffen eigen sei, könne als Oberbegriff folgendermaßen beschrieben werden: Es handele sich als Mindestinhalt aller Begriffe um Wissenserklärungen. Desweiteren unterscheidet er Äußerungen „ohne Anfrage“ und solche „auf Anfrage.“ Zur ersten Kategorie zählt er Unterrichtung/Information und Aufklärung, zur zweiten Auskunft, Rat/Beratung und Empfehlung. Es fällt auf, dass eine strikte Gegenüberstellung von Aufklärung und Beratung, wie sie

---

[19] BGH WM 2001, 1441, 1442; BGH ZIP 1997, 2195, 2196; BGHZ 117, 135, 142= BGH WM 1992, 479, 481.

[20] BGH WM 2001, 1718, 1719; BGHZ 100, 117, 118; BGH ZIP 1997, 1161; OLG Karlsruhe WM 1988, 411, 412.

[21] *Steuer*, aaO., 793, 795.

[22] *Hadding*, Zur Abgrenzung von Unterrichtung, Aufklärung, Auskunft, Beratung und Empfehlung als Inhalt bankrechtlicher Pflichten, in: FS für *Herbert Schimansky*, 1999, 67.

[23] *Hadding*, aaO., 72 ff.

sonst in der Literatur zur Anlageberatung zu finden ist, bei ihm so nicht existiert. Es soll daher zunächst die Definition der obigen Begriffe vorgestellt werden, bevor eine kritische Auseinandersetzung unter Berücksichtigung der Begriffsverwendungen speziell für die Anlageberatung erfolgt. Denn es erscheint fraglich, ob sich allgemeine bankrechtliche Pflichten mit den Pflichten im Rahmen einer Anlageberatung bzw. Aufklärung vergleichen lassen. Trotzdem kann der Versuch einer Definition allgemeiner bankrechtlicher Pflichten für die spätere Diskussion hilfreich sein.

10 Hinsichtlich der Äußerungen ohne Anfrage bezeichnet *Hadding* eine Unterrichtung oder gleichbedeutend eine Information als eine nicht verlangte Mitteilung, eine Benachrichtigung. Es handele sich um das bloße Vermitteln von Tatsachen, also von Wissen. In aller Regel fehle das Element der Belehrung, allenfalls werde die Mitteilung mit einer Erläuterung verknüpft. Die Aufklärung dagegen sei eine belehrende Unterrichtung, durch die Unwissenheit und mangelndes Verständnis beseitigt werde. Sie umfasse in der Regel eine Erläuterung der Information, durch die das Verständnis von Zusammenhängen vermittelt werde. Das zusätzliche Merkmal der Aufklärung gegenüber der bloßen Unterrichtung liege mithin in der Belehrung durch eine Erläuterung.[24]

11 Im Rahmen der Äußerungen auf Anfrage sei die Auskunft inhaltlich der Unterrichtung gleichzusetzen, nur erfolge sie als Antwort auf eine erbetene Frage, mit der dem Auskunftssuchenden Tatsachen mitgeteilt würden.[25] Ein Rat/Ratschlag enthalte als Kern eine Auskunft, gehe aber über sie hinaus, indem der Befragte zusätzlich eine eigene Stellungnahme zu den Gestaltungsmöglichkeiten abgebe, die seiner Ansicht nach dem Empfänger des Rates offen stehen. Er enthalte einen Vorschlag, unter welchen Aspekten man sich für diese oder jene der dargestellten Gestaltungsmöglichkeiten entscheiden könne. Durch die konkretisierende Richtung auf eine bestimmte Gestaltungsmöglichkeit könne sich der Rat dann schon zur Empfehlung steigern. Denn der Rat bleibe in der Regel mit seinem Vorschlag offener als die Empfehlung. Eine Beratung liege dagegen bei der Erteilung eines Rates nach einer Erörterung vor. Sie umfasse im Vergleich zum Rat als zusätzliches Element die gemeinsame Überlegung.[26]

12 Die Empfehlung letztlich sei ein intensivierter Rat, ein Anraten. Das Element der Steigerung des Rats liege darin, dass derjenige, der eine Empfehlung ausspreche, sich mit seinem Vorschlag für eine ganz bestimmte Entscheidung ausspreche, die er anstelle des Beratenen treffen würde. Der Empfehlende treffe mit seiner eigenen Stellungnahme unter den Gestaltungsmöglichkeiten eine Aus-

---

[24] *Hadding*, aaO., 73 f.
[25] *Hadding*, aaO., 74 f.
[26] *Hadding*, aaO., 74 f.

wahl im Sinne der Konkretisierung auf eine bestimmte Alternative, die er für die günstigste halte. Wenn der Empfänger der Empfehlung folge, bestehe seine Entscheidung nur noch darin, sich die Auswahl des Empfehlenden zu eigen zu machen. Eine Empfehlung sei darüber hinaus an einen individualisierten Adressaten gerichtet. Deshalb solle der Ausdruck der Empfehlung dann vermieden werden, wenn die Äußerung nur in einer generellen, abstrakten Anpreisung bestehe.[27]

3. Diskussion

Wie oben bereits erwähnt, sind diese Begriffsdefinitionen nicht speziell auf die 13
Anlageberatung bezogen und müssen daher für diese Arbeit auf ihre Gültigkeit in Bezug auf die Anlageberatung untersucht werden.[28] Sowohl Information als auch Aufklärung erfolgen durch die Mitteilung von Tatsachen. Laut *Hadding* haben sie aber offensichtlich unterschiedliche Zielsetzungen. Die Information soll schlichtes Nichtwissen beseitigen, während die Aufklärung auf die Beseitigung mangelnden Verständnisses zielt. Man könnte sagen, die Aufklärung enthalte im Gegensatz zur Information eine intellektuelle Komponente. Zumindest im Rahmen der Anlageberatung lassen sich beide Begriffe jedoch schwer trennen. Zwar ist es richtig, dass eine Aufklärung nie ohne eine Information denkbar ist, eine Information aber durchaus ohne Aufklärung stattfinden kann. Auch lässt sich beispielsweise die Mitteilung des Kurses einer Aktie noch problemlos als Information einordnen, weil solch eine Art der Information aus sich selbst heraus erklärbar ist. Genau dies ist aber auch die Schwierigkeit hinsichtlich der Unterscheidung beider Begriffe. Dort nämlich, wo eine Information nicht aus sich selbst heraus erklärbar ist, ist sie ohne eine anschließende Erläuterung nicht denkbar, weil nutzlos. Dies wird z.B. deutlich bei der Frage nach Funktionsweise, Eigenschaften und Risiken von Wertpapieren. Hier lässt sich die Mitteilung von Tatsachen und deren Erläuterung nicht mehr klar trennen. Im Rahmen der Anlageberatung wird die Mitteilung von Tatsachen (Information) daher fast immer auch deren Erläuterung umfassen, der Kunde muss die ihm mitgeteilten Informationen auch verstehen. Für die Zwecke dieser Arbeit können die Begriffe Information und Aufklärung deshalb synonym verwendet werden. Ebenfalls kritisch zu betrachten ist die Aussage, Information und Aufklärung erfolgten ohne Anfrage. Die Einordnung beider Begriffe unter dieses Merkmal ist auf den Bereich der Anlageberatung nicht übertragbar. Ein Wertpapierdienstleistungsunternehmen wird einen Kunden nicht anlässlich der Eröffnung eines Girokontos

---

[27] *Hadding*, aaO., 75 f.

[28] Vgl. auch *Schäfer*, Allgemeine Aufklärungs- und Beratungspflichten – vor einer Wende?, in: *Horn/Schimansky*, Bankrecht 1998, 27, 37, der konstatiert, dass die Aufklärungs- und Beratungspflichten bei Wertpapieranlagen nicht ohne weiteres mit den Aufklärungs- und Beratungspflichten im sonstigen Bankgeschäft zu vergleichen seien.

oder der Aufnahme eines Kredites über die Funktionsweise und Risiken von Wertpapieren unterrichten. Das Gegenteil ist der Fall. Bei der Anlageberatung geht die Initiative häufig vom Kunden aus, mit der Bitte um Informationen zu einer Anlageformen oder einem bestimmten Anlageprodukt. In solchen Situationen das Vorliegen einer Information oder Aufklärung zu verneinen, erscheint mir deshalb nicht möglich.

14 Weiterhin wird der Rat/Beratung der Empfehlung gegenübergestellt. Zu beachten ist hierbei, dass der Terminus Beratung nicht als Oberbegriff und in Abgrenzung zur Aufklärung benutzt wird, sondern als eigenständiger Begriff. *Hadding* weist darauf hin, dass Rat und Beratung inhaltlich gleich seien. Bei beiden würden dem Ratsuchenden Entscheidungsmöglichkeiten vorgestellt, die verbunden mit einer Stellungnahme des Ratenden einen eigenen Vorschlag umfassten.[29] Ob es für die Beratung jedoch charakteristisch ist, dass sie im Gegensatz zum Rat gemeinsam mit dem Ratsuchenden erörtert wird, erscheint zweifelhaft. Denn auch die Abgabe eines Rates, der konkrete Vorschläge enthält, findet nicht im abstrakten Rahmen statt, sondern fußt auf Informationen und Aussagen, die der Ratsuchende zur Verfügung stellt oder auf Vorgaben, die dieser gemacht hat. Auch hier findet daher meines Erachtens ein gemeinsames Überlegen statt. Darüber hinaus kann es bei der Anlageberatung auch durchaus vorkommen, dass ein Kunde gar keine gemeinsamen Überlegungen wünscht, sondern lediglich einen Vorschlag und dessen kurze Erläuterung verlangt.

15 Auch die vorgenommene Abgrenzung zwischen Rat und Empfehlung ist zumindest im Rahmen der Diskussion zur Anlageberatung meines Erachtens letztlich nicht von Bedeutung. Der Unterschied scheint zu sein, dass ein Rat/Beratung offener bleibt und unter Umständen mehrere Vorschläge umfassen kann, während die Empfehlung eher auf einen bestimmten Vorschlag abzielt. Aber auch die im Rahmen eines Rates/Beratung erteilten Vorschläge, selbst wenn sie mehrere Alternativen umfassen, sind auf die individuellen Bedürfnisse des Ratsuchenden bereits zugeschnitten, da sie auf dessen Angaben fußen. Diese Vorschläge werden also nicht Anlagemöglichkeiten umfassen, die nicht für den Anleger geeignet wären. Dann kann es aber im Grunde keinen Unterschied mehr machen, ob der Anleger eine einzige für ihn geeignete Empfehlung bekommt oder unter mehreren Alternativen auswählt, von denen aber auch jede einzelne für seine Zwecke geeignet ist. Denn auch bei einer einzelnen Empfehlung liegt die Entscheidung, die Empfehlung anzunehmen, beim Anleger. Sagt diesem die Empfehlung nicht zu, so wird er sie ablehnen und der Anlageberater wird gezwungen sein, eine andere Empfehlung abzugeben. Ein solches Vorgehen wäre aber letztlich nichts anderes als der Vorschlag mehrerer geeigneter Alternativen.

---

[29] *Hadding*, aaO., 77.

Zusammenfassend kann somit festgehalten werden, dass für die Anlageberatung eine strikte Unterscheidung von Rat/Beratung und Empfehlung nicht notwendig ist. Will man den Terminus der Beratung als Oberbegriff und in Abgrenzung zur Information/Aufklärung verwenden, so kann man Beratung als das Treffen einer Auswahl beschreiben, die in mehreren Vorschlägen oder aber einer einzelnen Empfehlung mündet. Da die oben beschriebenen Begriffsdefinitionen auf bankrechtliche Pflichten allgemein bezogen werden, erfolgt keine Erläuterung der genauen Inhalte von Aufklärung oder Beratung, bezogen auf ein konkretes Beratungs- bzw. Aufklärungsgespräch. Die Begriffsbestimmung konzentriert sich vielmehr auf den Versuch einer abstrakten Beschreibung von Abläufen innerhalb dieser Vorgänge. Im Rahmen des Wertpapierhandelsgesetzes (WpHG) hat der Gesetzgeber Vorschriften zu Aufklärungs- und Beratungspflichten erlassen. **16**

Es soll daher anhand dieser Vorschriften versucht werden, eine Antwort auf die Frage zu finden, was genau unter Information/Aufklärung und Beratung zu verstehen ist, was beide Pflichten leisten müssen und wie sie voneinander abzugrenzen sind.

III. Aufklärung

Das Europäische Kapitalmarktrecht hat durch zahlreiche EG-Richtlinien in den letzten Jahren immer deutlichere Formen angenommen.[30] Eine davon ist die am 10.05.1993 erlassene EG-Wertpapierdienstleistungsrichtlinie.[31] Zielsetzung dieser Richtlinie ist sowohl der Anlegerschutz als auch die Gewährleistung eines reibungslosen Funktionierens der Kapitalmärkte.[32] Sie verpflichtete die Mitgliedsstaaten gemäß Art. 11 Abs. 1 Satz 1 verbindlich, Wohlverhaltensregeln zu erlassen. Infolgedessen wurde mit dem Zweiten Finanzmarktförderungsgesetz das Wertpapierhandelsgesetz als gänzlich neues Gesetz erschaffen,[33] das in vollem Umfang am 01.01.1995 in Kraft trat. Es enthält mit den §§ 31 bis 37a WpHG einen Abschnitt mit Verhaltensregeln für das Wertpapiergeschäft. Die Regeln, die für diese Arbeit von besonderem Interesse sind, finden sich in den §§ 31 und 32 WpHG. Die Vorschrift des § 31 Abs. 2 Nr. 1 WpHG regelt die Einholung von Angaben über Kenntnisse, Erfahrungen, finanzielle Verhältnisse und Anlageziele der Kunden, § 31 Abs. 2 Nr. 2 WpHG die Mitteilung von **17**

---

[30] Siehe beispielhaft den Überblick in dem dreiteiligen Aufsatz von *Assmann/Buck*, EWS 1990, 110, 190, 220.

[31] Richtlinie des Rates der Europäischen Gemeinschaft über Wertpapierdienstleistungen vom 10. Mai 1993 (93/22/EWG), (Wertpapierdienstleistungs-RL, ABl. EG L 141/27 vom 11. Juni 1993).

[32] *Koller*, aaO., Vor § 31, Rz. 11.

[33] Für die ausführliche Entstehungsgeschichte vgl. *Koller*, aaO., Vor § 31, Rz. 1 ff.

zweckdienlichen Informationen. Die Systematik der Vorschrift soll gewährleisten, dass ein Wertpapierdienstleistungsunternehmen aufgrund seiner Erkundigungen beim Kunden in der Lage ist, diesen mit den Informationen und Daten zu versorgen, die dieser für eine Anlageentscheidung benötigt. § 32 WpHG enthält besondere Verhaltensregeln für Wertpapierdienstleistungsunternehmen in der Form von Verboten, darunter in § 32 Abs. 1 Nr. 1 WpHG das Verbot von Empfehlungen, die nicht im Kundeninteresse sind. Nach § 35 Abs. 6 WpHG ist die Bundesanstalt für Finanzdienstleistungsaufsicht (BaFin) berechtigt, Richtlinien zu erlassen, um zu beurteilen, ob die Anforderungen nach den §§ 31 und 32 WpHG erfüllt sind. Von diesem Recht wurde erstmals im Jahre 1997 Gebrauch gemacht.[34] Diese Richtlinie wird allgemein als Wohlverhaltensrichtlinie bezeichnet, deren neueste Fassung vom 23.08.2001 datiert.[35]

Umstritten ist allerdings, inwieweit der Gesetzgeber im Rahmen des WpHG eine Abgrenzung zwischen Aufklärung und Beratung vorgenommen hat und ob § 31 WpHG lediglich Aufklärungs- und Informationspflichten, oder aber auch Beratungspflichten statuiert.

1. § 31 WpHG: Aufklärung oder Beratung?

18 Die Frage, ob § 31 WpHG neben einer Aufklärungspflicht auch eine Pflicht des Wertpapierdienstleisters zur Beratung statuiert, ist umstritten. Der Gesetzgeber scheint hier keine klare Aussage getroffen zu haben. So finden sich in dem Bericht des Bundestags-Finanzausschusses zum Regierungsentwurf des Zweiten Finanzmarktförderungsgesetzes widersprüchliche Aussagen. Im Zusammenhang mit § 31 WpHG wird sowohl von Aufklärung, als auch von Beratung gesprochen.[36] Es wird konstatiert, dass der Kunde durch die Erfüllung der Verhaltensregeln seitens des Wertpapierdienstleistungsunternehmens in die Lage versetzt werden soll, die Tragweite und Risiken seiner Anlageentscheidung einzuschätzen und somit die wirtschaftlichen Folgen seiner Entscheidung tragen zu können.[37] Versteht man den Begriff „Entscheidung" in seinem ursprünglichen Wortsinn[38] als „das Festlegen von etwas Strittigem, Zweifelhaftem auf eine darin angelegte Möglichkeit", als „Wahl einer von mehreren Möglichkeiten", so wird klar, dass eine Entscheidung eine wesentliche intellektuelle Leistung beinhaltet, das Treffen einer (Aus)Wahl, das Festlegen eines Ergebnisses. Diese

[34] *Möllers/Ganten,* ZGR 4/1998, 773, 777.

[35] http://www.bawe.de/cgi-bin/bafin.pl.

[36] Vgl. *Kienle* in: *Schimansky/Bunte/Lwowski*, Bankrechts-Handbuch Band III, 2001, § 110, Rz. 3, der diese Widersprüchlichkeit ebenfalls hervorhebt.

[37] Beschlussempfehlung und Bericht des Finanzausschusses des Deutschen Bundestages zum Regierungsentwurf eines Zweiten Finanzmarktförderungsgesetzes, BT-Drucks. 12/7918, 103.

[38] *Wahrig/Wahrig-Burfeind*, Der kleine Wahrig–Wörterbuch der Deutschen Sprache, 2001

Formulierung spricht gegen eine Beratungspflicht, da bei der Beratung die Anlageentscheidung, d.h. die in eine Empfehlung mündende Auswahl des Anlageobjekts, gerade nicht vom Kunden, sondern von der Bank getroffen wird. Zwar muss sich der Kunde noch entscheiden, ob er die Empfehlung annimmt. Tut er dies nicht, wird ihm die Bank jedoch eine weitere Empfehlung anbieten. In dieser auf den Kunden zugeschnittenen Auswahl eines passenden Anlageobjekts aus einer nahezu unüberschaubaren Menge von Anlagemöglichkeiten liegt die eigentliche und wesentliche intellektuelle Leistung, nicht in der bloßen Annahme der von der Bank ausgesprochenen Empfehlung. Eine eigene Entscheidung in Bezug auf die Auswahl des Anlageobjektes trifft der Kunde bei der Beratung somit eindeutig nicht. Die Gesetzesmaterialien beinhalten aber auch Aussagen, die auf eine Beratungspflicht im Rahmen des § 31 WpHG hindeuten. So findet sich die Formulierung, damit das Wertpapierdienstleistungsunternehmen die „Beratung" vornehmen könne, müsse es sich ein Bild über die von seinem Kunden verfolgten Anlageziele und seine finanziellen Verhältnisse machen. Die Bank solle aufgrund der vom Kunden erhaltenen Gesamtinformationen in der Lage sein, diesem eine auf seine persönlichen Verhältnisse zugeschnittene Anlage zu empfehlen.[39] Am Schluss wird konstatiert, Ziel der Beratung und Aufklärung müsse es sein, dass diese sowohl anlage- als auch anlegergerecht sei.[40] Anhand dieser Beispiele wird ersichtlich, dass eine eindeutige Festlegung und Abgrenzung zwischen Aufklärung und Beratung seitens des Gesetzgebers in der Vorbereitung zum WpHG offensichtlich nicht erfolgt ist.

Aus der Wohlverhaltensrichtlinie in ihrer aktuellen Fassung[41] lässt sich dagegen **19**
zumindest kein direkter Hinweis auf eine vom Wertpapierdienstleistungsunternehmen geschuldete Beratung entnehmen. Im gesamten Abschnitt zu Ziffer 2 der Wohlverhaltensrichtlinie wird durchgängig und eindeutig von Aufklärung gesprochen, sei es an herausgehobener Stelle in der Form von Überschriften[42] oder aber im fortlaufenden Text. So wird z.B. die Mitteilung aller zweckdienlichen Informationen in Ziffer 2 ausdrücklich als Aufklärung bezeichnet.[43] Eine

---

[39] Beschlussempfehlung und Bericht des Finanzausschusses des Deutschen Bundestages zum Regierungsentwurf eines Zweiten Finanzmarktförderungsgesetzes, BT-Drucks. 12/7918, 103; vgl. auch Hinweise bei *Kümpel*, WM 1995, 689, 691; *Schwennicke,* WM 1998, 1101, 1103; *Buhk,* Die Haftung eines Wertpapierdienstleistungsunternehmens bei der Anlagevermittlung und der Anlageberatung, 1998, 48.

[40] Beschlussempfehlung und Bericht des Finanzausschusses des Deutschen Bundestages zum Regierungsentwurf eines Zweiten Finanzmarktförderungsgesetzes, BT-Drucks. 12/7918, 104.

[41] Wohlverhaltensrichtlinie gemäß § 35 Abs. 6 WpHG in der Fassung vom 23.08.2001, Bundesanzeiger vom 04.09.2001, 19217.

[42] Ziffer 2.2 der Wohlverhaltensrichtlinie.

[43] Die Formulierung lautet wie folgt: „Das Wertpapierdienstleistungsunternehmen muss dem Kunden (...) alle zweckdienlichen Informationen über die beabsichtigten Geschäftsarten mitteilen (Aufklärung), (...)."

etwas verwirrende Formulierung, aus der man versucht sein könnte, eine Beratungspflicht abzuleiten, findet sich unter Ziffer 2. Dort werden *Execution-Only*-Geschäfte als solche beschrieben, bei denen auf die Aufklärung keine die persönlichen Verhältnisse des Kunden berücksichtigende Anlageempfehlung folgt.[44] Anhand dieser Aussage könnte man argumentieren, dass bei anderen als *Execution-Only*-Geschäften, eine Anlageempfehlung ausgesprochen wird oder werden soll. Eine solche Argumentation ist jedoch nicht überzeugend. Denn sie würde voraussetzen, dass *Execution-Only*-Geschäfte nur auf Direktbanken beschränkt sind. Dies ist jedoch nicht der Fall. Diese Geschäfte kommen auch im normalen Bankgeschäft vor, dann nämlich, wenn ein Kunde mit der Bitte um Ausführung eines konkreten Anlagewunsches an die Bank herantritt, weil er sich eine eigene Anlageentscheidung zutraut. Dies kann seinen Grund entweder darin haben, dass er in Wertpapierangelegenheiten bereits Erfahrung hat oder aber weil er im Vorfeld aufgeklärt wurde. Ein Hinweis darauf, ob ein Wertpapierdienstleistungsunternehmen grundsätzlich lediglich zur Aufklärung oder aber auch zur Beratung verpflichtet ist, lässt sich daraus mithin nicht entnehmen. Da die Diskussion und der Streit darüber, ob § 31 WpHG lediglich zur Aufklärung oder aber auch zur Beratung verpflichte, seit Verabschiedung des WpHG im Jahre 1994 geführt wird und die Wohlverhaltensrichtlinie in der Zwischenzeit mehrfach geändert wurde, lässt sich zumindest argumentieren, dass der Gesetzgeber, so er denn eine Beratungspflicht statuieren wollte, diese Absicht mittlerweile zumindest in der Wohlverhaltensrichtlinie deutlich zum Ausdruck gebracht hätte. Da er dies nicht getan hat, spricht zumindest einiges dafür, dass aus § 31 WpHG lediglich eine Aufklärungspflicht abgeleitet werden kann.

a) Befürwortung einer Beratungspflicht

20 In der Literatur wird eine Beratungspflicht teilweise bejaht.[45] Dies wird unter anderem damit begründet, dass ohne eine nachfolgende Beratung die Erkundigungspflicht gemäß § 31 Abs. 2 Nr. 1 WpHG über finanzielle Verhältnisse und die Erfahrungen und Anlageziele des Kunden, in der Luft hinge.[46] Dies ist so nicht überzeugend.[47] Zwar ist es richtig, dass zur Übermittlung von allgemeinen und undifferenzierten Basisinformationen über Funktionsweise und Eigenschaf-

---

[44]Die Formulierung lautet wie folgt: „Soweit das Wertpapierdienstleistungsunternehmen Aufträge lediglich vermittelt oder im Wege des Kommissionsgeschäfts oder des Eigenhandels für andere lediglich ausführt (*Execution-Only*), (...), d.h. auf die Aufklärung keine die persönlichen Verhältnisse des Kunden berücksichtigende Anlageempfehlung folgt, (...)."

[45] *Metz*, VuR 1996, 183, 184; *Cahn*, ZHR 162 (1998), 1, 33 f.; *Mülbert*, WM 2001, 2081, 2099 f.; *Bliesener*, Aufsichtsrechtliche Verhaltenspflichten beim Wertpapierhandel, 1998, § 13 I 2d.

[46] *Schwark*, Die Verhaltensnormen der §§ 31 ff. WpHG in: Das Zweite Finanzmarktförderungsgesetz in der praktischen Umsetzung – Bankrechtstag 1995, 109, 129.

[47] So auch *Koller*, aaO., § 31 Rz. 81.

ten von Anlageformen, die Einholung von Kundendaten nicht zwingend erforderlich wäre. Für eine Beratung spricht eine solche Erkundigungspflicht aber nicht zwangsläufig. Denn sie ist auch dann sinnvoll, wenn auf diese Erkundigungen lediglich eine Aufklärung folgt. Eine Basisinformation über alle Anlageformen kann aufgrund ihres Umfanges und ihrer Beliebigkeit den unerfahrenen Kunden verwirren. So kann ein unerfahrener Anleger, der undifferenziert Informationen über jede nur erdenklich mögliche Anlageform erhält, Gefahr laufen, die für seine konkreten Zwecke notwendigen Mitteilungen zu übersehen oder nicht richtig zu erfassen. Wiederholt ist darauf hingewiesen worden, dass ein Zuviel an Information einen Anleger „erschlagen“ [48] kann. Einige Wertpapierdienstleistungsunternehmen tragen dem mittlerweile Rechnung und weisen in ihren Broschüren, so diese denn Informationen über alle Anlageformen enthalten, auf die Möglichkeit des selektiven Lesens hin.[49] Auch die Information, die lediglich eine Aufklärung des Kunden zum Ziel hat, braucht daher bestimmte Anhaltspunkte, wenn sie effektiv und zum größtmöglichen Nutzen des Kunden erfolgen soll. Ist das Wertpapierdienstleistungsunternehmen über die Erfahrungen und Anlageziele des Kunden im Bilde, kann es diesem gezielt Informationen über die für ihn in Frage kommenden Anlageformen zukommen lassen. Die Notwendigkeit einer Erkundigungspflicht, auch bei einer darauf folgenden Aufklärung, wird ebenfalls dadurch deutlich, dass die Wohlverhaltensrichtlinie die Einstufung von Kunden in Risikokategorien ermöglicht.[50] Dadurch wird die Übersichtlichkeit für die Bank verbessert und der Kunde kann gezielt informiert werden. Eine solche Einstufung ist jedoch nur möglich, wenn vorher die entsprechenden Angaben vom Kunden eingeholt werden konnten. Diese Einholung von Kundendaten, die Einstufung in bestimmte Risikoklassen und die entsprechende Information des Kunden darüber, ist ein erster, aber entscheidender Schritt des Wertpapierdienstleistungsunternehmens, den Kunden davor zu schützen, in Anlageformen zu investieren, die seinen Anlagezielen und -wünschen nicht entsprechen. Bereits auf dieser Stufe wird somit der von der EG-Wertpapierdienstleistungsrichtlinie (auch) bezweckte Anlegerschutz verwirklicht.

Diese Argumentation wird unterstützt durch eine Formulierung, wie sie in dem **21**
Vorschlag für eine neue EU-Wertpapierdienstleistungsrichtlinie[51] zu finden ist, mit der die alte Richtlinie von 1993 vollständig ersetzt werden soll. Dort heißt es in Artikel 18 Abs. 4: „Vom Kunden sind die erforderlichen Angaben über seine Kenntnisse und Erfahrungen im Anlagebereich, seine Anlageziele und seine Fi-

---

[48] *Koller*, aaO., § 31 Rz. 80 f., 96a. und Rz. 118; *Möllers/Ganten*, ZGR 4/1998, 773, 788.

[49] *Möllers/Ganten*, ZGR 4/1998, 788, mit Hinweis auf die „Basisinformationen über Vermögensanlagen in Wertpapieren“ des Bank-Verlages Köln, 1994, 9.

[50] Ziffer 2.2. der Wohlverhaltensrichtlinie.

[51] ZBB 6/2002, 518 ff.

nanzlage einzuholen, so dass das Wertpapierhaus die Wertpapierdienstleistungen und Finanzinstrumente auswählen kann, die für den entsprechenden Kunden zweckmäßig sind."[52] Die Richtlinie verwendet zwei allgemeine Begriffe, nämlich „Wertpapierdienstleistung" und „Finanzinstrumente", die im Gegensatz zu einer individuellen Auswahl von geeigneten Anlageobjekten stehen. Dies macht deutlich, dass die Erkundigungspflicht auch dann eine Funktion hat, wenn auf die Einholung von Kundendaten keine konkrete Beratung folgt.

22 Der eine Beratungspflicht befürwortenden Ansicht ist zugute zu halten, dass die Erkundigungspflichten des § 31 Abs. 2 Nr. 1 WpHG auf den ersten Blick inhaltlich den vom BGH im Bond-Urteil aufgestellten Nachforschungspflichten zu entsprechen scheinen.[53] Der BGH hat diese Grundsätze bezeichnenderweise im Rahmen eines Beratungsvertrages diskutiert. Diese Tatsache allein kann jedoch eine Beratungspflicht nicht begründen. Denn die Annahme, zwischen den Grundsätzen des Bond-Urteils und den Verhaltenspflichten der EG-Wertpapierdienstleistungsrichtlinie bestehe kein grundlegender Unterschied, wird zumindest von Teilen der Literatur als falsch bezeichnet.[54] Der Pflichtenkatalog des § 31 Abs. 2 WpHG sei vielmehr an den von der Rechtsprechung entwickelten Grundsätzen zu den vorvertraglichen Aufklärungspflichten angelehnt.[55]

b) Ablehnung einer Beratungspflicht

23 Die heute herrschende Meinung[56] ist daher richtigerweise der Ansicht, dass § 31 WpHG lediglich eine Aufklärungs- aber keine Beratungspflicht beinhaltet. So habe der Gesetzgeber den Wertpapierdienstleistern zwar Aufklärungspflichten zuweisen, sie aber nicht generell zur Anlageberatung verpflichten wollen.[57] Hierfür spricht zum einen der systematische Kontext des Gesetzes. § 31 Abs. 2 Nr. 2 WpHG bezieht sich auf die „Informationen", die dem Kunden mitzuteilen sind, während § 32 WpHG von der „Anlageempfehlung" spricht. Der Begriff

---

[52] ZBB 2/2002, 518, 528.

[53] *Horn* WM 1999, 1, 5; *Nobbe*, Bankrecht 1998, 235, 250.

[54] *Reich* WM 1997, 1601, 1606; *Schwennicke* WM 1998, 1101, 1103.

[55] *Schwennicke* WM 1998, 1101, 1102, mit Hinweis auf Beschlussempfehlung und Bericht des Finanzausschusses des Deutschen Bundestages zum Regierungsentwurf eines Zweiten Finanzmarktförderungsgesetzes, BT-Drucks. 12/7918, 103 und 104.

[56] *Koller*, aaO., § 31Rz. 96; *Horn* WM 1999, 1, 4; *Schwintowski/Schäfer*, aaO., 741; *Nobbe*, Bankrecht 1998, 235, 238; *Balzer*, WM 1997, 2311, 2313; *Möllers/Ganten*, ZGR 4/1998, 773, 785; *Reich*, WM 1997, 1601, 1605; *Schwennicke*, WM 1998, 1101, 1103; *Hadding*, a-aO., 67, 71; *Preute* aaO., 21; *Buhk*, aaO., 49 f.; *Siol*, Beratungs- und Aufklärungspflichten der Discount Broker, in: FS für *Herbert Schimansky*, 1999, 781, 783; *von Rottenburg*, WM 1997, 2381, 2393.

[57] *Horn*, WM 1999, 1, 4.

der Empfehlung charakterisiert dabei den Kernbereich jeder Anlageberatung, während der Begriff der Informationen der Aufklärung zuzurechnen ist.[58] Dass der Gesetzgeber die Begriffe Aufklärung/Information und Beratung/Empfehlung nicht etwa synonym verwendet, wird weiterhin in § 2 Abs. 3a Nr. 3 WpHG deutlich, in dem die Beratung als eigenständige Wertpapiernebendienstleistung definiert wird. Die Tatsache, dass der Entwurf der ursprünglich für das Jahr 2004 vorgesehenen grundlegenden Neufassung der Wertpapierdienstleistungsrichtlinie in Anlage I Abschnitt A Nr. (5) auch die Anlageberatung als Wertpapierdienstleistung vorsieht, ändert nichts an dieser Argumentation, da dies an der vom Gesetzgeber vorgenommenen begrifflichen Unterscheidung nicht rührt.[59] Dass § 31 WpHG nicht eine Pflicht zur Beratung, sondern lediglich zur Information/Aufklärung begründet, wird ebenfalls dadurch deutlich, dass er sich sowohl auf die in § 2 Abs. 3 WpHG aufgeführten Wertpapierdienstleistungen, als auch auf die in § 2 Abs. 3a Nr. 3 WpHG als Wertpapiernebendienstleistung geregelte Beratung bezieht. Wäre durch § 31 WpHG selbst bereits die Pflicht zur Beratung statuiert, so wäre die Vorschrift des § 2 Abs. 3a Nr. 3 WpHG überflüssig.[60] Durch die Klassifizierung der Beratung als Wertpapiernebendienstleistung wird so deutlich, dass die in § 31 WpHG geregelten Pflichten inhaltlich etwas anderes als eine Beratung, nämlich eine Aufklärung, umfassen müssen. Würde § 31 WpHG eine Beratung beinhalten, wäre außerdem das Verbot des § 32 Abs. 1 Nr. 1 WpHG, keine gegen die Interessen der Kunden verstoßenen Empfehlungen auszusprechen, mit der Vorschrift des § 31 Abs. 1 Nr. 1 WpHG deckungsgleich, der den Wertpapierdienstleister verpflichtet, seine Leistungen im Interesse des Kunden zu erbringen.[61]

2. Inhalt der Aufklärungspflicht nach WpHG

Nachdem festgestellt worden ist, dass § 31 WpHG lediglich eine Aufklärungs- **24**
pflicht beinhaltet, stellt sich die Frage, wie diese Aufklärung konkret auszusehen hat. Dabei ist es insbesondere von Bedeutung, ob eine Aufklärung des Anlegers nur allgemeine Informationen zu den verschiedenen Anlageformen beinhalten muss oder aber auch konkrete Informationen zu bestimmten Anlageobjekten umfassen kann. Daran schließt sich die Frage an, wie Aufklärung und Beratung voneinander abzugrenzen sind. Diese Frage wird dann wichtig und vor allem schwierig, wenn auch die Aufklärung hinsichtlich eines konkreten Anlageobjektes von den Informationspflichten des § 31 WpHG umfasst ist. Bevor diese Problematik ausführlich diskutiert wird, ist es jedoch zunächst unumgänglich festzustellen, welchen Anforderungen die Informationspflicht des § 31 WpHG

---

[58] Vgl. Rz. 13 f.

[59] Abdruck des Entwurfs u.a. in ZBB 2002, 518 ff.

[60] *Möllers/Leisch*, JZ 2000, 1085, 1090; *Reich*, WM 1997, 1601, 1607.

[61] Vgl. auch *Preute*, aaO., 21; *Schwennicke*, WM 1998, 1101, 1103.

genügen muss. In der Praxis sind grundsätzlich vier Ausgangsszenarien vorstellbar, mit denen ein Wertpapierdienstleistungsunternehmen konfrontiert werden kann. Die Darstellung der vier Beispielfälle wird allerdings zeigen, dass für die hier entscheidende Diskussion letztlich nur zwei Szenarien von grundsätzlicher Bedeutung sind. Zur besseren Verständlichkeit sollen aber alle vier Konstellationen kurz dargestellt werden.

25 Fall 1:
Ein Kunde kommt zur Bank und möchte Geld anlegen. Er ist unerfahren, traut sich eine eigene Entscheidung nicht zu oder möchte nicht das Risiko einer falschen Vermögensanlage eingehen. Dieser Kunde nimmt eine Beratung in Anspruch. Diese muss als Kernelement der Beratung auch eine Aufklärung beinhalten.[62]

26 Fall 2:
Eine Kunde wünscht von der Bank zunächst keine Beratung, sondern nur Informationen.[63] Ein konkretes Anlageobjekt hat er noch nicht im Sinn. Die Bank zieht Erkundigungen beim Kunden ein und erhält so Erkenntnisse über das Risikoprofil sowie über seine Erfahrungen und Kenntnisse. Entsprechend wird er aufgeklärt. Diese Aufklärung ist schon zu einem gewissen Maße individualisiert, da sie sich auf Anlageformen bezieht, die den Anlagezielen und -wünschen des Kunden entsprechen, also auf sein Risikoprofil zugeschnitten sind. Diese Informationen stellen bereits einen bedeutenden Schutz für den Kunden dar, da er nicht in die Gefahr gerät, in eine Anlageform zu investieren, die mit seinen Anlagezielen nicht vereinbar ist. Eine solche Aufklärung könnte man als Grundaufklärung bezeichnen.

27 Fall 3:
Ein Kunde tritt mit dem Wunsch von Informationen über ein bestimmtes Anlageobjekt an die Bank heran. Es kann meines Erachtens für diesen Fall keinen Unterschied machen, ob es sich um einen erfahrenen oder unerfahrenen Kunden handelt. Denn auch der erfahrene Kunde bringt durch seine Anfrage zum Ausdruck, dass er ein Informationsbedürfnis hat. Seine Auswahl des konkreten Anlageobjektes kann dabei aufgrund verschiedener Umstände zustande gekommen

---

[62] *Koller*, aaO., § 31 Rz. 96.

[63] Ein solcher Wunsch wäre denkbar, wenn der Kunde sich bspw. noch nicht darüber im Klaren ist, ob er sein Geld wirklich am Kapitalmarkt anlegen möchte. Oder aber er möchte sich für eine eventuell folgende Beratung ein gewisses Grundwissen verschaffen. Möglich wäre auch, dass er zunächst selber, aufgrund der von der Bank zur Verfügung gestellten Informationen, eine eigene Auswahl von möglichen Anlageobjekten treffen möchte. Ein solches Anliegen von Kundenseite, Information zunächst ohne Beratung zu erbitten, wird wahrscheinlich dann häufiger vorkommen, wenn die Banken tatsächlich damit beginnen werden, für die Beratung ein gesondertes Entgelt zu verlangen.

sein. Entweder diese Auswahlentscheidung folgt unmittelbar - oder aber zu einem späteren Zeitpunkt - auf eine vorangegangene Grundaufklärung der Bank. Möglich ist aber auch, dass der Kunde auf seine Anlageidee durch eigene Überlegungen gekommen ist oder von dritter Seite, etwa durch einen Bericht im Fernsehen oder durch Werbung, darauf aufmerksam gemacht worden ist. Für die Bank ist dabei nur von entscheidender Bedeutung, ob der Kunde bereits eine Grundaufklärung seitens der Bank erhalten hat.

Fall 3a) Konkrete Anlageentscheidung mit vorangegangener Grundaufklärung der Bank **28**

Der Kunde ist bis zu einem gewissen Maß informiert und vor falschen Entscheidungen – die Investition in eine Anlageform, die nicht seinem Risikoprofil entspricht - geschützt. Er weiß aber nicht, ob das von ihm anvisierte, konkrete Anlageobjekt tatsächlich für ihn geeignet wäre. Dazu braucht er nun weitere Informationen seitens der Bank, die ihm zusätzliche Erkenntnisse über sein Anlageobjekt verschaffen. Diese fordert er von der Bank an.

Fall 3b) Konkrete Anlageentscheidung ohne vorangegangene Grundaufklärung der Bank **29**

Das Wertpapierdienstleistungsunternehmen kann in diesem Fall nicht davon ausgehen, dass der Kunde die Wahl des von ihm gewünschten Anlageobjektes im Bewusstsein der Risiken des Wertpapierhandels getroffen hat, ganz zu schweigen davon, ob seine Anlageentscheidung mit den von ihm gewünschten Anlagezielen zusammenpasst. Es hat daher zunächst eine Befragung des Kunden stattzufinden, auf die eine Aufklärung über die in Frage kommenden Anlageformen folgt. Dies entspricht dem in Fall 2 geschilderten Vorgehen. Eine solche Befragung wird wegen mangelnder Schutzbedürftigkeit[64] ausnahmsweise nur dann nicht stattfinden, wenn der Kunde eine solche Befragung ablehnt, sei es, weil er erfahren ist oder aber sich als erfahren geriert. Sollte die vom Kunden beabsichtigte Anlageentscheidung mit seinem Risikoprofil übereinstimmen, entspricht das weitere Vorgehen dem Fall 3a). Sollte sich herausstellen, dass die beabsichtigte Anlageentscheidung nicht mit dem Risikoprofil des Kunden übereinstimmt, wird seitens der Bank ein entsprechender Warnhinweis[65] erfolgen. Das weitere Geschehen hängt sodann davon ab, ob der Kunde erneut eine eigene Anlageentscheidung fällt (dann richtet sich das weitere Vorgehen wiederum nach Fall 3a) oder aber eine Beratung in Anspruch nimmt (dann Fall 1).

Die Informationspflichten des § 31 WpHG müssten auf Grundlage der oben aufgeführten Beispiele also zwei Dinge leisten können. Eine Grundaufklärung für

---

[64] Siehe dazu Ausführungen unter Rz. 112.

[65] Die Frage, ob ein Warnhinweis der Aufklärung zuzurechnen ist, oder aber bereits eine Beratung darstellt, ist umstritten. Sie wird unter Rz. 95 näher erörtert.

einen Kunden, der noch keine konkreten Anlagevorstellungen hat, und eine Aufklärung für einen Kunden, der bereits mit konkreten Vorstellungen über ein bestimmtes Anlageobjekt an die Bank herantritt. Fraglich ist jedoch, ob diese beiden denkbaren Konstellationen auch von der Vorschrift des § 31 WpHG umfasst sind.

a) Information über ein konkret beabsichtigtes Anlagegeschäft?

30 Einen Hinweis darauf, dass von § 31 WpHG auch die Fälle umfasst werden, in denen ein Kunde bereits mit einer konkreten Anlagevorstellung an die Bank herantritt, könnte der Wortlaut des § 31 Abs. 2 Nr. 2 WpHG geben. Dort wird von den „beabsichtigten" Geschäften des Kunden gesprochen. Diese Formulierung könnte auf die Fälle abzielen, in denen ein Kunde bereits mit konkreten Vorstellungen hinsichtlich eines bestimmten Anlageobjekts an die Bank herantritt. Verwirrend erscheint dabei allerdings die Tatsache, dass im Wortlaut des § 31 Abs. 2 Nr. 1 WpHG lediglich von „Geschäften" die Rede ist. Die Verwendung dieses Begriffs könnte auf eine eher allgemeine Interpretation hindeuten, etwa auf Fälle, in denen ein Kunde lediglich mit dem Wunsch, Geld anzulegen, an die Bank herantritt. Dies wird auch von der Formulierung in Art. 11 Abs. 1 der EG-Wertpapierdienstleistungsrichtlinie unterstützt, die von „gewünschten Dienstleistungen" spricht.[66] Die unterschiedliche Begriffsverwendung ist deshalb verwirrend, weil sich die „beabsichtigten" Geschäften des § 31 Abs. 2 Nr. 2 WpHG aufgrund der Systematik der Vorschrift erkennbar (auch) auf § 31 Abs. 2 Nr. 1 WpHG beziehen. Die beiden Begriffe müssten also eigentlich identisch sein. Selbst wenn man jedoch die Formulierung des „beabsichtigten" Geschäfts als allgemeinen Terminus versteht, der lediglich zum Ausdruck bringen soll, dass die Informationsverpflichtung flexibel ausgestaltet ist und sich nach den Gegebenheiten des Einzelfalles richten soll, so wird der oben genannte Fall eines Kunden mit einer konkreten Anlagevorstellung genau von dieser Flexibilität wieder umfasst. Denn auch die Begriffe der „zweckdienlichen" Information und der „Erforderlichkeit" implizieren die Möglichkeit einer abgestuften und auf den Einzelfall bezogenen Informationsübermittlung.[67] Aus dieser unterschiedlichen Begriffsverwendung schließen zu wollen, dass der Gesetzgeber in § 31 WpHG nur bestimmte Fälle regeln wollte, sei es den Fall des Kunden mit einer konkreten Anlagevorstellung oder aber den Fall des noch nicht entschlossenen und unerfahrenen Kunden, ginge fehl und wird so in der Literatur auch an keiner Stelle vertreten. Es wäre im übrigen auch nicht mit den Zielen der EG-Wertpapierdienstleistungsrichtlinie vereinbar, die ausdrücklich auch den Anle-

---

[66] In der englischen Version heißt es *requested services*, in der französischen Version *services demandés*; vgl. dazu auch die Bemerkungen bei *Köndgen*, ZBB 4/1996, 361, 365.

[67] *Koller*, aaO., § 31 Rz. 120.

gerschutz umfasst.[68] Dieser wäre nicht umfassend gegeben, wenn in § 31 WpHG bestimmte Konstellationen von der Aufklärung ausgeschlossen wären. Es müssen also aufgrund des Wortlauts und der Systematik des § 31 WpHG neben den Kunden, die keinerlei Vorkenntnisse bezüglich des Kapitalmarktes besitzen und umfassende Informationen benötigen, auch diejenigen Kunden von der Vorschrift umfasst sein, die bereits genaue Vorstellungen über ihr Anlageobjekt haben und weitere, speziellere Informationen erbitten. Die Annahme, dass gemäß § 31 WpHG auch Informationen über ein konkretes Anlageobjekt zur Verfügung gestellt werden müssen, sollte nach den obigen Ausführungen eigentlich nicht in Zweifel stehen. Dennoch scheinen sich gegen diese Schlussfolgerung Bedenken zu ergeben, wenn man sich die Formulierungen der Wohlverhaltensrichtlinie anschaut.

b) Lediglich Pflicht zur Grundaufklärung?

Die Wohlverhaltensrichtlinie konkretisiert unter Ziffer 2. die Informationspflichten des WpHG. Danach ist der Kunde insbesondere über die Eigenschaften und Risiken der einzelnen „Anlageformen" aufzuklären. Dieser Begriff findet sich auch unter Ziffer 2.1.b hinsichtlich der Kenntnisse und Erfahrungen des Kunden. Dort heißt es, der Kunde sei darüber zu befragen, „in welchen Anlageformen (z.B. Schuldverschreibungen, Aktien, Investmentanteilscheine, Derivate) er über Wissen verfügt." Aus der über diese zwei konkreten Beispiele hinausgehenden, durchgängigen Verwendung des Begriffes „Anlageform,"[69] könnte man schließen, dass lediglich eine gruppenspezifische Aufklärung erforderlich sei, so wie es die Aufzählung in dem vorangegangenen Beispiel aus der Wohlverhaltensrichtlinie deutlich macht, die sich lediglich auf allgemeine Anlageprodukte bezieht. Informationen hinsichtlich eines konkreten Anlageobjektes (z.B. ein Ranking oder eine Kursprognose bezüglich einer bestimmten Aktie) wären dagegen nicht geschuldet. Dahingehend scheint sich auch ein Teil der Literatur auszusprechen,[70] der den Begriff Information in zwei Ausprägungen verwenden will. Zum einen im Sinne einer abstrakten Grundaufklärung über die fundamentalen Risiken beim Wertpapierhandel, zum anderen im Sinne einer individualisierten Anlageberatung sowie Anlageempfehlung. Nach dieser Ansicht könnte die gemäß § 31 WpHG geforderte Informationspflicht sich also tatsächlich nur auf die Aufklärung über allgemeine Risiken der einzelnen Anlageformen beziehen. Eine solche Aufklärung müsste immerhin nicht völlig undifferenziert sein, sondern könnte sich, wie oben dargelegt, auf eine Aufklärung bezüglich bestimmter, den Anlagezielen des Kunden entsprechende, Anlageformen bezie- 31

[68] Siehe Rz. 17.
[69] siehe auch Ziffer 2.1, Ziffer 2.2, Ziffer 2.2.5. der Wohlverhaltensrichtlinie.
[70] *Bliesener*, aaO., § 13.

hen.[71] Für eine Aufklärung, die lediglich Basisinformationen umfasst, könnte auch ein weiterer Umstand sprechen. Die Wohlverhaltensrichtlinie führt unter den Ziffern 2.2.1 bis 2.2.4 auf, welche Hinweise die Aufklärung zu den verschiedenen Anlageformen zu enthalten hat. Exemplarisch sei hier die Aufklärung zu Schuldverschreibungen genannt.[72] Diese muss Informationen über den „Ertrag, das Bonitätsrisiko, ggf. das Länderrisiko, das Kurs- und Zinsrisiko, das Liquiditätsrisiko, das Währungsrisiko sowie das Kündigungs- und Auslosungsrisiko“ enthalten. Diese Informationen berücksichtigen, dass es innerhalb der Anlageform Schuldverschreibung verschiedene Varianten gibt, so z.B. Anleihen ausländischer Staaten oder Fremdwährungsanleihen und lassen somit eine Differenzierung innerhalb der Anlageform zu. Trotzdem sind all dies Informationen, die in allgemeiner Art und Weise erfolgen können, ohne auf ein konkretes Anlageobjekt Bezug nehmen zu müssen. Zuzugeben ist allerdings, dass diese Formulierung die Möglichkeit einer auf ein konkretes Anlageobjekt bezogenen Information und Aufklärung auch nicht ausschließt.

32 Dass die Formulierungen der Wohlverhaltensrichtlinie dennoch auf eine lediglich gruppenspezifische Aufklärung hindeuten könnten, wird in indirekter Form wohl am deutlichsten aus Ziffer 2.6 der Richtlinie erkennbar, die sich mit Wertpapierdienstleistungsunternehmen beschäftigt, die lediglich Aufträge ausführen (*Execution-Only*). Für diesen Fall gelten laut Wohlverhaltensrichtlinie grundsätzlich auch die Regeln des 2. Abschnitts, allerdings nach Maßgabe von Ziffer 2.6. Dort heißt es: „Sofern das Unternehmen dem Kunden Informationen zukommen lässt, die über die in diesem Abschnitt geregelte Aufklärung hinausgehen, z.B. durch Marktkommentare, Charts oder Analysen, hat es gegenüber dem Kunden klarzustellen, dass diese Informationen keine Anlageberatung darstellen, sondern lediglich die selbstständige Anlageentscheidung des Kunden erleichtern sollen.“ Diese Regelung ließe meines Erachtens durchaus den Schluss zu, dass nach Ansicht des Gesetzgebers Informationen in der Form von Marktkommentaren, Charts und Analysen gerade nicht im Rahmen der normalen Aufklärung nach Maßgabe des Zweiten Abschnittes der Wohlverhaltensrichtlinie erbracht werden müssen. Marktkommentaren, Charts und Analysen ist gemeinsam, dass sie Wertungen und Einschätzungen, also zeitabhängige Aussagen, enthalten. Diese sind für den Anleger aber vor allem dann von Bedeutung, wenn sie sich auf konkrete Anlageobjekte beziehen.

33 Dies sei an einem Beispiel verdeutlicht. Was interessiert einen Anleger, der in ein bestimmtes Anlageobjekt investieren will, z.B. in eine Aktie? Die wirtschaftliche Verfassung des Unternehmens? → zeitabhängig. Geschäftsentwicklung? → zeitabhängig. Zukünftige Kursentwicklung? → zeitabhängig. Bonität? →

[71] Siehe die Ausführungen unter Rz. 20.
[72] Ziffer 2.2.1 der Wohlverhaltensrichtlinie.

zeitabhängig. Genauso stellt sich die Situation bei einer Anleihe dar. Ausfallrisiko, ausgedrückt durch ein Rating? → zeitabhängig. Kursrisiko? → zeitabhängig. Zukünftige Zinsentwicklung? → zeitabhängig. Wechselkursrisiko bei Fremdwährungsanleihe? → zeitabhängig. Informationen hinsichtlich eines konkreten Anlageobjektes enthalten also immer zeitabhängige Aussagen. Wenn ein Wertpapierdienstleistungsunternehmen gemäß des Zweiten Abschnitts der Wohlverhaltensrichtlinie aber gerade nicht verpflichtet ist, zeitabhängige Informationen (wie sie in Kommentaren, Charts und Analysen enthalten sind) abzugeben, so sind Informationen über ein konkretes Anlageobjekt nicht möglich. Die nach Maßgabe der Wohlverhaltensrichtlinie geschuldete Aufklärung würde somit tatsächlich nur eine Grundaufklärung umfassen.

Es bleibt somit festzuhalten, dass die Formulierungen der Wohlverhaltensrichtlinie tatsächlich dafür zu sprechen scheinen, dass sich die gemäß § 31 WpHG geschuldete Aufklärung auf allgemeine, vom aktuellen Marktgeschehen losgelöste (zeitunabhängige), anlageformspezifische Informationen bezieht. Wie dies allerdings mit dem Wortlaut des § 31 WpHG in Einklang zu bringen sein soll, der wie oben gezeigt dafür spricht,[73] dass auch eine Aufklärung über ein konkretes Anlageobjekt geschuldet ist, bleibt fraglich. Die Wohlverhaltensrichtlinie entfaltet als Verwaltungsvorschrift zwar keine unmittelbare, rechtliche Bindungswirkung.[74] Sie ist aber dennoch für die zivilrechtliche Praxis von erheblicher Relevanz,[75] da sie vom Gesetzgeber formuliert ist, die Gerichte sich in der Praxis ihrer als Erkenntnisquelle für den unabdingbaren Mindeststandard bedienen werden[76] und die in ihr geregelten Pflichten auch Standard im Sinne einer Verkehrssitte werden können.[77] **34**

c) Diskussion

Auch in der Literatur ist die Ausgestaltung der Informationsvorschriften im Rahmen der Wohlverhaltensrichtlinie und die sich daraus ergebenden Probleme nicht verborgen geblieben. Eine Ansicht in der Literatur[78] argumentiert, dass eine erforderliche Aufklärung, die mit Ziffer 2 Abs. 1 der Wohlverhaltensrichtlinie nur auf einzelne Anlageformen bezogen werde, zu eng sei. Die zweckdienliche Information im Sinne von § 31 Abs. 2 Satz 1 Nr. 2 WpHG könne vielmehr auf drei verschiedene Ebenen bezogen und in diesem Sinne unterteilt werden. Diese Ansicht nimmt daher eine Einteilung in drei Informationskategorien vor. **35**

---

[73] Vgl. Rz. 30.
[74] *Koller*, aaO., § 35 Rz. 6.
[75] *Nobbe*, Bankrecht 1998, 235, 250.
[76] *Köndgen*, ZBB 4/1996, 361.
[77] *Koller*, aaO., § 35 Rz. 6.
[78] *Möllers/Ganten*, ZGR 4/1998, 773, 785 f.

Sie unterscheidet abschlussbezogene, instrumentbezogene und objektbezogene Informationen, wobei nur die beiden ersten Begriffe an die Vorgaben der Wohlverhaltensrichtlinie angelehnt sind.[79] Abschlussbezogenen Informationen[80] sind dabei solche, die mit dem Abschluss eines Wertpapiergeschäftes zusammenhängen, unabhängig davon, welches konkrete Geschäft in Rede steht, also etwa über Kosten, Ausführungsart oder Verwahrung. Instrumentbezogene Informationen[81] sind solche, die sich mit der allgemeinen Funktionsweise von Anlageformen befassen und deshalb auch als gattungsbezogene oder anlageformbezogene Aufklärung bezeichnet werden können.[82] In diese Gruppe gehören auch generelle Informationen über besondere Umstände und Möglichkeiten vor dem Erwerb einer konkreten Wertpapiergattung, wie z.B. die Möglichkeit einer Limitierung von Aufträgen oder Ausfall- und Abwicklungsrisiken in bestimmten Märkten. Die objektbezogene Information bezieht sich schließlich auf die Aufklärung über relevante Daten eines bestimmten Anlageobjekts wie zum Beispiel die kürzlich veröffentlichte Bilanz eines Unternehmens, Charts, Ratings oder Ad-hoc Mitteilungen. Begründet wird die Pflicht zur objektbezogenen Information, also die Aufklärung in Bezug auf ein konkretes Anlageobjekt, letztlich mit einer systematisch-logischen Auslegung des Wertpapierhandelsgesetzes. Die Einholung der Kundenangaben erstrecke sich nämlich auf Erfahrungen, Kenntnisse, finanzielle Verhältnisse und Anlageziele des Kunden. Die Mitteilung von instrumentbezogenen Informationen und damit eine Grundaufklärung, wäre dagegen auch ohne die Angabe von Zielen und finanziellen Verhältnisse des Kunden möglich.[83]

36 Auch an anderer Stelle[84] wird argumentiert, dass die Erkundigungspflicht nach den finanziellen Zielen eines Anlegers nur Sinn mache, wenn darauf zumindest eine Information zu einem konkreten Anlageobjekt erfolgen müsse. Dass diese Argumentation nicht wirklich stichhaltig ist und daher nicht völlig überzeugen kann, zeigen bereits die obigen Ausführungen.[85] Eine Mitteilung von instrumentbezogenen Informationen mag zwar auch ohne Kundenangaben möglich sein, sie wäre aber ohne genaue Kenntnisse über den einzelnen Kunden nicht sinnvoll. Denn eine Erkundigungspflicht bezüglich seiner Anlageziele schützt den Kunden auch schon insoweit, als er aufgrund dieser Informationen in Risikoklassen eingeteilt werden kann und ihm gezielt die instrumentbezogenen In-

---

[79] Wohlverhaltensrichtlinie gemäß § 35 Abs. 6 WpHG in der Fassung vom 23.08.2001, Bundesanzeiger vom 04.09.2001, 19217.
[80] Ziffer 1.2 der Wohlverhaltensrichtlinie.
[81] Ziffer 2.2 Abs. 1 und Abs. 2 der Wohlverhaltensrichtlinie.
[82] *Möllers/Ganten*, ZGR 4/1998, 773, 786.
[83] *Möllers/Ganten*, ZGR 4/1998, 773, 787.
[84] *Koller*, aaO., § 31 Rz. 97a.
[85] Siehe Rz. 20.

formationen über Anlageformen zur Verfügung gestellt werden können, die seinen Anlagezielen und –wünschen entsprechen.

Zugunsten einer Pflicht, die auch eine Aufklärung hinsichtlich eines konkreten Anlageobjekts beinhaltet, wird weiter argumentiert, dass eine generelle Information nur ein Teil der zweckdienlichen Informationen sein könne, die dem Kunden aufgrund seiner (Nicht-) Professionalität zur Verfügung gestellt werden müsse. Denn diese Informationen müssten, im Sinne der BGH-Rechtsprechung zum Bond-Urteil, anleger- und anlagegerecht erfolgen. Sie müssten somit zwangsläufig auch eine Aufklärung in Bezug auf ein konkretes Anlageobjekt umfassen. Eine Einschränkung dieses Grundsatzes sei rechtswidrig.[86] Diese Argumentation vermag jedoch nicht völlig zu überzeugen, da die Gleichsetzung der BGH-Grundsätze aus dem Bond-Urteil mit den Aufklärungspflichten des § 31 WpHG zumindest fragwürdig ist.[87] 37

Schließlich wird kritisiert, dass eine abstrakte Information über die Bedeutung eines Ratings die konkrete Information, dass ein bestimmtes Anlageobjekt in seiner Bonität herabgestuft wurde, nicht ersetzen könne. Denn nur Informationen über ein konkretes Anlageobjekt würden dem Kunden ein Urteil ermöglichen, ob der konkrete Anlagewunsch seinen Anlagezielen entspreche.[88] Ein Anleger mit einer Aufklärung, die ihm lediglich das Basiswissen über die Geldanlage vermittle, wisse noch nicht, welche konkrete Aktie für seine individuellen Ziele passend sei. Er kenne zwar das allgemeine Risikopotential von Aktien, aber weil das Anlagerisiko auch bei Aktien stark differiere, sei dieses Basiswissen noch zu gering, um zu entscheiden, in welche konkrete Aktie er letztlich investieren solle. Über eine anvisierte Aktie werde er im Zweifel einen hohen Informationsbedarf haben, ohne deshalb schon eine Beratung in Anspruch nehmen zu wollen.[89] 38

Diese Aussage ist zwar richtig, trifft jedoch nicht den Kern der Sache. Natürlich ist ein Kunde umso besser informiert, je konkreter und detailreicher die Informationen sind, die er erhält. Aber es gilt gerade herauszufinden, welchen Schutzumfang der Gesetzgeber dem Kunden angedeihen lassen wollte. Denn auch ein Kunde, der „lediglich" Informationen über Eigenschaften und Funktionsweise von Anlageformen bekommt, ist bereits über viele Gefahren des Wertpapierhandels im Bilde und damit nicht schutzlos. Durch die Einteilung in Risikoklassen und die Möglichkeit einer gezielten Aufklärung über Anlageformen, die mit seinen Anlagezielen und –wünschen übereinstimmen, hat er im übrigen die Ge- 39

[86] *Reich*, WM 1997, 1601, 1608.
[87] Siehe Ausführungen unter Rz.22.
[88] *Koller*, aaO., § 31 Rz. 97a.
[89] *Möllers/Ganten*, ZGR 4/1998, 773, 787.

wissheit, zumindest in Anlageformen zu investieren, über deren Risiken er sich im klaren ist.

40 Von anderer Seite[90] wird mit dem Hinweis auf die Beschlussfassung des Finanzausschusses[91] argumentiert, dass bereits nach dem Willen des Gesetzgebers der Begriff der zweckdienlichen Informationen sowohl auf die allgemeinen, als auch auf die mit der Anlage speziell verbundenen Risiken bezogen werden sollte. Dies spreche dafür, dass ein Wertpapierdienstleistungsunternehmen nicht nur Aufklärung über einzelne Anlageformen, sondern auch über das konkret beabsichtigte Effektengeschäft schulde. Die Verwendung des Begriffs der „allgemeinen und speziellen Risiken" erinnert dabei stark an die Formulierung des BHG in seinem Bond-Urteil, die er im Rahmen seiner Ausführungen zum Beratungsvertrag getätigt hat. Die Problematik, die sich aus einem Rückgriff auf diese zum Beratungsvertrag ergangene Rechtsprechung ergibt, ist bereits an anderer Stelle hervorgehoben worden. Sollte der Gesetzgeber sich mit den Begriffen der „speziellen und allgemeinen" Risiken an den Formulierungen des BGH im Bond-Urteil orientiert haben, blieben daher Zweifel bezüglich der Überzeugungskraft dieses Hinweises. Schaut man sich die Formulierung des BGH nämlich genauer an, so stellt man fest, dass sie auf das hier diskutierte Problem unter Umständen gar nicht passt. Mit „allgemeinen" Risiken bezeichnet der BGH Konjunkturlage und Entwicklung des Börsenmarktes, mit den „speziellen" Risiken dagegen diejenigen, die sich aus den individuellen Gegebenheiten eines Anlageobjekts ergeben, wie Kurs-, Zins- und Währungsrisiko.[92] Zwar verwendet der BGH den Begriff des „Anlageobjekts" und nicht den der „Anlageform". Betrachtet man jedoch die beispielhafte Aufzählung der „speziellen Risiken", so stellt man fest, dass diese auch den Charakteristika unterschiedlicher Anlageformen wie Aktien oder Anleihen entsprechen und deshalb auch im Sinne von „instrumentbezogenen" Risiken verstanden werden könnten. Daraus herleiten zu wollen, dass ein Wertpapierdienstleistungsunternehmen zu konkreten Informationen über ein konkret beabsichtigtes Wertpapiergeschäft verpflichtet ist, erscheint deshalb zumindest zweifelhaft.

41 Die obigen Argumente vermögen jedes für sich vielleicht nicht völlig zu überzeugen, sie sind im Ergebnis jedoch richtig. Es bleibt festzuhalten, dass der Wortlaut des Wertpapierhandelsgesetzes eindeutig von den vom Kunden „beabsichtigten" Geschäften spricht. Dieser Gesetzeswortlaut und nicht die Ausführungen in der Wohlverhaltensrichtlinie, sind für die rechtliche Diskussion letzt-

---

[90] *Möllers/Ganten*, ZGR 4/1998, 773, 786 f.

[91] Beschlußempfehlung und Bericht des Finanzausschusses des Deutschen Bundestages zum Regierungsentwurf eines Zweiten Finanzmarktförderungsgesetzes, BT-Drucks. 12/7918, 103.

[92] BGH, WM 1993, 1455, 1456.

lich relevant. Auch in der Literatur[93] wird darauf hingewiesen, dass zur Feststellung des Schutzes, den der Gesetzgeber dem Kunden angedeihen lassen will, die Orientierung an den Vorgaben des WpHG unter Berücksichtigung der Wohlverhaltensrichtlinie entscheidend sei und nicht umgekehrt. Zum anderen ist auch ein eher praktisches Argument zu bedenken. Wäre das Verlangen eines Kunden nach Information über ein konkretes Anlageobjekt nicht von § 31 WpHG abgedeckt, so bestünde für solch eine Situation keine gesetzliche Regelung und mithin kein gesetzlicher Schutz für den Anleger. Dies setzt selbstverständlich voraus, dass man eine Aufklärung über ein konkretes Anlageobjekt nicht mit einer Beratung gleichsetzt. Der Anleger wäre in einem derartigen Fall gezwungen, eine Beratung in Anspruch zu nehmen, wenn er sichergehen wollte, dass er keine in Bezug auf sein beabsichtigtes Effektengeschäft uninformierte Anlageentscheidung tätigt. Denn mit einer allgemeinen Grundaufklärung über die von ihm gewählte Anlageform wäre ihm in solch einem Fall nicht geholfen. Es ist fraglich, ob ein solcher Zustand mit dem Ziel eines umfassenden Anlegerschutzes der Wertpapierdienstleistungsrichtlinie vereinbar wäre, vor allem dann, wenn für eine Anlageberatung zukünftig tatsächlich ein gesondertes Entgelt berechnet werden sollte. Die andere Möglichkeit für einen solchen Anleger, so er denn eine Beratung vermeiden wollte, bestünde nur noch darin, sich die Informationen über sein Anlageobjekt aus allgemein zugänglichen Quellen zu besorgen. Hier kämen vor allem das Internet in Frage, in geringerem Maße vielleicht Tageszeitungen oder Börsendienste. Ein solches Ausweichen auf Quellen Dritter, deren Seriosität nicht garantiert werden kann, kann ebenfalls nicht im Sinne des Anlegerschutzes sein. Die Annahme einer Pflicht seitens der Bank, einem Kunden auch Informationen über ein konkretes Anlageobjekt zukommen zu lassen, wird letztlich auch durch den Bundesgerichtshof unterstützt. Dieser hatte einen Fall zu entscheiden, in dem ein Kunde bereits mit einem konkreten Anlagewunsch an die Bank herangetreten war. Über dieses Anlageobjekt hatte er sich mit Hilfe eines externen Anlageberaters bereits informiert. Trotzdem hatte er an die Bank wegen des zu erwerbenden Wertpapiers noch zusätzliche, ergänzende Fragen. Der BGH hat hier lediglich die Informationen untersucht, die der Kunde durch seine präzisen Anfragen verlangt hatte. Wegen der anderen Punkte, zu denen er keine Fragen stellte, habe er dagegen laut BGH keine „Aufklärung" erwarten können.[94]

d) Ergebnis

Zusammenfassend lässt sich somit festhalten, dass nach der Vorschrift des § 31 42
WpHG Wertpapierdienstleistungsunternehmen sowohl allgemeine Informatio-

---

[93] Für diese Schwerpunktsetzung auch *Möllers/Ganten*, ZGR 4/1998, 773, 787.

[94] Vgl. BGH, WM 1996, 664; vgl. auch Besprechung bei *Horn*, Der Ausschluss von Aufklärung und Beratung im Anlegerschutzrecht, in: FS für *Herbert Schimansky*, 1999, 653, 659.

nen über Anlageformen, die für den jeweiligen Anleger aufgrund seiner Anlageziele und -wünsche in Frage kommen, als auch Informationen über ein konkret beabsichtigtes Wertpapiergeschäft zur Verfügung stellen müssen. Dabei muss noch einmal deutlich darauf hingewiesen werden, dass eine Aufklärung über ein konkretes Anlageobjekt gezwungenermaßen Informationen beinhaltet, die zeitabhängig sind und Wertungen/Einschätzungen enthalten. Die Formulierungen der Wohlverhaltensrichtlinie, die eine solche Möglichkeit auszuschließen scheinen, müssten daher korrigiert werden.

43 Als Ergebnis aus der obigen Diskussion bleibt auch noch eine andere Erkenntnis festzuhalten. Wiederholt ist in der Literatur darauf hingewiesen worden, dass die Erkundigungspflicht der Banken nach Erfahrungen, Kenntnissen und Anlagezielen des Kunden nur sinnvoll sei, wenn entweder eine Beratung oder aber zumindest eine auf ein konkretes Anlageobjekt bezogene Information erfolge. Dieses Argument ist hier zwar abgelehnt worden. Es bleibt aber festzuhalten, dass zumindest eine Aufklärung, die undifferenziert über die Risiken von allen Anlageformen informiert, solche Angaben über den Kunden nicht benötigen würde. Aus der Vorschrift des § 31 WpHG ergibt sich somit ein für die Banken bei der Information einzuhaltender Mindeststandard. Die Bank muss dem Kunden dreierlei mitteilen, will sie ihrer gesetzlichen Informationspflicht, auch bei einer Basisaufklärung, nachkommen. Sie muss dem Kunden mitteilen, in welche Risikoklasse er aufgrund seiner Angaben eingeteilt worden ist. Sie muss ihm ferner erklären, was diese Einteilung bedeutet und welche Anlageformen als Vermögensanlage damit für ihn in Frage kommen. Schließlich muss sie sicherstellen, dass er über speziell diese Anlageformen gezielt informiert wird. Die Bank würde ihrer Informationspflicht somit nicht nachkommen, wenn sie dem Kunden lediglich eine Broschüre mit Basisinformationen über die auf dem Kapitalmarkt existierenden Anlageformen zukommen ließe. Auch ein allgemeiner Hinweis auf die Möglichkeit des selektiven Lesens würde dieser Informationspflicht nicht genügen. Selbst die Grundaufklärung eines Anlegers muss daher immer instrumentbezogene Informationen über diejenigen Anlageformen enthalten, die den individuellen Anlagezielen des Kunden entsprechen.

IV. Beratung

44 Eine Beratung muss andere Dinge leisten als eine Aufklärung. Worin der Unterschied zwischen einer Aufklärung und Beratung genau besteht und anhand welcher Kriterien beide Begriffe voneinander abzugrenzen sind, soll im Folgenden näher untersucht werden. Um zu verstehen, was eine Beratung auszeichnet und was sie leisten muss, wird zunächst der Ablauf eines typischen Beratungsgespräches skizziert. Dabei ist zu beachten, dass eine Beratung immer auch eine Aufklärung beinhaltet. Das Ziel des ersten Kapitels dieser Arbeit liegt deshalb

gerade darin herauszufinden, an welchem Punkt die Aufklärung aufhört und die Beratung beginnt. Aus diesem Grund ist es eigentlich nicht korrekt, das gesamte Gespräch als Beratungsgespräch zu bezeichnen. Streng genommen müsste man es in ein Aufklärungs- und ein Beratungsgespräch unterteilen. Um eine bessere Übersichtlichkeit zu gewährleisten und den Lesefluss nicht durch ständige Hinweise auf diese Tatsache zu stören, wird im folgenden jedoch der einheitliche Begriff des Beratungsgesprächs verwendet.

1. Das Beratungsgespräch

Dargestellt werden soll hier der Ablauf eines Beratungsgespräches mit einem **45**
Kunden, der zum ersten Mal einen größeren Geldbetrag anlegen möchte, da bei einem solchen Kunden die gesamte Bandbreite der Beratung am besten exemplarisch vorgeführt werden kann.

Der Kunde wird an seine Bank mit der Bitte um eine Anlageberatung herantreten. In der Regel wird solch eine Beratung nicht von Mitarbeitern am Bankschalter vorgenommen werden, sondern von auf die Anlageberatung spezialisierten und ausgebildeten Kollegen. Der Kunde wird das Gespräch mit seinem Anlagewunsch beginnen. Er wird typischerweise den zur Anlage vorgesehenen Geldbetrag sowie den Anlagegrund bzw. das Anlageziel nennen. Geschieht dies nicht, wird der Anlageberater diese Daten erfragen. Diese erste Phase des Beratungsgespräches wird deshalb auch als Orientierungs- und Informationsphase des Beraters beschrieben.[95] In Anlehnung an die Vorgaben des BGH im Bond–Urteil[96] und die Erkundigungspflichten gemäß § 31 Abs. 2 Nr. 1 WpHG wird der Anlageberater insbesondere den Wissensstand des Anlegers, also seine Erfahrung hinsichtlich der Vermögensanlage und dessen Risikobereitschaft, erfragen. Hinzukommen können ferner noch ein Zeithorizont für die Geldanlage und die eventuelle Notwendigkeit, im Notfall kurzfristig über den Anlagebetrag verfügen zu können. Aber auch die persönliche Situation des Anlegers wie Familienstand, berufliche Situation und die allgemeine Vermögenslage kann in Erfahrung gebracht werden.[97]

---

[95] Vgl. zu den Phasen der Anlageberatung: *Rehkugler/Volgt/Kraus/Otterbach*, Die Qualität der Anlageberater, Die Bank 1992, 316, 317; *Zuber*: Bedürfnisse privater Kapitalanleger bei der Anlageberatung, 2002, 15; *Burkhard*, Vorsicht Vermögensberatung 1997, 37 ff., der die drei Phasen aus einer der Theorie des rationalen Entscheidungsprozesses angelehnten Sichtweise beschreibt.

[96] BGHZ 123, 126.

[97] Diese Nachforschungs- bzw. Erkundigungspflicht des Wertpapierdienstleistungsunternehmen ist auch in § 31 II Nr. 1 WpHG statuiert: „Es ist ferner verpflichtet, von seinen Kunden Angaben über ihre Erfahrungen oder Kenntnisse in Geschäften, die Gegenstand von Wertpapierdienstleistungen oder Wertpapiernebendienstleistungen sein sollen, über ihre mit den Geschäften verfolgten Ziele und über ihre finanziellen Verhältnisse zu verlangen."

46 Nachdem der Anlageberater diese Erkundigungen über den Kunden eingeholt hat, wird er sich mit dem Problem konfrontiert sehen, die Interessen des Kunden miteinander in Einklang zu bringen. Dieser Interessenkonflikt wird oft mit dem Stichwort des „magischen Dreiecks der Kapitalanlage" beschrieben. Es besteht aus dem gleichzeitigen Streben eines Anlegers nach Sicherheit, Rentabilität und Liquidität. Sicherheit bedeutet die Rückzahlung des eingesetzten Kapitals, Rentabilität die Verzinsung der Vermögensanlage und Liquidität die Verfügung über die Vermögensanlage. Häufig werden als weitere Komponenten noch die Wertbeständigkeit bzw. der Anlagehorizont genannt.[98]

47 In dieser zweiten Phase muss der Anlageberater die Informationen, die er vom Kunden bekommen hat, mit möglicherweise in Frage kommenden Anlageprodukten abgleichen. An dieser Stelle findet nun die erste intellektuelle Leistung des Anlageberaters statt. Aus der Unmenge von Anlageprodukten muss er diejenigen aussuchen, die den Bedürfnissen des Anlegers am ehesten entsprechen könnten. Diese zweite Phase wird die Beratungs- und Informationsphase für den Anleger genannt.[99] Der Anlageberater stellt dem Anleger die Produkte vor. Dabei informiert er ihn zunächst über die Eigenschaften der Anlageprodukte, deren Funktionsweise und Risiken. Er wird dem Anleger erläutern, warum er gerade diese Produkte ausgewählt hat, ihm dadurch eine Produktpalette zusammenstellen und den Anleger auf die darin eventuell enthaltenen Alternativen hinweisen.

48 In einer dritten Phase wird der Anlageberater die in Frage kommenden Anlageprodukte mit dem aktuellen Zeitgeschehen in Verbindung setzen. Er wird den Anleger über all die Umstände informieren, die seine Anlageentscheidung beeinflussen könnten. Dies können sowohl allgemeine Dinge sein, wie z. B. das Marktumfeld oder die Konjunkturlage, aber auch Umstände, die sich auf ein konkretes Anlageobjekt beziehen, wie etwa Einschätzungen von Analysten oder das Rating eines Anlageobjektes. Anschließend wird er eine oder mehrere Empfehlungen dahingehend aussprechen, welches Anlageobjekt er unter den gegebenen Umständen unter Berücksichtigung der Situation und den Wünschen des Kunden für geeignet hält. Diese dritte Phase der Anlageberatung wird die Empfehlungsphase genannt.[100]

49 Wie aus dieser groben Beschreibung eines Beratungsgespräches deutlich wird, findet eine zweifache Individualisierung statt. Erstens hinsichtlich der persönlichen Bedürfnisse des Kunden, zweitens in Bezug auf die Auswahl eines oder mehrerer konkreter Anlageobjekte, die als Empfehlung das Ergebnis eines Beratungsgespräches darstellen. Dieser Auswahlprozess, die mit ihm einhergehende

---

[98] *Grübel / Schubert*, Wertpapiergeschäft/Vermögensanlage, 1999, 15.
[99] *Zuber*, aaO., 15.
[100] *Zuber*, aaO., 15.

Individualisierung, die intellektuellen Abläufe und Inhalte, sollen anhand einer „Beratungspyramide“ nun detailliert aufgeschlüsselt werden.

2. Die Beratungspyramide

In der Literatur ist nicht nur umstritten, ob eine Abgrenzung und Differenzierung zwischen Aufklärung und Beratung überhaupt möglich ist. Diejenigen, die eine Unterscheidung bejahen, sind sich auch nicht darin einig, anhand welcher Kriterien eine Differenzierung vorgenommen werden könnte. Häufig fällt in der Diskussion um Aufklärung und Beratung auf, dass der Beratung verwandte Begriffe verwendet werden, um diese besser umschreiben und erfassen zu können. So wird häufig von Wertung, Einschätzung, Prognose oder Analyse geredet.[101] Fraglich ist allerdings, ob diese Begriffe nicht ebenfalls einer genauen Untersuchung auf ihre Bedeutung hin unterzogen werden müssten. Ansonsten besteht die Gefahr, dass der ungenaue Begriff der Beratung mit der Verwendung weiterer ungenauer Begriffe nur immer mehr verschwimmt und an Kontur verliert, anstatt eine genaue inhaltliche Bestimmung zu erfahren und Unterscheidungsmerkmale zur Aufklärung herauszuarbeiten. Es soll daher noch einmal auf das oben[102] bereits in groben Zügen beschriebene Beratungsgespräch zurückgegriffen werden. Es wird im Folgenden nicht nur detailliert aufgeschlüsselt und in Stufen eingeordnet, sondern es soll auch versucht werden, die verschiedenen Stufen eines Beratungsgespräches mit den entsprechenden Überlegungen und Leistungen des Beraters auf jeder einzelnen Stufe abzugleichen. Auf diese Weise fällt es dann möglicherweise leichter, die verschiedenen Begriffe, die im Umfeld von Aufklärung und Beratung existieren, einzuordnen und dem Versuch einer inhaltlichen Bestimmung näher zu kommen. 50

Am Anfang des Beratungsgespräches steht die heutzutage selbst für Experten fast unüberschaubare Menge an Finanz- und Anlageinstrumenten, die auf dem Kapitalmarkt existieren. Auf Stufe 1 bekommt der Berater von seinem Kunden deshalb Informationen über dessen Anlageziel, Risikobereitschaft, Anlagezeitraum, Anlagesumme und Vermögensverhältnisse, bzw. wird er diese Daten von seinem Kunden erfragen müssen. 51

Aufgrund der erhaltenen Informationen trifft der Anlageberater auf Stufe 2 nun eine erste Auswahl von möglichen Anlageformen, die für den Kunden in Frage kommen. Dabei orientiert er sich an der Risikobereitschaft des Kunden und gleicht diese mit dem Risikoprofil von möglichen Anlageformen ab. Dieser Abgleich kann bereits in eine bestimmte Anlageform münden oder aber eine Auswahl mehrerer Anlageformen umfassen, die für die vom Anleger formulierten 52

[101] Eine genaue Auseinandersetzung mit diesem Problem findet unter Rz. 60 statt.
[102] Siehe Rz. 45.

Ziele in Betracht kommen. Dies soll an einem Beispiel verdeutlicht werden: Ein Anleger ist durchaus bereit, ein gewisses Risiko einzugehen, um eine höhere Rendite zu erzielen. Bei einem solchen Anlagewunsch könnten grundsätzlich mehrere Anlageformen in Betracht kommen. So könnte der Anleger in Industrieanleihen anlegen (die eine höhere Rendite als Staatspapiere versprechen), eventuell solche, die auf Fremdwährung lauten (um zusätzlich von einem möglichen Währungsgewinn zu profitieren). Der Anleger könnte aber auch in Aktien großer Unternehmen investieren („Blue Chips“), bei denen er von Kursgewinnen profitieren kann, ohne dass das Risiko eines substantiellen Kursverlustes als zu groß erscheint. Diese potentiellen Anlagemöglichkeiten werden dem Kunden nun erklärt, indem der Berater ihn mit den grundsätzlichen, objektimmanenten Risiken, Funktionsweisen und Eigenschaften dieser Produkte vertraut macht. Daneben vergleicht der Berater diese Anlagemöglichkeiten nun mit den aktuellen Rahmenbedingungen. Dies können etwa die Konjunkturlage, das Marktumfeld, eventuelle Risiken wie Inflationsgefahr, Ölpreiserhöhung, politische Unwägbarkeiten oder Kriege und die daraus möglicherweise resultierende Zins-, Währungs- oder Kursentwicklungen sein. Unter Berücksichtigung dieser Umstände wird sich möglicherweise herausstellen, dass eine bestimmte Anlageform besser für die Zwecke des Kunden geeignet erscheint als eine andere. So könnte sich der Anlageberater in dem oben dargestellten Beispiel aufgrund einer prognostizierten negativen Zinsentwicklung oder aufgrund von drohenden Währungsturbulenzen gegen Fremdwährungs- oder Industrieanleihen und für deutsche Standardaktien entscheiden. Sollten also zunächst noch mehrere Anlageformen vor dem Hintergrund der Anlageziele und Risikobereitschaft des Kunden in Frage gekommen sein, so findet hier möglicherweise schon eine Auswahl auf eine bestimmte Anlageform statt. Die vom Anlageberater zu berücksichtigenden Umstände kann man als a) allgemeine, anlageformbezogene Umstände und b) markt-/umfeldbezogene Umstände bezeichnen.

53 Auf Stufe 3 unterzieht der Anlageberater eine in Frage kommende Anlageform nun einer genaueren Prüfung. Denn die Bandbreite in Bezug auf Risiken und Chancen innerhalb der verschiedenen Anlageformen ist weit. Auch hier muss der Anlageberater wieder eine Auswahl vornehmen und den Kreis möglicher Anlageobjekte weiter einengen. So ist beispielsweise das Segment Aktie sehr groß, selbst die Einschränkung auf deutsche Standardaktien lässt eine Vielzahl von Anlagemöglichkeiten zu. Es muss daher innerhalb der Anlageform „deutsche Standardaktien“ eine erneute Eingrenzung und Auswahl getroffen werden. Eine solche Eingrenzung kann sich zum Beispiel auf eine bestimmte Branche beziehen. So wird beispielsweise bei anziehender Konjunktur meist Aktien aus dem Automobilbereich oder Konsumgüterwerten eine überdurchschnittliche Kursentwicklung zugetraut, während in einer unübersichtlichen Marktsituation oder innerhalb einer Seitwärtsbewegung des Marktes eher so genannten defensi-

ven Titeln aus dem Bereich Chemie oder Pharma, bessere Entwicklungschancen als der Gesamtmarkt eingeräumt werden. Diese vom Anlageberater zu berücksichtigenden Umstände kann man als spezielle, anlageformbezogene Umstände bezeichnen.

Auf Stufe 4 schließlich wird der Anlageberater eine letzte Auswahl treffen, die in der konkreten Empfehlung mündet, in welches Anlageobjekt der Kunde sein Geld investieren soll. Denn auch innerhalb einer Branche kann es bessere und schlechtere Unternehmen geben. Unternehmen mit einer schlanken Kostenstruktur, mit einem fähigen Management, mit Innovationskraft oder mit einer marktbeherrschenden Stellung. Zur Beurteilung dieser Unternehmen wird der Anlageberater Analysen heranziehen, Risiken beurteilen, Kursprognosen erstellen und Ratings berücksichtigen, um die Erfolgsaussichten eines konkreten Anlageobjekts beurteilen zu können. Diese vom Anlageberater zu berücksichtigenden Umstände kann man als spezielle, anlageobjektbezogene Umstände bezeichnen. 54

Der Ablauf eines Beratungsgespräches, bzw. der Auswahlprozess innerhalb der Beratungspyramide, kann je nach der konkreten Situation variieren. So entfällt bei einem Kunden, der dem Anlageberater bekannt ist, unter Umständen die Erkundigung über dessen persönliche Verhältnisse. Trotzdem sollte auch bei einem Kunden, der dem Berater bekannt ist, in bestimmten Abständen eine Nachfrage dahingehend erfolgen, ob sich an der persönlichen Lebenssituation oder aber der Vermögenslage Veränderungen ergeben haben. Ein Kunde, der mit bestimmten Anlageformen bereits Erfahrung gesammelt hat, muss über deren Funktionsweise eventuell nicht mehr aufgeklärt werden. Auch ist zu beachten, dass der hier beschriebene 4-stufige Aufbau der Entscheidungsfindung innerhalb der Beratungspyramide dem Kunden nicht notwendigerweise mitgeteilt wird. So kann ein Anlageberater nach Erfragung der Kundenwünsche unter Umständen direkt eine konkrete Anlageempfehlung aussprechen, von Stufe 1 sozusagen direkt auf Stufe 4 springen. Oder die in Stufe 2 und 3 beschriebenen Vorgänge können für den Kunden nicht sichtbar ineinander übergehen. So kann der Anlageberater nach Einholung der Kundenvorstellungen diesem gleich das Ergebnis seiner Überlegungen mit dem Hinweis auf ein konkretes Anlageobjekt mitteilen und diesen sodann über dessen Risiken aufklären. Ebenso ist das Eingrenzen innerhalb einer Anlageform auf Branchen, Anleihearten oder Optionsscheinvarianten nicht immer notwendig. Es ist auch möglich, dass ein für den Kunden geeignetes Anlageobjekt, bspw. eine Aktie, keiner bestimmten Branche angehört oder aber aufgrund besonderer Umstände sofort als Anlagemöglichkeit in Betracht gezogen wird. Es kann für die Diskussion, was eine Beratung inhaltlich ausmacht und ab wann eine Beratungsleistung vorliegt, jedoch keinen Unterschied machen, ob der Anlageberater den Prozess der Entscheidungsfindung dem Kunden nach außen kenntlich macht und übermittelt. Entscheidend ist al- 55 lein, welche intellektuelle Leistung der Anlageberater erbracht hat, um dem Kundenwunsch nach einer geeigneten Geldanlage zu entsprechen.

56 Weiterhin lässt sich eine Auswahl, wie auf Stufe 3 beschrieben, nicht nur an dem Beispiel von Aktien darlegen. Sie ist ebenso innerhalb anderer Anlageformen möglich. Bei Anleihen kann der Berater berücksichtigen, ob er in Fremdwährungsanleihen investieren will und wenn ja, in welche konkrete Währung. Er kann Anleihen aus bestimmten Ländern favorisieren, er kann sich für Staats- oder Industrieanleihen entscheiden. Entscheidet er sich beispielsweise für Industrieanleihen, kann er ebenfalls Unternehmen aus bestimmten Branchen den Vorzug geben und die Anleihen innerhalb dieser Branche anhand ihrer Bonitätseinschätzung auswählen. Gleiches gilt für Anlagen in Fonds. Zwar ist durch die Fondsstruktur eine gewisse Risikodiversifizierung gewährleistet. Aber auch hier muss eine Entscheidung gefällt werden, ob man je nach Risikoneigung in Renten-, Aktien-, Misch- oder Dachfonds investieren sollte. Sodann gibt es auch bei den Fonds solche mit Schwerpunkten auf Länder-, Branchen-, Regionen-, aufstrebende Märkte, kleine Unternehmen (*Small Caps*) usw. Es gibt Fonds, die aktiv gemanagt werden und solche, die lediglich bestimmte Indizes abbilden. Dies schlägt sich in den Kosten und dem Ausgabeaufschlag nieder. Schließlich muss der konkrete Fonds ausgesucht werden. Hier kann sich der Anlageberater für einen Fonds entscheiden, der von einer bestimmten Investmentgesellschaft herausgegeben wird (DWS, Deka, DIT, Fidelity usw.) oder aber für einen Fonds, der in den letzten Jahren eine überdurchschnittliche Wertentwicklung verbuchen konnte.

57 Die Analyse des Anlageberaters wird nur dann nicht so detailliert und umfangreich erfolgen wie hier dargestellt, wenn aufgrund der Wünsche des Kunden nur in Anlageformen investiert werden kann, die keine so ausdifferenzierte Struktur wie Aktien oder Anleihen besitzen. Dies sind typischerweise sichere Anlageformen, wie Bundes- oder Kommunalobligationen, Spar-, oder Schatzbriefe. Aber selbst diese Aufzählung zeigt, dass es auch in diesem Bereich durchaus Alternativen gibt, die wohlüberlegt sein müssen. So kann es Unterschiede bei der Zinshöhe geben, die Zinsen können dynamisiert sein, es gibt Anleihen mit festem und variablem Zins. Es gibt Anlagen, bei denen keine jährliche Zinszahlung erfolgt, sondern die aus steuerlichen Gründen abgezinst verkauft werden („Nullkupon-Anleihen“). Auch gibt es die Möglichkeit, Depotgebühren zu sparen und bestimmte Anlageformen bei der Bundesschuldenverwaltung kostenlos zu deponieren.

3. Aufklärung und Beratung: Die Problemlage

Zieht man die oben[103] vorgenommene erste Einordnung und Klassifizierung von Aufklärung und Beratung heran, so kann man hinsichtlich der Begriffsbestimmung zunächst noch einmal grob festhalten, dass Aufklärung die Mitteilung und Erläuterung von Wissen beinhaltet (Information), während der Beratung immer (auch) ein empfehlendes Element innewohnt. Diese grundsätzliche Unterscheidung zwischen Information als Tatsachenvermittlung und Beratung als Empfehlung findet Unterstützung in den Vorschriften des Wertpapierhandelsgesetzes (WpHG), wie vorangehend erläutert wurde.[104] In § 31 Abs. 2 Nr. 2 WPHG wird die Pflicht des Wertpapierdienstleistungsunternehmens statuiert, seinen Kunden alle zweckdienlichen Informationen mitzuteilen, soweit dies erforderlich ist. In § 32 WPHG dagegen findet der Beratungssektor Berücksichtigung und zwar in Form von Empfehlungsverboten. 58

Wie anhand der Skizzierung eines Beratungsgespräches und der Beschreibung der Beratungspyramide deutlich wird, lassen sich anhand der obigen Einordnung und Abgrenzung zumindest zwei Dinge schon mit Bestimmtheit sagen. Aufklärung liegt eindeutig dann vor, wenn der Anlageberater den Kunden über Eigenschaften, Funktionsweise und Risiken von für ihn passenden Anlageformen informiert. Charakteristisch für diese Unterrichtung ist, dass sie allgemeine Informationen enthält, die sich auf objektimmanente Eigenschaften von Anlageformen beziehen. Der Anlageberater wird also den Kunden beispielsweise darüber unterrichten, was er bei einem Kauf von Anleihen, Aktien oder Optionsscheinen zu beachten hat. Beispielhaft wären das bei Anleihen die Abhängigkeit des Anleihekurses von einer Änderung des Zinsniveaus und eventuelle Verluste bei Fremdwährungsanleihen, bei Aktien die Möglichkeit möglicher Kursschwankungen und bei Optionsscheinen die Erklärung von Aufpreis, Hebel und die Gefahr eines möglichen Totalverlustes. Diese Informationen bewegen sich sozusagen im luftleeren Raum, sind theoretisch und abstrakt. Sie sind zeitunabhängig und entsprechen den Informationen, die in der Literatur als instrumentbezogene / anlageformbezogene Informationen bezeichnet werden.[105] Sie können deshalb auch standardisiert erfolgen, da sie als „technische" Informationen von der Person des Kunden unabhängig sind. Diese Möglichkeit sieht auch die Wohlverhaltensrichtlinie ausdrücklich vor.[106] Die Beratung dagegen beinhaltet immer eine Empfehlung, die der Anlageberater als Ergebnis einer von ihm vorgenommenen Auswahl ausgesprochen hat. Mit dieser ersten Einordnung ist jedoch noch nicht viel gewonnen. Denn wie die Beratungspyramide zeigt, erfolgt z.B. auf Stufe 2 nicht nur die oben beschriebene allgemeine, anlageformbezogene Information, 59

[103] Siehe Rz. 13 ff.
[104] Siehe Rz. 23.
[105] Siehe Rz. 35.
[106] Ziffer 2.2 Abs. 1 der Wohlverhaltensrichtlinie.

sondern es kann auch schon eine umfeld- und marktbezogene Information stattfinden. Schon hier beginnt die Schwierigkeit einer Abgrenzung zwischen Aufklärung und Beratung. Denn wie lassen sich die Arten von Informationen bezeichnen, etwa Marktkommentare oder Kursprognosen, die zwar keine Empfehlung enthalten, sich aber auch nicht ohne weiteres als Mitteilung von Tatsachen einordnen lassen, da sie unzweifelhaft wertende Elemente enthalten. Berücksichtigt man ferner den Umstand, dass die Aufklärungsverpflichtung eines Wertpapierdienstleistungsunternehmens auch darin bestehen kann, einem Kunden Informationen über ein konkretes Anlageobjekt zukommen zu lassen, so stellt sich die Frage, ob und wie eine solche objektbezogene Information[107] hinsichtlich eines konkreten Anlageobjekts von einer Beratung abgegrenzt werden kann.

a) Abgrenzungskriterium: Bewertung

60 In der Literatur finden sich häufig Versuche, Beratung dadurch zu definieren, dass sie der Formulierung „Mitteilung von Tatsachen" gegenübergestellt wird und als Unterscheidungsmerkmal eine darüber hinausgehende, zusätzliche intellektuelle Leistung herangezogen wird. So wird Aufklärung als Mitteilung anlagerelevanter Tatsachen beschrieben, während Beratung die Interpretation und Beurteilung von anleger- und anlagerelevanten Umständen umfassen soll.[108] Die Bank, die zur Beratung verpflichtet ist, hat die „Tatsachen fachmännisch zu bewerten, daraus Schlüsse zu ziehen und im Ergebnis unter Berücksichtigung der Anlageziele, der Risikobereitschaft und der Risikofähigkeit des Kunden positive oder negative sachgerechte Empfehlungen zu geben."[109] Von anderer Seite wird die Pflicht zur Information durch Mitteilung von (Erfahrungs-)Tatsachen, der Pflicht zu Einschätzungen, Beratung oder Empfehlungen entgegengesetzt.[110] Beratung wird auch als Bewertung des Produkts, Beurteilung des Produkts für die Zukunft und Berücksichtigung der persönlichen Verhältnisse beschrieben.[111] Demgegenüber werden Informationen mit wertendem Charakter wie Markterwartungen, Prognosen oder Ratings[112] von einer anderen Ansicht in der Literatur noch dem Bereich der Aufklärung zugeordnet.[113]

---

[107] Vgl. Rz. 35.
[108] *Schwintowski / Schäfer*, aaO., 740; *Ellenberger* WM 2001, Sonderbeilage 1, 3; *Brandt*, Aufklärungs- und Beratungspflichten der Kreditinstitute bei der Kapitalanlage 2001, 88; *Nobbe*, Bankrecht 1998, 237; so wohl auch *Vortmann*, aaO., Rz. 2 (Schaubild).
[109] *Ellenberger*, WM 2001, Sonderbeilage 1, 3.
[110] *Koller*, aaO., § 31 Rz. 96.
[111] *Vortmann*, aaO., 2 (Schaubild).
[112] Vgl. zu Begriff und Bedeutung des Ratings: *Pfingsten*, BKR 3/2001, 139; *Strunz-Happe*, WM 2004, 115.
[113] *Balzer*, DB 1997, 2311 (2313).

Solche Informationen mit wertendem Charakter könnte man als Schnittmenge bezeichnen, die sich weder eindeutig der Aufklärung, noch der Beratung zuordnen lässt.[114] Hier ist es schwierig, im Hinblick auf die Leistungen des Anlageberaters genau zwischen Aufklärung und Beratung zu unterscheiden. Deutlich wird dies auch durch eine Vorschrift der Wohlverhaltensrichtlinie zum WpHG, die im Rahmen dieser Arbeit schon einmal an anderer Stelle zitiert worden ist.[115] Deren Ziffer 2.6 enthält Regelungen für Wertpapierdienstleistungsunternehmen, die ein so genanntes *Execution-Only* Geschäft betreiben. Für diese Unternehmen findet sich folgender Kommentar: „Sofern das Unternehmen dem Kunden Informationen zukommen lässt, die über die in diesem Abschnitt geregelte Aufklärung hinausgehen, z.B. durch Marktkommentare, Charts, oder Analysen, hat es gegenüber dem Kunden klarzustellen, dass diese Informationen keine Anlageberatung darstellen, sondern lediglich die selbständige Anlageentscheidung des Kunden erleichtern sollen."[116] Sowohl Marktkommentare, als auch Charts und Analysen zeichnen sich dadurch aus, dass sie Wertungen und Einschätzungen enthalten. Ein solch gesonderter und ausdrücklicher Hinweis auf das Nichtvorliegen einer Anlageberatung, der der Bank auferlegt wird, illustriert deutlich die Furcht und das Wissen darum, wie leicht wertende Informationen von einem Dritten, nämlich dem Kunden, als Anlageberatung missverstanden werden könnten. 61

Die Verwendung der Begriffe „Wertung" oder „Einschätzung" als Abgrenzungskriteriums ist deshalb schwierig, weil viele der vom Anlageberater mitgeteilten Informationen eine Wertungskomponente enthalten. Auch kann der Begriff der Wertung sowohl eigene, als auch Wertungen Dritter umfassen. Bereits bei Informationen über die im Bond–Urteil[117] so genannten allgemeinen Risiken, wie Konjunkturlage, Marktumfeld, drohende Krisen sowie die möglichen Auswirkungen solcher Umstände, wird es schwierig, eine eindeutige Zuordnung zu treffen. Solche Informationen beinhalten zwar Tatsachen, aber sie beinhalten zwangsläufig auch eine Einschätzungskomponente, sei es eine persönliche Einschätzung oder aber die Weitergabe von Einschätzungen Dritter, z.B. der Analysten der Bank. In so einem Fall ist es schwer, Angaben solcher Art noch als harte Tatsachen und damit als Information/Aufklärung zu charakterisieren.[118] Man könnte sogar argumentieren, dass schon die Entscheidung, über welche Ereignisse oder Markteinschätzungen der Anlageberater den Kunden informiert, ein persönliches wertendes Element beinhaltet, das man durchaus als Beratungs- 62

---

[114] Vgl. dazu auch die weiteren Nachweise bei *Preute*, aaO., 17.
[115] Vgl. Rz. 32.
[116] Ziffer 2.6 der Wohlverhaltensrichtlinie vom 23.08.2001.
[117] BGH, WM 1993, 1455.
[118] *Schwintowski/Schäfer*, aaO., 740.

leistung klassifizieren könnte.[119] Auch die Auswahl möglicher Anlageprodukte im Anschluss an die Erfragung der Kundenwünsche enthält wertende Elemente, da der Anlageberater bereits hier die Interessen und Ziele des Kunden mit den grundsätzlichen Eigenschaften und Risiken der Anlageprodukte abgleichen und in Einklang bringen muss. Der Anlageberater erbringt bereits mit einer solchen Auswahl eine intellektuelle Leistung. Gleichzeitig verschafft er dem Kunden eine individualisierte Auswahl an Anlageprodukten dergestalt, dass er aus der Unmenge an Finanzinstrumenten, die heutzutage auf dem Markt existieren, zumindest diejenigen Anlageformen heraussucht, die für die Bedürfnisse und Ziele des Kunden am ehesten in Betracht kommen.

63 Bei den oben beschriebenen Definitionsversuchen fällt ferner auf, dass zur Beschreibung von Beratung zwar mehrere unterschiedliche Begriffe verwendet werden, diese aber offensichtlich alle den gleichen Inhalt haben oder aber als Synonym gebraucht werden. Schaut man sich diese Begriffe an, so sind dies Interpretation, Beurteilung, Schlussfolgerung, Einschätzung, Bewertung und Empfehlung. Sie beinhalten alle eine persönliche, intellektuelle Komponente. Darunter zu verstehen ist die gedankliche Auseinandersetzung mit einer Information, das Setzen dieser Information in einen zeitlichen, sachlichen, persönlichen und umfeldbezogenen Kontext und die daraus gewonnene Erkenntnis, die sich in einer persönlichen Meinung ausdrückt. In das Umfeld dieser hier genannten Begriffe gehören auch die Begriffe der „Analyse" und „Prognose". Denn auch diese Begriffe enthalten letztlich nichts anderes als Wertungen und Einschätzungen. Auch hier lässt sich eine Unterscheidung zwischen beiden Begriffen schwer vornehmen, am ehesten gelingt dies vielleicht in der unterschiedlichen Schwerpunktsetzung. So wird eine Analyse typischerweise einen „Ist-Zustand" beschreiben, der häufig in einem Zukunftsausblick (Prognose) mündet, während die Prognose einen Zukunftsausblick entwirft, der auf Umständen der Vergangenheit und Gegenwart fußt.

64 Schaut man sich die Beratungspyramide an, so wird deutlich, dass die Überlegungen des Anlageberaters drei Zielrichtungen haben müssen: 1. auf den Kunden 2. auf ein Anlageobjekt und 3. Kunde und Anlageobjekt in Übereinstimmung zu bringen. Bei allen drei Überlegungen finden Bewertungen und Einschätzungen statt, so man diese denn als gedankliche, kontextbezogene Auseinandersetzung mit Information definiert. Ein Kunde wird z.B. mit dem Ziel an die Bank herantreten, er wolle mit der Anlage viel Geld machen, aber gleichzeitig kein Risiko eingehen. Diese Angaben des Kunden muss der Anlageberater in Banksprache „übersetzen" (Stufe 1). Heißt die Formulierung des Kunden, dass er bereit ist ein hohes oder aber nur ein begrenztes Risiko einzugehen? Ebenso

[119] Vgl. zu diesem Streitstand *Preute*, aaO., 14 ff.

muss der Anlageberater eventuelle Widersprüche oder Unvereinbarkeiten erkennen (Stufe 1). Denn eine hohe Rendite bei sicherer Anlage ist nicht möglich.[120] Sodann muss er aufgrund dieser Angaben eine Einteilung in Risikoklassen vornehmen. Er muss Anlageformen finden, die mit den Zielen und Wünschen des Kunden in Einklang stehen (Stufen 2 und 3), und er muss ein Anlageobjekt auswählen, das für den Kunden eine optimale Geldanlage darstellt (Stufe 4). Würde sich eine Beratung also tatsächlich durch das Vorhandensein einer Bewertungs- bzw. Einschätzungskomponente auszeichnen, so läge eine Beratung bereits am Anfang eines jeden Gespräches über die Vermögensanlage vor.

Als Ergebnis lässt sich somit folgendes festhalten. Der Versuch, eine Definition von Beratung lediglich durch die Verwendung bzw. Beschreibung mit anderen Begrifflichkeiten wie „Wertung/Bewertung", „Einschätzung", „Interpretation" oder „Schlussfolgerung" durchzuführen, führt nicht zum Ziel, da diese Begrifflichkeiten für sich allein keine Aussagekraft besitzen. „Bewertung" als singuläres Abgrenzungskriterium ist daher nutzlos. Dies liegt zum einen daran, dass sich die obigen Begriffe untereinander, wenn überhaupt, nur minimal unterscheiden. Zum anderen finden Wertungen und Einschätzungen, wie vorstehend dargelegt, in jeder Phase eines Beratungsgespräches statt. Es ist aber eindeutig, dass man die Einstufung eines Kunden in Risikoklassen und die darauf folgende allgemeine, anlageformbezogene Information nicht schon als Beratung qualifizieren kann, obwohl eine Einschätzung und Wertung zu diesem Zeitpunkt schon stattgefunden hat. Auch würde ein Abgrenzungskriterium „Wertung" nicht mit den Ergebnissen harmonieren, die im Rahmen der Ausführungen zur Aufklärung, erarbeitet worden sind. Wie dort festgestellt wurde, ist ein Wertpapierdienstleistungsunternehmen gemäß § 31 WpHG auch verpflichtet, einem Kunden Informationen über ein bestimmtes, konkretes Anlageobjekt zur Verfügung zu stellen. Diese Informationen enthalten immer Wertungen, trotzdem werden sie der Aufklärung zugeordnet.[121] **65**

b) Abgrenzungskriterium: Kommentierung

Teilweise[122] wird die Informations- bzw. Aufklärungspflicht als unkommentierte, schlichte Mitteilung aller zweckdienlichen Informationen über das Anlageobjekt beschrieben. Die Beratung wird dagegen als Aussprache einer Anlageempfehlung charakterisiert. Problematisch hieran ist, dass nicht klar ist, was unter einer „unkommentierten" Information zu verstehen sein soll. Ist dies eine Information, die lediglich Aussagen über allgemeine, objektimmanente Risiken einer Anlageform enthält? Dies wäre dann das, was an anderer Stelle als instrument- **66**

---

[120] Vgl. die Problematik des Magischen Dreiecks, Rz. 46.
[121] Vgl. Ausführungen unter Rz. 32.
[122] *Schwennicke,* WM 1998, 1101, 1103.

bezogene bzw. allgemeine, anlageformbezogene Information beschrieben wird und sich durch die Abwesenheit jeglicher Wertungen oder Einschätzungen auszeichnet. Wäre dies zutreffend, so würde eine unkommentierte Information lediglich auf Stufe 2 stattfinden und dies auch nur eingeschränkt, da markt- und umfeldbezogene Informationen, die ebenfalls auf Stufe 2 vorkommen können, bereits Wertungen enthalten. Auch wurde vorstehend festgestellt, dass eigentlich das gesamte Beratungsgespräch von Wertungen durchdrungen ist. Aufgrund einer solchen Differenzierung wäre also lediglich die instrumentbezogene bzw. allgemeine, anlageformbezogene Information der Aufklärung zuzuordnen. Eine Antwort auf die Frage, wie dieses Differenzierungskriterium dann mit einer Aufklärung über ein konkretes Anlageobjekt zu vereinbaren wäre, die eindeutig Wertungen enthält, liefert dieses Abgrenzungskriterium nicht. Als Ergebnis bleibt somit festzuhalten, dass auch das Kriterium „unkommentiert" im Sinne von „wertungsfrei", für sich genommen kein schlüssiges Abgrenzungsinstrument darstellen kann, da es nicht für alle Phasen eines Beratungs- bzw. eines Informationsgespräches befriedigende und überzeugende Ergebnisse liefern kann.

67 Allerdings könnte man „unkommentiert" unter Umständen auch so verstehen, dass eine Information zwar Wertungen und Prognosen enthalten, diese aber nur als Meinungen Dritter wiedergeben werden dürften, ohne dass ein Anlageberater eine eigenen Aussage hinsichtlich deren Glaubwürdigkeit oder Schlüssigkeit träfe. Ein solches Kriterium würde auf den ersten Blick durchaus mit dem Fall harmonieren, in dem von einem Anleger eine Information über ein konkretes Anlageobjekt nachgefragt wird. Hier könnte ein Anlageberater Informationen bereitstellen, die detaillierte Wertungen enthalten und würde sich, so er denn diese Informationen ohne eine eigene Einschätzung weitergibt, trotzdem nicht in den Bereich der Beratung begeben. Als Abgrenzungskriterium zwischen einer Beratung und einer Aufklärung darauf abzustellen, ob der Anlageberater eine eigene Meinung äußert oder ob er Informationen „unkommentiert" weitergibt, besitzt dennoch Schwächen. Man vergegenwärtige sich die Fälle, in denen für einen Kunden mehrere Anlageformen in Frage kommen könnten, z.B. Anleihen und Aktien.[123] Der Anlageberater äußert sich nun dahingehend, dass er aufgrund der momentanen Marktlage eine Anlage in Anleihen empfehlen würde. Hier hat der Anlageberater unzweifelhaft eine eigene Meinung geäußert, es läge somit, im Gegensatz zu dem obigen Beispiel, eine Beratung vor. Trotzdem ist unbestritten, dass ein Kunde mit dieser Aussage zwar wüsste, in welche von zwei Anlageformen er investieren sollte. Dies bedeutet aber angesichts der unzähligen Varianten im Anleihemarkt nicht, dass er sich auch nur annähernd darüber im klaren wäre, welche konkrete Anleihe für eine Investition in frage käme. Eine

---

[123] Vgl. auch das ausführlichere Beispiel unter Rz. 52.

eigene Auswahl eines konkreten Anlageobjektes, das Treffen einer selbständigen Anlageentscheidung, müsste er nach wie vor vornehmen. Ob man in einem solchen Fall trotzdem von einer Beratung sprechen könnte, wäre meines Erachtens höchst zweifelhaft.

Ein Kriterium, das zur Differenzierung zwischen Aufklärung und Beratung darauf abstellt, ob der Anlageberater eine eigene Meinung geäußert hat oder nicht, **68**
ist auch noch aus einem anderen Grund fraglich. Zur Verdeutlichung der Problematik stelle man sich folgende Situation vor:

Fall:
Ein in Wertpapieranlagen erfahrener Kunde bittet seinen Anlageberater um ein Gespräch. Er teilt ihm mit, er trage sich mit dem Gedanken, den Anteil an Aktienfonds in seinem Depot zu erhöhen. Daraufhin teilt ihm sein Berater mit, das Marktumfeld sei aufgrund der konjunkturellen Lage und der Charttechnik als positiv anzusehen.
Beinhaltet diese Aussage eine eigene Einschätzung oder lediglich die Wiedergabe einer fremden Ansicht? Ist sie kommentiert oder unkommentiert? Ist dies also Beratung oder Aufklärung? Würde sich die Bewertung dieser Aussage durch die Verwendung einer anderen Formulierung ändern?

Abwandlung:
Der Berater teilt dem Kunden mit, das Marktumfeld werde von den Analysten aufgrund der konjunkturellen Lage und der Charttechnik positiv eingeschätzt. Hat sich der Anlageberater durch die Weiterleitung einer Wertung Dritter deren Einschätzung zu eigen gemacht? Oder handelt es sich um eine unkommentierte Aussage, weil er sich bei seiner Mitteilung auf die Aussage der Analysten bezieht und nicht zu erkennen gibt, ob er deren Einschätzung teilt?

Wie aus diesen zwei kurzen Beispielen deutlich wird, kann eine Interpretation von „unkommentiert" im Sinne von „Abwesenheit einer eigenen Meinung", **69**
nicht zum Erfolg führen. Es wird in den meisten Fällen nicht möglich sein, anhand einer bestimmten Formulierung feststellen zu wollen, ob ein Anlageberater seine eigene Meinung wiedergibt, er sich die Meinung Dritter zu eigen gemacht hat oder aber auf eine eigene Meinung verzichtet und lediglich fremde Meinungen weitergibt. Für eine solche Beurteilung käme es auf kleinste Unterschiede in der Formulierung an, die im Rahmen eines mündlichen Gespräches wohl in den meisten Fällen nicht festzustellen wären. Außerdem wäre es fraglich, ob eine bestimmte Formulierung nicht vielleicht unbewusst verwendet worden ist. Die Abgrenzung von Aufklärung und Beratung auf so wacklige Füße zu stellen, erschiene wenig erfolgversprechend.

c) Abgrenzungskriterium: Individualisierung

70 Zum Teil[124] wird die Auffassung vertreten, Beratung sei individualisierend, Aufklärung dagegen nicht individualisierend. Die Schwierigkeit dieses Arguments liegt darin, dass die Individualisierung im Rahmen eines Gesprächs zur Vermögensanlage mehrere Zielrichtungen hat. Individualisierung findet zum einen in Richtung auf den Kunden, zum anderen in Richtung auf ein Anlageobjekt statt. Eine Individualisierung in Bezug auf den Kunden liegt bereits ab der zweiten Stufe vor. Denn hier erfolgt ein Abgleich möglicher Anlageformen auf Grundlage der Erkundigungen, die ein Wertpapierdienstleistungsunternehmen von seinen Kunden einholen muss. Die Einteilung in Risikoklassen, die Abgleichung geeigneter Anlageformen ist nichts anderes, als eine solche Individualisierung. Bezüglich eines Anlageobjektes ist der gesamte Ablauf eines Beratungsgespräches ebenfalls von Anfang an von einer immer weiter fortschreitenden, immer weiter ins Detail gehenden Individualisierung geprägt. Diese kann eine erste Auswahl von Anlageformen, eine sich daran anschließende Eingrenzung auf eine bestimmte Anlageform und die weitere Differenzierung innerhalb dieser Anlageform beinhalten. Sie mündet schließlich in einer konkreten Empfehlung. Das bloße Abstellen auf den Begriff der Individualisierung ist somit nicht ergiebig.

d) Zwischenergebnis

71 Eine Abgrenzung von Aufklärung und Beratung darauf zu stützen, ob eine Bewertung vorgenommen worden ist, führt nicht zu einer Lösung, da die Bewertung von Informationen auf jeder Stufe eines Beratungsgespräches vorgenommen wird. Auch das Abstellen auf eine „Kommentierung“ als Abgrenzungskriterium ist abzulehnen. Dies gilt sowohl für eine Interpretation im Sinne von „Fehlen einer Wertung“, als auch für eine Interpretation im Sinne von „Abwesenheit einer eigenen Meinung“. Als Abgrenzungskriterium ebenfalls nicht geeignet ist das Abstellen auf eine Individualisierung. Eine solche findet, in Bezug auf den Anleger, bereits am Anfang eines jeden Beratungsgespräches statt. In Bezug auf eine mögliche Anlage ist der gesamte Ablauf eines Beratungsgespräches ebenfalls von Anfang an von einer immer weiter fortschreitenden, immer weiter ins Detail gehenden Individualisierung geprägt. Aus der vorangehend dargestellten Diskussion und den abgelehnten Kriterien „Wertung“, „Kommentierung“ und „Individualisierung“, lässt sich noch eine weitere Erkenntnis gewinnen. Inhalte und Ablauf eines Informations- bzw. Beratungsgespräches scheinen zu komplex zu sein, als das man zwischen Aufklärung und Beratung anhand eines einzelnen Kriteriums, eines einzelnen Schlagwortes, differenzieren und abgrenzen könnte.

---

[124] *Bliesener*, aaO., 305 ff.; vgl. auch die Besprechung bei *Möllers/Ganten*, ZGR 4/1998, 773, 789.

Als eine mögliche Lösung scheint sich deshalb anzubieten, eine Abgrenzung anhand umfangreicherer Kriterien oder Indizien vorzunehmen, die sich den Charakteristika und Unterschieden eher beschreibend nähern. Solche Versuche werden in der Literatur verschiedentlich unternommen und sollen im folgenden vorgestellt werden.

e) Ansatz von *Balzer*

Nach dieser Ansicht[125] ist Gegenstand der Aufklärung die Weitergabe von entscheidungserheblichen Tatsachen, wie Informationen über die Ausgestaltung des Produkts, Risiken, Marktpreis und mögliche Kursentwicklungen, sowie die Mitteilung von Einschätzungen oder Markterwartungen. Die eigentliche Anlageberatung des Kunden erfolge in einer zweiten, von der bloßen Informationserteilung sachlich zu trennenden Phase, in der die Tatsachen und Prognosen sowohl hinsichtlich ihrer Glaubwürdigkeit, als auch der Eignung des Produkts für den konkreten Kunden, bewertet werden. Die Beratungspflicht erstrecke sich dabei auf die Erteilung eines Rates, die Abgabe einer Empfehlung oder Warnung und damit darauf, aus den mitgeteilten Tatsachen Schlussfolgerungen, Prognosen, sowie Werturteile zu ziehen und diese dem Adressaten mitzuteilen. 72

Diese sehr ausführliche Beschreibung eines Abgrenzungsversuches enthält meines Erachtens mehrere Schwächen. Es wird zunächst deutlich, dass die Beschreibung nicht den logischen und typischen Ablauf eines Beratungsgespräches berücksichtigt. Informationen über Marktpreis oder die mögliche Kursentwicklung eines Produkts werden der Aufklärung zugeordnet. Solche konkreten Informationen über ein Produkt bedeuten aber logischerweise, dass eine Auswahl hinsichtlich eines konkreten Anlageobjektes bereits stattgefunden hat. Bezugnehmend auf die oben beschriebene Beratungspyramide könnte eine solche Mitteilung jedoch erst auf Stufe 4 stattfinden, da erst dort die letzte Entscheidung für ein konkretes Anlageprodukt getroffen wird. Nach der obigen Definition von *Balzer* wäre diese auf ein konkretes Produkt bezogene Information aber noch der Aufklärung zuzuordnen, obwohl eine solche Auswahl eines konkreten Anlageobjekts gerade den eigentlichen Kernbereich der Beratung darstellt. Auch die Aussage, die eigentliche Anlageberatung finde in einer zweiten Phase statt, in der (unter anderem) die Eignung des Produkts für den konkreten Kunden bewertet werde, birgt das Problem, dass sie nicht den logischen Ablauf eines Beratungsgespräches berücksichtigt. Wenn die Eignung des Produkts für den Kunden erst jetzt, in einer zweiten Phase, geprüft wird, stellt sich zwangsläufig die Frage, anhand welcher Kriterien die Auswahl eines Produkts bis zu diesem Zeitpunkt stattgefunden hat. Selbst wenn man den Begriff „Produkt“ hier nicht als 73

[125] *Balzer,* WM 2001, 1533, 1534; *Balzer*, WM 2000, 441.

konkretes Anlageobjekt (also bspw. eine bestimmte Aktie), sondern als Beschreibung einer Anlageform verstehen würde, so bleibt doch die Frage, auf welcher Grundlage die betreffende Anlageform dem Kunden bisher als Investitionsmöglichkeit vorgestellt wurde, wenn bis dato gar nicht klar war, ob diese Anlageform den Wünschen des Kunden überhaupt entspricht. Ein solches Vorgehen eines Anlageberaters wäre auch aus ökonomischen Gesichtspunkten nicht durchführbar. Denn legt man den oben beschriebenen Ablauf zugrunde, so hätte in der ersten Phase bereits eine Aufklärung über Ausgestaltung, Risiken, Marktpreis und mögliche Kursentwicklungen eines oder mehrerer Anlageprodukte stattgefunden, nur um dann in der zweiten Phase, der Beratung, herauszufinden, dass das Produkt für den Kunden gar nicht geeignet ist?

74 Problematisch erscheint mir weiterhin, dass der Aufklärung Mitteilungen über Kursentwicklungen, Einschätzungen und Markterwartungen zugeordnet werden. Die Beratung wird dagegen, in scheinbarer Abgrenzung, damit beschrieben, dass dort aus Tatsachen Schlussfolgerungen, Prognosen sowie Werturteile gezogen werden. Eine solche Aussage übersieht, dass auch Informationen über Kursentwicklungen, Einschätzungen und Markterwartungen, Werturteile darstellen.[126] Zwar ist im Rahmen der vorangehenden Diskussion festgestellt worden, dass Wertungen und Einschätzungen auch schon auf der Aufklärungsebene vorkommen, was die Einordnung dieser Begriffe sowohl auf der Aufklärungs- wie auf der Beratungsebene, bewusst oder unbewusst, zu bestätigen scheint. Die Erkenntnis daraus ist aber, dass sie gerade nicht zur Abgrenzung taugen, während hier das Charakteristikum der Beratung gerade als Ziehen von Schlussfolgerungen und Werturteilen beschrieben wird. Auch lässt sich wiederum das schon an anderer Stelle konstatierte Problem feststellen, dass Begriffe wie Einschätzungen, Schlussfolgerungen, Prognosen und Werturteile, aber auch Aussagen zu Kursentwicklungen und Markterwartungen, als scheinbar unterschiedliche Begriffe verwendet und als Unterscheidungsmerkmal teilweise der Aufklärung, teilweise der Beratung zugeordnet werden, obwohl sie doch eigentlich alle den gleichen Inhalt haben. Die mehrfache Nennung desselben Begriffes, sowie dessen gleichzeitige Einordnung auf der Aufklärungs- wie auch der Beratungsebene, betrifft auch einen anderen Begriff, der im Rahmen des obigen Differenzierungsversuchs verwendet wird, nämlich den der „Prognose“. Wie oben zitiert,[127] erstreckt sich die Beratungspflicht laut *Balzer* in der zweiten, der Beratungsphase (auch) darauf, die mitgeteilten Tatsachen und Prognosen - also die Prognosen aus der ersten, der Aufklärungsphase - auf ihre Glaubwürdigkeit hin zu bewerten

---

[126] Vgl. auch *Möllers/Ganten*, ZGR 4/1998, 789, der die Zuordnung von Einschätzungen, Prognosen, Markterwartungen oder Ratings als Aufklärung kritisiert. Denn auch solche Informationen seien zukunftsbezogen und enthielten daher bewertende und letztlich auch empfehlende Elemente.

[127] Vgl. Rz. 72.

und daraus (...) Prognosen zu ziehen. Der Versuch einer Abgrenzung mittels einer ausführlichen Beschreibung der unterschiedlichen Charakteristika von Aufklärung und Beratung, muss deshalb ebenfalls als gescheitert angesehen werden.

f) Ansatz von *Möllers/Ganten*

An anderer Stelle[128] wird der Versuch einer Abgrenzung mit wieder anderen Mitteln vorgenommen, und zwar mittels dreier Kriterien, die Indizwirkung für das Vorliegen einer Beratungsleistung haben sollen. Dies sind a) Umfang der objektbezogenen Information, b) Inhalt der Kundenanfrage und c) Umfang und Qualität der Bewertungsleistung des Kundenberaters. Dabei seien die zwei letzten Kriterien als zwei Seiten einer Medaille kumulativ zu prüfen. **75**

aa) Umfang der objektbezogenen Information

Nach diesem Kriterium soll bei einer Beratungsleistung der Umfang der objektbezogenen Information den der Aufklärung übersteigen und über das gesetzliche Mindestmaß[129] hinaus auch Tendenzen und Gerüchte umfassen, die in hohem Maße kursbeeinflussend wirken. Dies sei aber nur ein erstes Indiz für das Vorliegen einer Beratungsleistung. Eine überobligatorische Aufklärung müsse nicht zwangsläufig in eine Beratung münden und eine Beratung könne auch gerade dann gewünscht sein, wenn sich der Kunde mit Einzelinformationen nicht befassen möchte.[130] **76**

Dieser Aussage vorausgehend beschreiben *Möllers/Ganten* das gesetzliche Mindestmaß der objektbezogenen Informationsebene als die Mitteilung von kursrelevanten Daten eines bestimmten Anlageobjekts, bei Aktien etwa die kürzlich veröffentlichte Bilanz eines Unternehmens, Charts oder Ad-hoc-Mitteilungen. Oft folge diesen Daten dann ein Rating, also eine Prognose über die künftige Unternehmensentwicklung.[131] Vergleicht man den Inhalt dieser Mitteilungen im Rahmen des von *Möllers/Ganten* so genannten gesetzlichen Mindestmaßes mit denjenigen, die laut obiger Beschreibung über dieses Mindestmaß hinausgehen, nämlich Tendenzen und Gerüchte, so wird man zweierlei feststellen: Auch hier begegnet man wieder dem bereits an anderer Stelle beschrieben Problem, dass zwei scheinbar unterschiedliche Begriffe verwendet werden, die jedoch im Grunde den gleichen Bedeutungsinhalt haben. Denn zumindest Tendenzen sind **77**

---

[128] *Möllers/Ganten*, ZGR 4/1998, 773, 790. Dieser Abgrenzungsversuch ist der detailreichste, der in der Literatur zu finden ist.
[129] Gemeint sind hier wohl die Vorschriften des § 31 Abs. 2 WpHG.
[130] *Möllers/Ganten*, ZGR 4/1998, 773, 790.
[131] *Möllers/Ganten*, ZGR 4/1998, 773, 786.

nichts anderes als Prognosen, etwa über die künftige Unternehmensentwicklung, um bei dem oben genannten Beispiel zu bleiben. Zum anderen können in eine Prognose auch Gerüchte einfließen. Das hieße, die Mitteilungen, die angeblich den Kern einer Beratung ausmachen, sind in der Aufklärung im Rahmen des gesetzlichen Mindestmaßes eigentlich bereits enthalten. Es stellt sich somit die Frage, welche Mitteilung kursrelevanter Daten dann für die überobligatorische Aufklärung, die zu einer Beratung führt, übrig bliebe.

78 Ebenfalls diskussionswürdig scheint die Aussage zu sein, selbst eine überobligatorische Aufklärung münde nicht automatisch in eine Beratungsleistung. Richtig an dieser Aussage ist, in Übereinstimmung mit den bisherigen Erkenntnissen dieser Arbeit, dass eine Information über ein bestimmtes Anlageobjekt, sei sie noch so detailreich und konkret, für sich allein noch keine Beratung darstellt. Es stellt sich dann aber die Frage, von welcher Art der zusätzliche Auslöser sein muss, der dazu führt, dass eine solche Aufklärung zur Beratung wird. Dies kann nach allem, was hinsichtlich des Ablaufes eines Beratungsgespräches an anderer Stelle bereits dargestellt wurde und angesichts der Tatsache, dass eine objektbezogene Information auch spezielle Mitteilungen über ein konkretes Anlageobjekt umfassen kann, wohl nur die Abgabe einer Empfehlung sein. Diesen Schluss lässt auch die Analyse des letzten Teils des oben zitierten Satzes zu. Danach könne eine Beratung auch gerade dann gewünscht sein, wenn sich der Kunde mit den Einzelinformationen nicht befassen möchte. Dies wäre also eine Situation, in der der Kunde überhaupt keine Informationen übermittelt bekäme, sondern der Anlageberater aufgrund der Kundenangaben und Anlageziele sofort eine konkrete Empfehlung ausspricht, ohne dem Kunden die gedanklichen Zwischenschritte und Begründungen für diese Empfehlung mitzuteilen. Das eigentliche und entscheidende Abgrenzungskriterium für das Vorliegen einer Beratung wäre also weder der Inhalt noch der Umfang der objektbezogenen Information, sondern letztlich das Aussprechen einer konkreten Anlageempfehlung.

bb) Inhalt der Kundenanfrage

79 Nach diesem Kriterium soll der jeweilige Inhalt der Kundenanfrage darüber entscheiden, ob sich ein Beratungs- oder Aufklärungsgespräch entwickelt. Bei der Aufklärung sei die Frage des Kunden konkreter und auf Informationen gerichtet, z.B. „was wissen sie zur Anlage XY?“ Sei Beratung gewünscht, frage der Kunde dagegen, „was würden sie an meiner Stelle tun?“ Anders ausgedrückt: das für den Kunden angemessene Wertpapier werde bei der Beratung empfohlen, bei der Aufklärung dagegen müsse der Kunde Informationen über bestimmte Anlageobjekte erfragen und sich dann eine eigene Meinung bilden.[132] Dieses Abgrenzungskriterium ist sicherlich hilfreich, es sollte jedoch kritisch betrachtet

[132] *Möllers/Ganten*, ZGR 4/1998, 773, 790.

werden, weil es eine Unsicherheit birgt. Es stellt sehr auf das erste, äußere Erscheinungsbild ab. Ein Kunde weiß unter Umständen am Anfang eines Gespräches aber gar nicht, ob er eine Beratung braucht oder nicht.[133] So mag ein Kunde mit dem Wunsch nach Informationen über ein bestimmtes Anlageobjekt zu seinem Berater kommen, nur um dann im Laufe des Gespräches festzustellen (beispielsweise auf Nachfrage des Beraters), dass sein beabsichtigtes Anlagegeschäft nicht mit seinen Anlagezielen deckungsgleich ist. Aus einer ursprünglichen Anfrage nach reiner Information kann so im Laufe des Gespräches eine Beratung werden.[134] Auch der umgekehrte Fall ist denkbar, in dem der Kunde mit der Frage, „was würden sie an meiner Stelle tun", an seinen Berater herantritt, obwohl er im Hinterkopf bereits genaue Anlagevorstellungen hat und er seitens des Beraters lediglich eine Bestätigung seiner eigenen Analyse erhofft. Angesichts dieser Schwierigkeiten scheinen *Möllers/Ganten* daher dann doch wieder, wie der letzte Satz des obigen Zitates zeigt, auf das eigentliche Ergebnis des Gespräches abzustellen, nämlich ob letztlich eine Empfehlung ausgesprochen wird (dann Beratung) oder ob die Anlageentscheidung auf einer eigener Meinungsbildung beruht (dann Aufklärung).

Die obige Aussage, bei der Aufklärung müsse der Kunde Informationen über **80**
bestimmte Anlageobjekte erfragen, ließe eventuell auch noch ein anderes Abgrenzungskriterium zu. Man könnte diesen Satz dahingehend interpretieren, dass bei einer Aufklärung der Kunde durch das Gespräch führt, sozusagen aufgrund seiner genauen Vorstellungen über das beabsichtigte Anlageobjekt den aktiven Part übernimmt, während bei einer Beratung der Anlageberater dem Kunden die Gründe und Schritte seiner Auswahl bis zu einer Empfehlung schrittweise darlegt. Eine ähnliche Differenzierung scheint auch *Preute*[135] vorzunehmen, der darauf abstellt, wessen Aufgabe es sei, die Übereinstimmung zwischen Kundeninteressen und Anlagealternativen herzustellen. Bei der Aufklärung liege diese Aufgabe beim Kunden, bei der Beratung hingegen komme sie dem Anlageberater zu. Auch dieses Kriterium liefe letztlich wieder darauf hinaus, ob eine konkrete Empfehlung ausgesprochen wurde (dann läge eine Beratung vor), oder ob der Kunde, unabhängig von den ihm mitgeteilten Informationen, eine eigene Entscheidung getroffen hat (dann läge eine Aufklärung vor).

cc) Umfang und Qualität der Bewertungsleistung

Nach Ansicht von *Möllers/Ganten* kommt diesem Kriterium die stärkste Bedeu- **81**
tung zu. Es bezieht sich auf den Inhalt der Beantwortung der Kundenanfrage. Umfang und Qualität der Bewertungsleistung seien bei der Beratung deutlich

---

[133] So auch *Horn*, ZBB 2/1997, 139, 141.
[134] Vgl. dazu auch *Preute*, aaO., 19, mit einem Beispielsfall.
[135] *Preute*, aaO., 18.

höher als bei der Aufklärung. Ratings und Prognosen zählten zur objektbezogenen Information, obwohl sie wertenden Charakter hätten. Die Empfehlungen, die auch im Internet veröffentlicht würden, seien aber nicht auf den einzelnen Anleger zugeschnitten und könnten deswegen nicht immer zu einem anlegergerechten Portfolio führen. Die objektbezogene Aufklärung allgemein könne, weil sie auch gruppenspezifisch erfolgen dürfe, nicht die optimale Anlageentscheidung für den Kunden ermöglichen. Im Unterschied dazu bilde sich der Berater aus seiner Kenntnis des individuellen Kunden und seinem gesamten Wissen über Wertpapiere ein auf den Kunden höchstpersönlich zugeschnittenes Urteil. Hierfür seien Risikoprofil und sämtliche Sonderwünsche des Kunden zu berücksichtigen.[136]

82 Diese Aussage scheint dahingehend zu verstehen zu sein, dass die eigentliche Leistung des Anlageberaters über die Bewertung von Anlageformen oder konkrete Anlageobjekte wie einzelne Aktien, hinausgeht. Denn selbst bei einer noch so detaillierten Information über ein bestimmtes Objekt könne der Kunde noch keine optimale Anlageentscheidung treffen, da er nicht wissen oder abschätzen könne, ob das konkrete Anlageobjekt mit seinen Anlagezielen vereinbar sei. Die eigentliche Leistung der Beratung scheint nach Ansicht von *Möllers/Ganten* demnach in der Auswahl eines bestimmten Anlageobjekts zu bestehen, dass auf die Wünsche des Kunden höchstpersönlich zugeschnitten ist.[137] Sie mündet in der Aussprache einer konkreten Anlageempfehlung, die am Ende eines Auswahlprozesses steht.

dd) Zusammenfassung

83 Die obigen Ausführungen zeigen, dass trotz der Verwendung unterschiedlicher Kriterien, das entscheidende Abgrenzungsmerkmal letztlich immer wieder die Frage ist, ob ein Auswahlprozess seitens des Anlageberaters stattgefunden hat, der in einer individuellen Empfehlung mündet. Auch der Hinweis auf die Schwierigkeit für einen Kunden, selbst mit einer Fülle an Informationen die richtige Anlageentscheidung zu treffen, geht in die richtige Richtung, was in der Folge zu zeigen sein wird.

4. Weitere mögliche Abgrenzungskriterien

84 Schaut man sich die verschiedenen Arten von Informationen an, so stellt man fest, dass einige zeitabhängig sind, andere dagegen zeitunabhängig. Die zeitunabhängigen Informationen sind dabei solche, die an anderer Stelle als instru-

---

[136] *Möllers/Ganten*, ZGR 4/1998, 773, 790 f.

[137] So auch *Preute*, aaO., 132.

mentbezogene[138] oder allgemeine, anlageformbezogene[139] Informationen bezeichnet werden, also Informationen über Funktionsweise und Risiken von bestimmten Anlageformen wie Aktien oder Anleihen. Zeitabhängige Informationen wären dagegen alle diejenigen, die Wertungen enthalten. Eine solche Unterscheidung führt jedoch nicht weit, da sie den Bereich der Aufklärung auf die instrumentbezogenen Informationen beschränken würde, was, wie oben dargestellt,[140] nicht haltbar ist.

Ein anderes Abgrenzungskriterium wäre das Abstellen auf die intellektuelle Leistung und den Aufwand der Bank. Man könnte argumentieren, dass die Anfertigung von Analysen, von Markteinschätzungen und Prognosen, das Expertenwissen der Banken ausmacht. Diese Leistung stelle im Bereich des Kapitalmarkts deren Kernkompetenzen dar. Diese Kompetenz ist der Wissensvorsprung, den die Banken gegenüber der Allgemeinheit haben. Sie ist der Grund, warum Anleger den Rat der Bank suchen. Man könnte also argumentieren, überall dort, wo Kunden dieses Spezialwissen der Bank und ihre Ressourcen in Anspruch nehmen bzw. davon profitieren, finde eine Beratung statt. Denn diese intellektuelle Leistung der Bank sei gerade nicht aus anderen Quellen zu beziehen. 85

Problematisch an solch einer Argumentation könnte sein, dass die Position der Banken, als „Hüterin des geheimen Wissens", sich seit Beginn der neunziger Jahre, mit Einsetzen des Börsenbooms und der Verbreitung des Internets, gewandelt hat. Im Vergleich von vor zehn Jahren finden sich heute in den Finanzteilen der Tageszeitungen immer ausführlichere Informationen zum Kapitalmarkt, und zwar nicht nur zu Kursnotierungen, sondern auch in Bezug auf Marktanalysen oder der Besprechung einzelner Unternehmenswerte. Es gibt mittlerweile unzählige Wochenzeitschriften, die sich mit dem Finanzmarkt beschäftigen. Daneben existieren so genannte Börsendienste, die ihren Abonnenten wöchentlich detaillierte Analysen des Kapitalmarktes bis hin zu konkreten Empfehlungen liefern. Auch im Internet sind unzählbare Seiten vorhanden, auf denen sich Informationen zu noch so exotischen Anlageobjekten finden lassen. Auch über die Banken selber bzw. deren angeschlossene Direktbanken können meist detailreiche Informationen zu einzelnen Aktien im Internet abgerufen werden. 86

Ein weiteres Problem liegt darin, dass sowohl die Abgabe einer allgemeinen Marktanalyse, als auch die detaillierte Aufschlüsselung einer konkreten Unternehmensprognose für ein bestimmtes Anlageobjekt, auf dem Expertenwissen der Bank beruht. Danach wäre also bereits bei der Abgabe einer Markteinschät- 87

[138] Vgl. Rz. 35.
[139] Vgl. Rz. 52.
[140] Vgl. Rz. 66.

zung die Expertise der Bank vom Kunden in Anspruch genommen worden und der Bereich der Aufklärung damit verlassen. Um dieses Problem zu umgehen, könnte man argumentieren, dass sich eine wirkliche intellektuelle Leistung der Bank erst durch die detaillierte Analyse eines konkreten Anlageprodukts zeige. Denn ob das Marktumfeld positiv, die Konjunkturlage gut oder schlecht sei, könne man schließlich auch aus der Tageszeitung entnehmen. Auch ein Abstellen auf den Individualisierungsgrad einer Analyse hilft jedoch meines Erachtens nicht wirklich weiter. Denn unter Umständen kann die Abgabe einer allgemeinen Marktanalyse sehr viel schwieriger sein als die Bewertung eines einzelnen Unternehmens, weil darin viel mehr Faktoren und Unwägbarkeiten enthalten sein können, die es zu berücksichtigen gilt. Der Umfang der Bewertungsleistung bzw. die intellektuelle Leistung der Bank kann in solch einem Fall also tatsächlich viel größer sein.

88 Diese Überlegungen führen jedoch zu einem anderen Lösungsansatz, der bereits bei den Ausführungen von *Möllers/Ganten* im Rahmen des Kriteriums von „Umfang und Qualität" der Bewertungsleistung, zumindest indirekt anklingt. Gemeint ist die Schwierigkeit für den Kunden, trotz einer Fülle an Informationen nicht automatisch in der Lage zu sein, eine optimale Anlageentscheidung treffen zu können. Denn angesichts der heutigen Informationsflut besteht das größte Problem für einen Anleger nicht mehr darin, Expertise in Anspruch zu nehmen und allgemeine, sowie spezielle Informationen über Anlageformen zu erhalten. Das entscheidende Problem besteht vielmehr darin, aus diesem unüberschaubaren Wust an Information, an Einschätzungen und Prognosen, das für das individuelle Anlageziel geeignete Anlageobjekt herauszufiltern. Desweiteren existieren mittlerweile so viele Finanzexperten am Markt, seriöse wie unseriöse, dass es einem Anleger oft schwer fallen dürfte, unter dieser Vielzahl von Meinungen, die sich unter Umständen auch noch widersprechen, eine glaubwürdige und stimmige Aussage zu erkennen. Auch einem in Wertpapieranlagen erfahrenem Anleger, der sich regelmäßig über die Kapitalmärkte informiert, könnte es daher selbst mit umfassenden Informationen nicht zwangsläufig gelingen, eine für ihn optimale Anlageentscheidung zu treffen. Zu beachten ist auch, dass viele Analysen in einer Art und Weise abgefasst werden, deren Verständlichkeit oft zu wünschen übrig lässt. Das mag beispielsweise an der Verwendung von Fremdwörtern liegen, die dem Laien unbekannt sind, aber auch daran, dass selbst die Analyse eines Anlageobjektes nicht immer eine klare Bewertung oder Aussage enthält. Selbst in den Fällen, in denen Banken die von ihnen geprüften Anlageobjekte in die Kategorien „Kaufen/Halten/Verkaufen" einteilen, ist dem Anleger nicht immer gedient. Denn oft trauen sich Banken nicht, ein Unternehmen mit einer negativen Bewertung zu versehen, weil sie Nachteile bei parallelen oder künftigen Geschäften mit diesem Unternehmen befürchten. Deshalb werden wenig aussichtsreiche Unternehmen oft nicht mit „Verkaufen", sondern mit dem scheinbar neutralen Urteil „Halten", bewertet. Nicht jedem wird deshalb bewusst sein, dass diese eigentlich unterschiedlichen Bewertungen unter Umständen das gleiche bedeuten können. Es bleibt somit festzuhalten, dass das Expertenwissen der Bank auf zwei Ebenen eine Rolle spielt. Zum einen besteht es in der Zurverfügungstellung von eigenen, selbst erarbeiteten Informationen, wie etwa Analysen oder Prognosen. Diese beruhen zwar auf dem Expertenwissen einer Bank. Es kommt ihnen aber heutzutage nicht mehr dieselbe überwältigende Bedeutung zu wie vielleicht noch in der Vergangenheit, weil diese Informationen grundsätzlich auch aus anderen Quellen erhältlich wären. Die andere Ebene ist dagegen die entscheidende. Es ist die Leistung der Bank bzw. des Anlageberater, nicht nur alle auf dem Markt erhältlichen Informationen zu sammeln und zu bewerten, sondern sie auch auf die Wünsche und Anlageziele eines individuellen Kunden abzustimmen.

5. Eigene Lösung

a) Vorüberlegung

Bei der Diskussion um die Abgrenzung von Aufklärung und Beratung geht es 89
letzten Endes um die Verteilung von Risiko und die Zuordnung von Verantwortung für den Fall, dass eine Anlageentscheidung in einen materiellen Verlust mündet. Es ist eine grundsätzliche und eher rechtspolitische Frage, wie viel Eigenverantwortung man dem Anleger tatsächlich zugestehen bzw. zumuten will. Es liegt auf der Hand, dass der Kunde möglichst viel dieser Verantwortung auf den Anlageberater abwälzen möchte. Die andere Seite der Medaille ist die Frage, welche Anforderungen man den Banken in Bezug auf Aufklärung und Beratung auferlegen will, um das Ziel des Anlegerschutzes zu erreichen. Dass diese Frage für die Banken auch von ökonomischer Bedeutung ist, versteht sich von selbst.[141] In der Literatur ist häufig darauf hingewiesen worden, dass es für die Abgrenzung zwischen Aufklärung und Beratung nicht darauf ankomme, ob die Banken das Erbringen einer Beratungsleistung mit einem Entgelt belegen.[142] Diese Aussage ist insoweit richtig, als sie sich auf die grundsätzliche Relevanz für die rechtliche Diskussion bezieht. Sie erlangt aber auf einem Umweg dennoch Bedeutung. Dann nämlich, wenn der ökonomisch denkende Kunde die größtmögliche Information über für ihn passende, konkrete Anlageobjekte verlangt, eine Bezahlung aber mit dem Hinweis ablehnt, er habe sich lediglich informieren, nicht aber beraten lassen wollen.[143] Zu beachten ist auch, dass die

---

[141] *MünchKommBGB/Roth*, § 242, Rz. 271; *Horn*, ZBB 2/1997, 139, 140; vgl. dazu ausführlich auch *Preute*, aaO., 185 ff.

[142] Vgl. z.B. *Raeschke-Kessler*, WM 1993, 1830, 1831, mit Hinweis auf BGHZ 100, 117, 119.

[143] Vgl. Die Welt, vom 02.06.2004, 21: Bankkunden sollen zukünftig für die bisher kostenlose Finanzberatung zahlen, weil diese den Banken zu teuer geworden ist.

Beratung eine Leistung ist, die zwischen Bank und Kunde besonders vereinbart werden muss, während Aufklärungs- und Informationspflichten sich schon aus einem zwischen Bank und Kunde bestehenden vorvertraglichen Vertrauensverhältnis ergeben können. Anders formuliert, die Aufklärung ist die Regel, die Beratung die Ausnahme. Dies muss auch auf Ausgestaltung und Abgrenzung zwischen Aufklärung und Beratung ausstrahlen.

90 Entscheidend ist auch eine weitere Überlegung. Aufklärung/Information und Beratung haben unterschiedliche Zielsetzungen. Eine Aufklärung ist eine belehrende Unterrichtung,[144] die den Kunden in die Lage versetzen soll, eine eigene, informierte Entscheidung zu treffen. Der informierte Anleger, der aufgrund seiner Anlageziele über die Funktionsweise und Eigenschaften für ihn in Frage kommender Anlageformen unterrichtet worden ist, ist sich bewusst, welches konkrete Risiko er mit der Entscheidung für eine bestimmte Anlageform eingeht. Er ist unter Umständen über die aktuelle Marktlage informiert worden und darüber, dass eine bestimmte Anlageform aufgrund der momentanen Umstände besser für eine Investition geeignet wäre, als eine andere. Auf dieser Grundlage trifft er eine eigenverantwortliche Entscheidung. Die Eigenverantwortlichkeit bedeutet aber auch, dass Entscheidung und Auswahl eines konkreten Anlageobjekts, z.B. einer bestimmte Aktie, letztlich aufgrund eigener Schlussfolgerungen und Überlegungen erfolgt. Durch die Information/Aufklärung ist zwar gewährleistet, dass er in eine Anlageform investiert, die zu seinen Anlagezielen passt. Damit geht aber trotzdem die Gefahr einher, dass er eine falsche Entscheidung trifft. Falsch in dem Sinne, dass er sich zwar innerhalb seiner Risikoklasse bewegt, aber auch dort aufgrund der vielfältigen Möglichkeiten natürlich noch unzählige „schlechte" Anlageobjekte lauern. Der Kunde soll durch die Information (nur) in die Lage versetzt werden, das Risiko und die Tragweite seiner Anlageentscheidung selbst einschätzen und bewerten zu können.[145] Genau dies bedeutet Eigenverantwortlichkeit. Ob die Auswahl, die der Kunde dann innerhalb einer Anlageform trifft, eine für ihn optimale Entscheidung ist, will und kann Information/Aufklärung nicht leisten. Erleidet z.B. eine vom Anleger gekaufte Aktie aufgrund einer negativen Börsenphase Kursverluste, so wird ihn dies zwar ärgern, aber es kann ihn nicht überraschen, denn über die Möglichkeit, dass bei der Anlageform Aktie Kursverluste drohen, ist er aufgeklärt worden. An der Tatsache, dass das von ihm gewählte Anlageobjekt seinen Anlagezielen entsprach und er eine für ihn „passende" Entscheidung getroffen hat, ändert dies nichts.

---

[144] *Hadding*, aaO., 73.

[145] *Schwennicke*, WM 1998, 1101, 1102, unter Hinweis auf Beschlussempfehlung und Bericht des Finanzausschusses des Deutschen Bundestages zum Regierungsentwurf eines Zweiten Finanzmarktförderungsgesetzes, BT-Drucks. 12/7918, 103.

Ein Anleger, der durch seine Bank beraten wurde, hat dagegen andere Ansprüche. Er erwartet nicht nur, dass er eine „passende“ Anlagemöglichkeit präsentiert bekommt, sondern auch, dass unter mehreren passenden Möglichkeiten das für ihn optimale Objekt ausgesucht wird.[146] Dieser Anspruch hat einen gewissen Ermessensspielraum der Bank und die jeweilige Situation zum Zeitpunkt der Beratung selbstverständlich zu berücksichtigen. Auch können keine Zweifel daran bestehen, dass selbst eine optimale Empfehlung dem Kunden keine bestimmte Rendite oder einen Schutz vor Kursverlusten garantieren kann. Denn „die“ optimale Anlage gibt es sicherlich nicht, bzw. es wäre nicht effizient, auf Seiten der Bank auch über einen bestimmten Punkt hinaus nach ihr zu suchen.[147] Die Wahrscheinlichkeit aber, dass ein Investitionsobjekt besser auf die persönliche Risikostruktur des Kunden zugeschnitten ist und mit seinen Anlagezielen übereinstimmt, ist bei einer Beratung ungleich größer als bei einer Aufklärung. Diese Wahrscheinlichkeit gründet in dem Expertenwissen der Bank, ihrer größeren Erfahrung und besseren Einschätzung der Märkte und damit der besseren Beurteilung einzelner Anlageformen und Anlageobjekte. Man könnte auch formulieren, der Kunde erwarte von der Bank eine „erhöhte Richtigkeitsgewähr,“[148] bzw. er erhoffe sich durch die Empfehlung und die darin zum Ausdruck kommende Sachkunde der Bank ein „mehr an Sicherheit“ für seine Anlageentscheidung.[149] Will der Anleger von diesem Wissen der Bank profitieren, so muss er eine Beratung in Anspruch nehmen. Umgekehrt kann die Bank nur dann verpflichtet sein, diese Fähigkeit zum Vorteil des Kunden einzusetzen, wenn dieser sie ausdrücklich nachfragt. Man könnte somit zusammenfassend festhalten, dass der informierte Anleger, der eine eigene Entscheidung fällt, in die Lage versetzt werden soll, eine für ihn „passende“ Anlage zu finden. Dieses Ziel ist nicht per se gering zu schätzen. Der beratene Anleger dagegen kann erwarten, nicht nur eine passende, sondern eine „optimale“ Anlage empfohlen zu bekommen. **91**

Dies soll an einem konkreten Beispiel aus der Praxis verdeutlicht werden. Im Finanzteil einer Tageszeitung[150] finden sich unter der Rubrik „Tendenzen & Tips“ konkrete Aussagen zu einzelnen Aktien, darunter unter anderem zur E.ON **92**

[146] *Koller*, aaO., § 31, Rz. 107. Nach dieser Ansicht wird das Aufzeigen von besser geeigneten Alternativen scheinbar auch im Rahmen einer Aufklärung verlangt. Diese Zuordnung ist jedoch nicht eindeutig, da sowohl von Alternativen zu empfohlenen, als auch zu Wertpapieren die Rede ist, die der Kunde bereits im Auge hatte. Dass eine solche Pflicht über die Aufklärung hinausgeht, zumindest wenn es sich bei den Alternativen um konkrete Anlageobjekte handelt, wird im folgenden noch näher erläutert.

[147] Vgl. dazu Ausführungen bei *Preute*, aaO., 198.

[148] Vgl. auch *Oikonomou*, Bankenhaftung bei der Anlageberatung – Beratungspflichten beim Optionsscheingeschäft, 1999, 15, mit weiteren Nachweisen.

[149] *Raeschke-Kessler*, WM 1993, 1830, 1832.

[150] F.A.Z. vom 10.07.2004, 22.

AG[151] und zur Software AG.[152] Beide Aktien bekommen eine positive Bewertung, E.ON wird eine überdurchschnittliche Kursentwicklung zugetraut, bei der Software AG wird zum Kauf geraten. Bei beiden Aktien finden sich kurze Begründungen für diese Einschätzung. Für einen Anleger, dessen Risikoprofil den Kauf von Aktien erlaubt, wären beide Aktien auf den ersten Blick für seine Anlageziele passend. Die Informationen, die ihm zu beiden Aktien zur Verfügung stehen, lassen auf eine positive Entwicklung beider Werte schließen. Die Frage ist jedoch, ob beide Aktien auch eine „optimale" Anlage für ihn darstellen würden. Was aus den Bewertungen beider Aktien nämlich nicht hervorgeht ist der Umstand, dass beide Aktien aus unterschiedlichen Branchen kommen und damit ein durchaus unterschiedliches Chance-Risiko-Verhältnis aufweisen, obwohl beide der Anlageform „Aktie" angehören. So kommt die E.ON AG aus dem Bereich der Energieversorger, während die Software AG aus dem Bereich der Informationstechnologie stammt. Verallgemeinernd kann man sagen, dass Aktien von Energieversorgungsunternehmen als solides, defensives Investment mit geringer Schwankungsbreite gelten, weil sie wenig konjunkturanfällig sind. Die Informationstechnologie ist dagegen eine ausgesprochene Wachstumsbranche, die aufgrund ihrer Abhängigkeit von der konjunkturellen Entwicklung hohe Gewinne bescheren kann, bei der aber auch entsprechend höhere Verluste drohen. Diese Hintergrundinformation besäße ein Anleger, trotz einer detaillierten Information bzgl. eines konkreten Anlageobjekts, aufgrund dieses Artikels nicht. Einem Anleger, der bereit ist, ein hohes Risiko einzugehen, würden somit bei einem Kauf der E.ON Aktie möglicherweise höhere Kursgewinne entgehen, die er bei einem Kauf der Aktie der Software AG hätte realisieren können. Umgekehrt könnte ein Anleger, der auch bei der Investition in Aktien auf ein überschaubares Risiko Wert legt, beim Kauf der Aktie der Software AG unter Umständen eine böse Überraschung erleben. Vor diesem Risiko ist ein Anleger, der die Beratung seiner Bank in Anspruch nimmt, gefeit. Denn aufgrund der Expertise seines Anlageberaters wird dieser ihm die Anlage empfehlen, die für seine Bedürfnisse am besten geeignet ist.

b) Ergebnis

93 Der Anlageberater erfüllt bei einer Beratung demnach drei Funktionen, die außer ihm niemand sonst erbringen kann. Er ordnet, filtert und wählt aus. Er nimmt das Vertrauen des Kunden in Anspruch und liefert eine persönliche, eine eigene Einschätzung, welche der vielen Analysen und Prognosen glaubwürdig und plausibel sind. Und er nimmt, beruhend auf den Anlagezielen und den Wünschen des Kunden, einen Auswahlprozess vor, an dessen Ende er Anlageobjekte gefunden hat, die den Wünschen und Zielen des Kunden optimal entsprechen.

[151] www.eon.com
[152] www.softwareag.com/germany

Dafür kommt entweder ein Vorschlag mehrerer geeigneter Anlageobjekte oder aber die Empfehlung eines einzelnen Anlageobjekts in Frage. Eine Beratung zeichnet sich somit durch drei Kriterien aus, die kumulativ vorliegen müssen: (1.) eine Abgleichung zwischen Anlageformen und den Anlagezielen des Kunden, (2.) ein Auswahlprozess des Anlageberaters, (3.) eine Individualisierung (im Sinne einer Empfehlung) auf ein oder mehrere geeignete Anlageobjekte.[153]

c) Ergebnisüberprüfung

Dieser Lösungsvorschlag soll noch einmal anhand der zwei Situationen überprüft werden, mit denen ein Wertpapierdienstleistungsunternehmen typischerweise im Bereich der Aufklärung konfrontiert werden kann. **94**

Fall 1:
Eine Kunde ist unerfahren und möchte von der Bank allgemeine Informationen im Hinblick auf eine mögliche Geldanlage. Nach Einholung der entsprechenden Kundenangaben teilt der Anlageberater den Anleger in eine Risikoklasse ein und klärt ihn darüber auf, welche Anlageformen für ihn in Frage kommen.
Diese Aufklärung ist in Bezug auf den Kunden schon individualisiert, weil mit der Einstufung in eine bestimmte Risikoklasse ein Abgleich mit den Anlagezielen des Kunden stattgefunden hat. Sie kann möglicherweise bereits Wertungen, Marktkommentare oder Hinweise bzgl. der Bevorzugung einer bestimmten Anlageform, aber auch Prognosen, Analysen, Tendenzen und Gerüchte enthalten. Trotz Individualisierung, eigener Werturteile (Kommentierung) und einer ersten Auswahl des Anlageberaters liegt keine Beratung vor. Denn die Auswahl bezieht sich lediglich auf eine bestimmte Anlageform, es hat somit noch keine endgültige Individualisierung in der Form eines Auswahlprozesses auf ein oder mehrere geeignete Anlageobjekte stattgefunden.

Fall 2:
Ein Kunde tritt mit dem Wunsch von Informationen über ein bestimmtes Anlageobjekt an die Bank heran. Der Anlageberater stellt ihm Charts, Analysen, Prognosen und Kommentare zur Verfügung, die er auch bewertet und kommentiert. Desweiteren informiert er den Anleger über Tendenzen und Gerüchte hinsichtlich dieses Anlageobjekts.
Zwar liegt hier eine Individualisierung auf ein konkretes Anlageobjekt, sowie ein Abgleich mit den Anlagezielen des Kunden vor. Eine Beratung hat jedoch trotzdem nicht stattgefunden. Sie scheitert daran, dass die Individualisierung in

[153] Zu einem ähnlichen Ergebnis kommt auch *Preute*, aaO., 18, der allerdings allein darauf abstellt, wer die Übereinstimmung zwischen Kundeninteresse und Anlagealternative hergestellt hat. War es die Bank, dann lag eine Beratung vor, war es der Kunde, dann fand seitens der Bank eine Aufklärung statt.

Bezug auf das konkrete Anlageobjekt nicht das Ergebnis eines Auswahlprozess des Anlageberaters ist, sondern auf einer eigenen Auswahl des Kunden beruht. Ob eine Individualisierung in Bezug auf den Kunden stattgefunden, die Bank das von diesem ins Auge gefasste Anlageobjekt mit dessen Anlagezielen abgeglichen hat, ist unerheblich. Denn das Vorliegen einer Beratung muss aufgrund des fehlenden Auswahlprozesses durch die Bank verneint werden, da die oben vorgestellten Kriterien immer kumulativ vorliegen müssen.

d) Warnhinweis: Aufklärung oder Beratung?

95 Eine Abgrenzung zwischen Aufklärung und Beratung könnte dann schwierig werden, wenn der Anlageberater den Kunden vor dem Kauf eines bestimmten Wertpapiers warnt. Ein Anlageberater hat sich grundsätzlich auch bei einem Kunden, der mit einem konkreten Anlagewunsch an die Bank herantritt, nach dessen Anlagezielen und persönlichen Verhältnissen zu erkundigen. Ergebnis dieser Erkundigungen könnte sein, dass der Anlageberater erkennt, dass das vom Kunden beabsichtigte Anlagegeschäft nicht mit seinen Anlagezielen übereinstimmt und er deshalb einen Warnhinweis ausspricht. Es stellt sich in diesem Fall die Frage, ob der Anlageberater durch den Warnhinweis eine Beratung vorgenommen hat oder ob ein solcher Vorgang noch der Aufklärung zuzuordnen wäre.

96 Teilweise wird ein Warnhinweis mit einer Beratung gleichgesetzt. Dies wird damit begründet, dass es im Rahmen einer Aufklärung keine Pflicht gebe, von einer Anlage abzuraten, da im Lichte des § 31 Abs. 2 Nr. 2 WpHG nur eine Informations-, nicht aber eine Beratungspflicht bestehe. Aus der Perspektive des WpHG brauche deshalb nicht darauf hingewiesen zu werden, dass die geplante Anlage nicht mit den Anlagezielen des Kunden in Einklang stehe. Es genüge, dass dem Kunden die Umstände offengelegt würden, aus denen sich die Gefahren, die mit der Anlage verbunden seien, ablesen ließen.[154] Diese Aussage überrascht in doppelter Hinsicht. Zum einen ist nicht ersichtlich, warum eine Warnpflicht mit Beratung gleichgesetzt wird. Zwar wird der Anleger durch eine Warnung davon in Kenntnis gesetzt, dass die von ihm geplante Anlage nicht seinem Risikoprofil entspricht. Er weiß nach einer solchen Warnung aber immer noch nicht, bei welchem anderen Anlageobjekt dies stattdessen der Fall sein könnte. Es liegt nach wie vor an ihm, dies anhand eines erneuten Denkprozesses und Auswahlverfahren zu ergründen. Zum anderen erstaunt diese Aussage auch deshalb, weil die gleiche Ansicht sich an anderer Stelle dafür ausspricht, einen Wertpapierdienstleister zu verpflichten, einem Kunden auch Informationen über ein konkretes Anlageobjekt zukommen zu lassen, statt sich mit einer abstrakten

---

[154] *Koller*, aaO., § 31 Rz. 114.

Grundaufklärung über die fundamentalen Risken beim Wertpapierhandel zu begnügen. Dies wird damit begründet, dass der uninformierte Kunde den Wert fehlender Informationen gar nicht abschätzen könne.[155] Es wird also auf der einen Seite das Bild eines hilflosen Kunden gezeichnet, der nicht in der Lage ist, eigenständige Schlussfolgerungen zu ziehen. Diesem hilflosen Kunden soll dann aber auf der anderen Seite erstaunlicherweise der Schutz verwehrt werden, von seinem Anlageberater eine Warnung zu erhalten. Stattdessen soll es ihm überlassen bleiben, aus Informationen zu dem von ihm anvisierten Anlageobjekt ablesen zu können, ob diese Geldanlage mit seinen Anlagezielen- und wünschen übereinstimmt oder nicht.

Von anderer Seite[156] wird die Warnpflicht nicht explizit der Aufklärung oder 97
Beratung zugeordnet, sondern als eigenständige Pflicht vorgestellt. Sie greife nur ausnahmsweise unter besonderen Umständen ein und bleibe selbst dann bestehen, wenn ansonsten Aufklärungs- und Beratungspflichten ausgeschlossen wurden.[157]

Richtigerweise wird eine Warnpflicht überwiegend der Aufklärung zugeord- 98
net.[158] Danach ist die Warnung ein besonderer Fall der Unterrichtung (die laut dieser Ansicht wiederum gleichbedeutend mit Information ist).[159] Dieses Ergebnis lässt sich mit mehreren Argumenten unterstützen. Die in § 31 Abs. 2 Nr. 1 WpHG statuierte Erkundigungspflicht der Wertpapierdienstleistungsunternehmen nach den Anlagezielen der Kunden, soll diese in die Lage versetzen, ein Risikoprofil des Kunden zu erstellen und ihn so davor schützen, Anlageentscheidungen zu treffen, die nicht seinen Anlagezielen entsprechen. Wenn ein Anlagerberater somit positiv die geeignete Anlageform für den Kunden ermitteln darf und soll, so muss er eine solche Zuordnung auch in negativer Weise durch einen Warnhinweis vornehmen können. Wenn also ein positiver bzw. aktiver Schutz des Kunden von dem Gesetzeszweck umfasst ist, so muss dies auch für einen negativen Schutz dergestalt gelten, dass ein Kunde vor der Investition in für ihn nicht geeignete Anlageformen gewarnt wird.[160]

---

155 *Koller*, aaO., § 31 Rz. 96b.
156 *Horn*, ZBB 2/1997, 139, 141; *Oikonomou*, aaO., 83 f., nimmt ebenfalls keine explizite Zuordnung vor.
157 *Horn*, in: FS für *Herbert Schimansky*, 653, 664.
158 *Hadding*, aaO., 73; vgl. auch *Siol* in: FS für *Herbert Schimansky*, 781, 789; *MünchKommBGB/Roth*, § 242, Rz. 260 und 264; *Keßler*, VuR 1998, 3, 4; *Ellenberger*, WM 2001, Sonderbeilage 1, 3.
159 *Hadding*, aaO., 73.
160 So auch *Siol*, in: FS für *Herbert Schimansky*, 781, 789, für den Fall, dass Kundenauftrag und Zielvorstellung klar voneinander abweichen.

99 Diese Auffassung lässt sich auch mit der oben gefundenen Unterscheidung zwischen Aufklärung und Beratung vereinbaren. Zwar könnte man auf den ersten Blick argumentieren, dass im Falle eines Warnhinweises die oben vorgestellten Kriterien[161] erfüllt sind und somit eine Beratung gegeben ist. Denn ein Warnhinweis beruht auf einem Abgleich der Bank zwischen dem vom Kunden gewünschten Anlageobjekt und seinen Anlagezielen. Ebenfalls liegt eine Individualisierung auf ein konkretes Anlageobjekt vor, die man als negative Empfehlung bezeichnen könnte. Der entscheidende Punkt ist aber die Frage, ob seitens der Bank ein Auswahlprozess stattgefunden hat. Diese Frage ist deshalb schwierig zu beantworten, weil das beabsichtigte Wertpapiergeschäft unstreitig auf einer ursprünglichen Auswahl des Anlegers beruht. Man könnte aber versucht sein zu argumentieren, dass die Warnung vor dem beabsichtigten Geschäft eine negative Auswahl seitens der Bank bedeutet, weil sie aus einer Vielzahl von potentiell in Frage kommenden Anlagemöglichkeiten zumindest ein Anlageobjekt identifiziert hat, das für eine Vermögensanlage des Kunden nicht geeignet wäre. Ein solcher Argumentationsversuch ginge jedoch fehl. Denn selbst nach einer Warnung an einen Kunden, der mit dem Wunsch nach Informationen über ein konkretes Anlageobjekt an die Bank herangetreten ist, weiß dieser Kunde noch lange nicht, welches andere Anlageobjekt als Alternative in Frage käme. Für ihn blieben auf dem Kapitalmarkt nach wie vor unzählige Anlagemöglichkeiten, die er in einem erneuten Auswahlprozess analysieren müsste. Nur für den Fall, dass auf die Warnung eine entsprechende Empfehlung oder ein Vorschlag seitens der Bank erfolgt, wäre der Bereich der Aufklärung verlassen. Aufgrund der oben vorgestellten Abgrenzungskriterien läge in so einem Fall dann eine Beratung vor.

100 Die Einordnung einer Warnung als Aufklärung lässt sich auch noch durch ein weiteres Argument anhand einer Vorschrift der Wohlverhaltensrichtlinie indirekt unterstützen. Die Vorschrift unter Ziffer 2.6 der Wohlverhaltensrichtlinie enthält Regelungen für Wertpapierdienstleistungsunternehmen, die lediglich Aufträge ausführen (*Execution-Only*). Für solch einen Fall muss die Aufklärung des Wertpapierdienstleistungsunternehmens nur unter Zugrundelegung der Kenntnisse oder Erfahrungen des Kunden und der vom Kunden beabsichtigten Geschäfte erfolgen. Nach seinen Anlagezielen muss ein solcher Kunde nicht gefragt werden. Der Grund für diese reduzierte Erkundigungspflicht liegt darin, dass laut Art. 11 Abs. 1 Satz 2 der EG-Wertpapierdienstleistungsrichtlinie eine Abstufung der Verhaltenspflichten der Wertpapierdienstleistungsunternehmen abhängig von der Professionalität der Kunden möglich ist.[162] Eine Geldanlage mittels eines *Execution-Only* Geschäftes ist für solche Kunden gedacht, die in Wertpapieranlagen erfahren sind und somit keine oder aber nur sehr geringe,

---

[161] Vgl. Rz. 93.
[162] Vgl. *Balzer*, DB 1997, 2311, 2314; *Kümpel*, WM 1995, 689, 690.

zusätzliche Informationen benötigen. Zu seinen Anlagezielen muss ein solch professioneller Kunde, wie oben bereits erwähnt, nicht befragt werden. Die sich daraus ergebenden Nachteile für den Kunden liegen auf der Hand. Denn er bekommt zwar unter Umständen, soweit dies zweckdienlich und erforderlich ist, Informationen über das von ihm beabsichtigte Geschäft und wird so über die damit verbundenen Risiken informiert. Was er nicht weiß ist, ob das von ihm beabsichtigte Geschäft mit seinen Anlagezielen übereinstimmt. Diese muss die Bank nicht erfragen und kann sie deshalb auch nicht anhand des beabsichtigten Geschäfts überprüfen. Dieser Nachteil für den Kunden wird in Kauf genommen, da er diesbezüglich aufgrund seiner Professionalität als nicht schutzwürdig angesehen wird. Im Umkehrschluss könnte man somit argumentieren, dass aufgrund der Tatsache, dass eine Bank im Rahmen einer normalen Vermögensanlage bei einem unerfahrenen Kunden verpflichtet ist, dessen Anlageziele zu erfragen, der Schutzzweck des § 31 WpHG eben auch darin bestehen müsse, den Kunden davor zu bewahren, Anlagen zu tätigen, die nicht seinen Anlageziele entsprechen. Dieser Schutzzweck muß dann aber umfassend bestehen, so dass er auch eine Pflicht umfasst, eine Warnung auszusprechen.

V. Rechtliche Grundlage

Dass Banken für ein Beratungsverschulden im Rahmen eines Anlagegespräches **101**
der Haftung unterliegen, bedarf heutzutage keiner Diskussion mehr. Im Laufe der Jahre haben sich mehrere Lehren gebildet, die die rechtliche Grundlage einer Anlageberatung unterschiedlich verorten. An dieser Stelle soll die Diskussion, die hinsichtlich der verschiedenen rechtlichen Grundlagen existiert, nicht in voller Tiefe und Detailtreue wiedergegeben und besprochen werden. Zum einen gibt es nicht wirklich neue, bahnbrechende Erkenntnisse, zum anderen hat die Entscheidung für eine der vielen Ansichten letztlich keinen Einfluss auf den Inhalt der Aufklärungs- und Beratungspflichten der Banken im Rahmen einer Vermögensanlage. Trotzdem soll der Diskussionsstand übersichtshalber dargestellt werden, da es immerhin doch die eine oder andere Überlegung gibt, die an dieser Stelle im Zusammenhang mit der oben vorgenommenen Abgrenzung in die Diskussion über rechtliche Grundlagen von Aufklärungs- und Beratungspflichten eingebracht werden kann.

1. Dogmatischer Hintergrund

Aufklärung und Beratung beinhalten beide die Weitergabe von Information. De- **102**
ren Hauptfunktion ist die Entscheidungsvorbereitung, sie wirkt unmittelbar auf die Willensbildung desjenigen ein, der sie empfangen hat. Information ist daher jedes Mittel, welches der Reduzierung von Beurteilungs- und Entscheidungsun-

sicherheit dient.[163] Informationen sind immateriell, sie haben ein Eigenleben, welches von dem Informationsträger, mittels dessen sie mitgeteilt werden, losgelöst ist. Sie sind deshalb potentiell frei von Ort und Zeit, sobald sie einmal mitgeteilt worden sind. Nach der Entäußerung kann der Informationsgeber – jedenfalls faktisch – nicht mehr kontrollieren, wem sie weiter mitgeteilt werden, wie jeder weitere Informationsempfänger sie verwendet und welche Folgen, wie etwa ein Schadenseintritt, aus einer Verwendung erwachsen.[164] Hinzu kommt, dass die Entäußerung von Information häufig unentgeltlich erfolgt. Dies hat den Effekt, dass der Informationsgeber keine Haftungsprämie erhält, die das mit einer Informationserteilung im Einzelfall verbundene Risiko der Haftung für eine Falschauskunft decken könnte. Diese beiden Überlegungen haben zur Folge, dass mit der Haftung für eine Informationserteilung grundsätzlich sehr restriktiv umgegangen werden muß, sie im Zweifel sogar zu verneinen ist. Dieser Rechtsgedanke kommt in § 675 Abs. 2 BGB zum Ausdruck.[165] Danach erzeugt die Erteilung von Auskunft, Rat oder Empfehlung mangels Rechtsbindungswillens keine Haftung, sie ist weder Willenserklärung noch Rechtsgeschäft.[166] Grundsätzlich ist also derjenige, der einem anderen einen Rat oder eine Empfehlung erteilt, für die aus der Befolgung entstehenden Schäden nicht haftbar.

103 Diese Konzeption des Gesetzgebers entspricht der Rechtswirklichkeit bezogen auf die Anlageberatung jedoch nicht. Denn im Rahmen der Anlageberatung sucht der Anleger die Bank als Informationsgeber gerade mit dem Ziel auf, seine eigene Entscheidungsunsicherheit zu kompensieren oder aber durch eine Entscheidung der Bank zu ersetzen. Die Bank befindet sich in einem 2-Personen-Verhältnis, sie weiß, wie der Informationsempfänger die Information zu verwenden beabsichtigt und welche finanziellen Schäden daraus möglicherweise erwachsen könnten. Darüber hinaus ist die Unentgeltlichkeit der Informationsweitergabe fraglich. Selbst wenn kein Entgelt für die Beratung erhoben wird, so profitiert die Bank finanziell zumindest mittelbar von ihrer Leistung. Der obige Rechtsgedanke gilt also nur unbeschadet anderweitiger vertraglicher, quasivertraglicher oder deliktischer Ansprüche.[167] Entscheidendes Kriterium für eine Haftung ist dabei in den meisten Fällen das Bestehen eines Rechtsbindungswillens, der im Bankgeschäft, und insbesondere bei der Anlageberatung, aus den vorstehend beschriebenen Gründen grundsätzlich besteht. Man kann daher mit

---

[163] *Mansel,* Immaterialität, Ubiquität und Paradoxität der Information und das Produkthaftungsgesetz: The medium is no longer the message, in: Festschrift für Rolf A. Schütze, 1999, 485, 489.
[164] *Mansel* in: FS Schütze, 491 f.
[165] *Mansel* in: FS Schütze, 493 f.
[166] *Palandt/ Sprau*, § 675, Rz. 27.
[167] *Keßler*, VuR 1/1998, 3, 4; *Steuer*, aaO., 793, 796; *Palandt/Sprau*, § 675, Rz. 28 ff.

Fug und Recht behaupten, dass § 675 Abs. 2 BGB gewissermaßen außer Kraft ist, was die Anlageberatung angeht.[168]

Dies ändert jedoch nichts daran, dass eine generelle und umfassende Aufklärungs- oder Beratungspflicht der Banken nach Ansicht der herrschenden Meinung in Literatur und Rechtsprechung nicht besteht.[169] Eine solche Pflicht ist schon wegen des natürlichen Interessenwiderstreites der Vertragsparteien abzulehnen, liefe sie doch darauf hinaus, dass der Anleger pauschal und ohne Rücksicht auf die Besonderheiten des konkreten Einzelfalles immer als aufklärungsbedürftig angesehen würde.[170] Die Ausnutzung von geschäftlichen Vorteilen, die in einer Marktwirtschaft typischen sind, würde bei der Festlegung einer generellen Aufklärungs- und Beratungspflicht für die Banken vollständig ausgeschlossen.[171] Verletzungen solcher Pflichten können sich demnach nur in den Fällen ergeben, in denen die Bank eine besondere rechtliche Pflicht zum Handeln, nämlich zur Aufklärung oder Beratung hat.[172] Diese Pflichten werden in Leistungs- und Schutzpflichten unterteilt. Leistungspflichten ergeben sich dabei aus einem vertraglichen Schuldverhältnis und sind selbständig einklagbar, während Schutzpflichten auf dem Grundsatz von Treu und Glauben gemäß § 242 BGB beruhen und nicht einklagbar sind.[173] **104**

Verschiedene pflichtenbegründende Umstände sind denkbar. Die Relevanz des pflichtenbegründenden Umstands ist dabei ins Verhältnis zu seiner Erkennbarkeit für die Gegenpartei zu setzen und eine Aufklärungspflicht umso eher zu bejahen, je wichtiger der Umstand und je ausgeprägter das Informationsgefälle ist.[174] So besteht eine Aufklärungspflicht immer dann, wenn eine Vertragspartei bei der anderen einen Irrtum erregt, der die Willenserklärung dieser Partei beeinflusst hat.[175] Auch besteht eine Warnpflicht der Bank etwa dann, wenn diese gegenüber dem Kunden einen bestimmten Wissensvorsprung hat, beispielsweise indem sie eine diesem unbekannte, unmittelbar drohende Gefahr hinsichtlich des geschäftlichen Kontakts oder des Leistungsgegenstandes selbst kennt.[176] Eine **105**

---

[168] *Oikonomou*, aaO., 28.

[169] *Huber*, Bankrecht 2001, Rz. 1309; *Brandt*, aaO., 78; *Vortmann*, aaO., Rz. 11 ff.; Heinsius, ZHR 145 (1981), 172, 187; *v. Heymann* in: *Assmann/Schütze*, Handbuch des Kapitalanlagerechts, 2. Auflage, 1997, § 5 Rz. 6 ff.; *Siol*, in: *Schimansky/Bunte/ Lwowski*, Bankrechts-Handbuch, Band I, 2. Auflage, 2001, § 43, Rz. 1; BGH, ZIP 1981, 962, 963; zuletzt ausdrücklich LG Bremen, WM 1999, 847, mit weiteren Nachweisen.

[170] *MünchKommBGB/Roth*, § 242, Rz. 269 f.

[171] *Vortmann*, aaO., Rz. 12 ff.

[172] *Brandt*, aaO., 78 f.

[173] *Siol*, in: *Schimansky/Bunte/Lwowski*, § 43, Rz. 3.

[174] *MünchKommBGB/Roth*, § 242, Rz. 277.

[175] Vgl. *Horn*, ZBB 2/1997, 139, 146; BGH, WM 1968, 398.

[176] Vgl. *Horn*, ZBB 2/1997, 139, 146; *MünchKommBGB/Roth*, § 242, Rz. 277.

Aufklärungspflicht wird ebenfalls in den Fällen bejaht, in denen zwischen den Interessen des Kunden und den Interessen der Bank ein Konflikt existiert. Zwar darf die Bank ihr eigenes geschäftliches Interesse wie jeder andere Unternehmer verfolgen. Sie darf daraus aber keine Einschränkung ihrer Aufklärungspflicht herleiten, sondern muss den Kunden über die Umstände eines Interessenkonflikts oder über andere relevante Tatsachen aufklären.[177]

106 Zusammenfassend lässt sich somit festhalten, dass eine notwendige, aber nicht hinreichende Voraussetzung für eine Aufklärungs- bzw. Beratungspflicht grundsätzlich immer dann vorliegt, wenn eine Vertragspartei „überlegenes Wissen" besitzt, also ein Informationsgefälle besteht. Eine solche Informationsasymmetrie kann in die Vertragsfreiheit der Parteien eingreifen.[178] Die Information über ein wirtschaftliches Gut hat oft höheren Wert als dieses Gut selbst.[179] Der Anlegerschutz soll deshalb unter anderem den Wissenstand der Anleger verbessern.[180] Der Anleger braucht Informationen, um die Risikofaktoren seiner Anlageentscheidung besser einschätzen zu können. Zwar sind diese Informationen grundsätzlich in Form von Börsen- und Gesellschaftspublizität vorhanden. Dazu kommen zum Schutz des Informationsinteresses des Anlegers noch umfangreiche kapitalmarktrechtliche Publizitätsvorschriften.[181] Aber während dem privaten Investor die zur Beurteilung der Ertragschancen und Risiken der Geldanlage erforderlichen Daten entweder schwer zugänglich sind, bzw. ihm die intellektuelle Fähigkeit fehlt, diese Daten zu ordnen, zu verstehen und zu beurteilen, vermögen die Kreditinstitute infolge des Umfangs und der Breite ihrer Geschäftstätigkeit sowie ihrer professionellen Spezialisierung, diese Daten nicht nur weitaus einfacher zu erlangen, sondern auch anders mit ihnen umzugehen.[182] Die eigentliche Frage ist somit, wann „überlegenes Wissen" eines Vertragspartners vorliegt und er daher - von sich aus oder auf Nachfrage - dem anderen Vertragspartner dieses Wissen mitteilen muss. Hier besteht ein bewegliches System zwischen dem schutzwürdigen Informationsbedürfnis der einen und dem Informationsvorsprung der anderen Seite, sowie der besonderen Vertrauensprägung des Rechtsverhältnisses.[183] Aber selbst wenn ein Informationsgefälle besteht, folgt hieraus nicht automatisch eine generelle und umfassende Verpflichtung, den Vertragspartner auf den gleichen Wissensstand zu bringen.[184] Die Informationspflicht ist nicht gleichzusetzen mit einer allgemeinen, sozialfürsorglichen Pflicht

---

[177] Vgl. *Horn*, ZBB 2/1997, 139, 147; BGH, ZIP 1987, 500.
[178] Vgl. *Schäfer*, Bankrecht 1998, 27, 31; *Richrath*, WM 2004, 653, 654; *Preute*, aaO., 196.
[179] *Lehmann*, WM 1985, 181.
[180] *Franke/Imo*, ZBB 1/1990, 104, 105.
[181] *Oikonomou*, aaO., 22.
[182] Vgl. *Keßler*, VuR 1/1998, 3, 9; *Preute*, aaO., 196.
[183] *MünchKommBGB/Roth*, § 242, Rz. 271.
[184] *Richrath*, WM 2004, 653, 654.

der Bank zum Schutz der Anleger vor Selbstschädigung.[185] Grundsätzlich gilt, dass derjenige, der einen Vertrag schließt, sich selbst darüber vergewissern muss, ob der Vertrag für ihn von Vorteil ist oder nicht. Darauf kann sich der andere Teil einstellen und braucht deshalb nicht auf Umstände hinzuweisen, von denen er annehmen darf, dass er nach ihnen gefragt wird, falls auf sie Wert gelegt würde.[186]

Es besteht also ein Regel-Ausnahme-Verhältnis dahingehend, dass Aufklärungs- und Beratungspflichten einer besonderen Begründung bedürfen.[187] Liegt kein Ausnahmefall für eine Aufklärungspflicht vor, vertritt der BGH den Grundsatz, dass das Selbstbestimmungsrecht des Einzelnen auch die Entscheidung darüber umfasst, welche Verpflichtungen er übernehmen will und dass es deshalb jedermann freisteht, sich Schulden aufzubürden, die sein Leistungsvermögen aller Voraussicht nach übersteigen und ihn möglicherweise zeitlebens auf das – durch den gesetzlichen Vollstreckungsschutz nicht einmal durchgehend garantierte – Existenzminimum beschränken.[188] Ob tatsächlich eine Informationspflicht besteht, muss demnach nach Treu und Glauben unter Berücksichtigung der Interessen der Vertragspartner bestimmt werden. Eine Informationszuständigkeit der Bank ist in Ansehung der Umstände des Einzelfalls dann anzunehmen, wenn man von ihr aufgrund der Verteilung der Interessenlage eine Aufklärung redlicherweise erwarten darf.[189] Dies kann im Rahmen des oben angesprochenen „beweglichen Systems" abhängen von dem konkreten Gegenstand des Geschäfts (Vertragsinhalt, Komplexität, Schwierigkeitsgrad), der Bedeutung des Geschäfts für den Vertragspartner (qualitativ und quantitativ), der Person des Vertragspartners (Geschäftserfahrung, Bildungsstand, finanzielle Verhältnisse) sowie letztlich auch der Intensität des vorhandenen Informationsgefälles.[190] 107

Gemeinsame Wurzel der Aufklärungs- und Beratungspflicht der Bank ist deren Pflicht zur Wahrung der Kundeninteressen, die sich im einzelnen nach Art und Umständen des betreffenden Bankgeschäftes richtet. Würden die Banken generell und unabhängig vom Einzelfall zur Aufklärung und Beratung verpflichtet, würden dadurch die wirtschaftlichen Interessen des Anlegers unabhängig von den Umständen des Einzelfalls zum Maßstab für das Handeln der Kreditinstitute erhoben. Darüber hinaus würde die Anlageentscheidung faktisch vollständig auf die Bank verlagert und die Eigenverantwortung des Anlegers weitgehend ver- 108

[185] *Brandt*, aaO., 79.
[186] BGH, WM 1988, 1566, 1568.
[187] *Schäfer*, Bankrecht 1998, 27, 31.
[188] Vgl. *Schimansky*, WM 1995, 461, 462.
[189] *MünchKomm/Roth*, § 242, Rz. 270; *Richrath*, WM 2004, 653, 654.
[190] *Richrath*, WM 2004, 653, 654; *Siol*, in: *Schimansky/Bunte/Lwowski*, § 43, Rz. 13.

drängt.[191] Die Grenze zur eigenen Verantwortung des Kunden ist deshalb anhand der vertraglichen oder gesetzlichen Risikoverteilung zwischen Kunde und Bank zu ziehen. Es ist danach zu fragen, ob die Verantwortung des Informierenden für seine fehlerhafte Information oder die Verantwortung des Informierten für die Übernahme der Information im Vordergrund stehen.[192] Grundsätzlich soll der zutreffend informierte und gegebenenfalls richtig beratene Kunde selbständig seine Interessen wahren und seine geschäftlichen Entscheidungen selbstverantwortlich treffen können.[193] Eine Aufklärung soll dem Anleger nicht die Entscheidung aus der Hand nehmen oder ihn vor den wirtschaftlichen Risiken des Anlagegeschäfts bewahren.[194] Die Zielsetzung rechtlicher Informationspflichten im Rahmen der Anlageberatung besteht mithin darin, den Anleger in einen ausreichenden Informationsstand zu versetzen, der es ihm ermöglicht, seine Investitionsentscheidung im Lichte der spezifischen Eigenschaften des Anlageobjekts unter Berücksichtigung individueller Risikopräferenzen zu treffen.[195]

2. Beratungsvertrag

109 Die rechtliche Beziehung zwischen Kunde und Bank wird von der Rechtsprechung[196] und wesentlichen Teilen, vor allem der neueren Literatur,[197] als Beratungsvertrag charakterisiert. In Betracht kommt dabei entweder ein ausdrücklicher oder aber ein stillschweigend bzw. konkludent geschlossener, selbständiger Beratungsvertrag, der dem Anlagegeschäft vorgeschaltet ist. Erforderlich, aber ausreichend für das konkludente Zustandekommen eines Beratungsvertrages ist nach Auffassung der Rechtsprechung, dass sich aus den Umständen des Einzel-

---

[191] *Brandt*, aaO., 79.

[192] Vgl. zu grundsätzlichen Überlegungen hinsichtlich der Risikoverteilung im Rahmen der Informationshaftung auch *Mansel*, Eigen- und Fremdverantwortung im Haftungsrecht – zu den außerjuristischen Triebkräften der Haftungsverschärfung, in: Festschrift für *Henrich*, 2000, 425, 426: Die Antwort auf die Frage nach der Grenze zwischen Verteilung und Zurechnung eines eingetretenen Schadens bereitet deshalb besondere Schwierigkeiten, weil es sich bei den Fällen der Informationshaftung meist um eine Selbstschädigung des Informationsverwenders handelt, da sich seine Disposition in seiner Gütersphäre auswirkt.

[193] *Horn*, ZBB 2/1997, 139, 141.

[194] *Brandt*, aaO., 79.

[195] *Keßler*, VuR 1/1998, 3, 7.

[196] So die Grundsatzentscheidung des BGH in BGHZ 123, 126 (Bond-Urteil), zuletzt in BGH, WM 2000, 1441; BGH, WM 1997, 662; BGH, WM 1996, 906.

[197] Vgl. *Assmann/Schütze*, Handbuch des Kapitalanlagerechts, 2. Auflage, 1997, § 5 Rz. 10 ff.; *Horn*, ZBB 2/1997, 139, 148; *Horn* in: FS für *Herbert Schimansky*, 653, 656; *Keßler*, VuR 1/1998, 3 ff.; *Schäfer*, Bankrecht 1998, 27, 30; *Heinsius*, ZBB 1994, 47, 49; *Arendts*, Die Haftung für fehlerhafte Anlageberatung, 1998, 12 f; *Nobbe*, Bankrecht 1998, 235, 239, und *Schäfer*, Bankrecht 1998, 27, 29, die diese Ansicht als mittlerweile gesichert bezeichnen; *Horn*, WM 1999, 1, 4; *Ellenberger* WM 2001, Sonderbeilage 1, 2, 3; *Siol* in: FS für *Herbert Schimansky*, 781, 783; *Richrath* WM 2004, 653, 655.

falles ein rechtsgeschäftlicher Verpflichtungswille der Bank schlüssig ergibt.[198] Dabei ist die Beratung die Hauptleistungspflicht der Bank. Ein Schadensersatzanspruch ergibt sich dann aus einer positiven Forderungsverletzung (pFV), die eine schuldhafte Verletzung einer vertraglichen Schutzpflicht voraussetzt.[199] Der Beratungsvertrag ist je nach Inhalt entweder ein Dienstvertrag mit Geschäftsbesorgungscharakter nach §§ 611, 675 Abs. 1 BGB bei einem Dauerschuldverhältnis oder bei einmaliger Raterteilung ein Werkvertrag nach § 631 BGB.[200]

Die Ansicht der Rechtsprechung geht auf mehrere Entscheidungen des Reichs- **110**
gerichts zu einem Auskunftsersuchen zurück. Die Pflicht zur wahrheitsgemäßen Äußerung als Antwort auf ein Auskunftsersuchen ergibt sich dabei aus einem, durch die Beantwortung der Frage, stillschweigend geschlossenen Auskunftsvertrag.[201] 1987 übertrug der BGH die Grundsätze über das stillschweigende Zustandekommen eines Auskunftsvertrages auf den Bereich der Kapitalanlagevermittlung durch Kreditinstitute.[202] Nach heute ständiger Rechtsprechung kommt ein Beratungsvertrag zustande, wenn (1) ein Anlageinteressent an eine Bank herantritt, um über die Anlage eines Geldbetrages beraten zu werden und er der Bank deutlich macht, dass er ihre Kenntnisse und Ratschläge für eine bestimmte Entscheidung in Anspruch nehmen will (Angebot) und (2) die Bank darauf eingeht, indem sie eine Beratung durchführt (Annahme).[203] Ein Beratungsvertrag mit Rechtsbindungswillen kommt regelmäßig dann zustande, wenn die Beratung für den Empfänger erkennbar von erheblicher Bedeutung ist, diesem als Grundlage wesentlicher Entschlüsse und Maßnahmen für Vermögensdispositionen dient und sich der Auskunftsgeber als sachkundig bezeichnet oder ein eigenes wirtschaftliches Interesse hat.[204] Das Interesse der Bank am Verkauf von Anlageprodukten reicht als wirtschaftliches Interesse dabei aus.[205] Für den Vertrags-

---

[198] *Brandt*, aaO., 82; vgl. auch *Mansel*, Reziprozität und Utilität als Auslegungselemente bei konkludentem Vertragsschluß – am Beispiel unentgeltlicher Informationsgewährung, in: Gedächtnisschrift für Alexander Lüderitz, 2000, 487, 501, 506, 508: Für die Frage, ob ein stillschweigender Auskunftsvertrag geschlossen wurde, sei als Zweifelsregel festzuhalten: Eine Haftungsübernahme ohne Erhalt einer Haftungsprämie (Informationsentgelt) liege in einer marktwirtschaftlichen Austauschgesellschaft, die auf Gegenseitigkeit beruht, im Zweifel außerhalb des Willens jedenfalls des Informationsgebers. Anderes könne nur gelten, wenn der Haftungswille in der Informationserklärung deutlichen Ausdruck gefunden habe. Jedenfalls bestehe bei der Prüfung der Frage, ob ein einseitig verpflichtender Vertrag abgeschlossen wurde, eine erhöhte Argumentations- und Begründungslast, wenn sie bejaht werden solle.

[199] *Vortmann*, aaO., Rz. 15 f.

[200] BGH, WM 1978, 306; *Vortmann*, aaO., Rz. 21.

[201] RGZ 52, 365 ff; RGZ 101, 297; RGZ 131, 239.

[202] BGHZ 100, 117.

[203] Vgl. z.B. BGHZ 100, 117, 118; BGHZ 123, 126, 128; *Hopt*, Der Kapitalanlegerschutz im Recht der Banken, 1975, 236 f.; *Oikonomou*, aaO., 30 f.

[204] ständige Rechtsprechung, vgl. BGH, WM 1993, 1455 (Bond-Urteil).

[205] BGH, JZ 1987, 720.

schluss ist unbeachtlich, ob der Anlageinteressent bereits bestehende vertragliche Beziehungen zur Bank hat oder ein Neukunde ist.[206] Die Vereinbarung eines Entgeltes ist keine notwendige Voraussetzung für das Zustandekommen eines Beratungsvertrages.[207] Wird jedoch eine Vergütung verabredet, ist dies ein deutliches Indiz für das Vorliegen eines Beratungsvertrages und eines Rechtsbindungswillens.[208] Es ist ferner unerheblich, ob die Initiative für die Beratung von Seiten des Kunden oder der Bank ausging[209], entscheidend ist allein die tatsächliche Aufnahme des Beratungsgesprächs.[210]

111 Gegen die Konstruktion eines ausdrücklichen oder stillschweigenden Beratungsvertrages wird vorgebracht, sie laufe auf eine Vertragsfiktion hinaus.[211] Dagegen wird richtigerweise eingewandt, dass eine Anlageberatung, die jährlich unzählige Milliarden Euro bewegt, nicht unverbindlich im vertragsfreien Raum erfolgen könne. Auch habe eine vertragliche Konstruktion gegenüber anderen diskutierten Rechtsgrundlagen den Vorteil, dass Kunde und Bank durch beiderseitigen Parteiwillen jegliche Beratungspflicht bei Wertpapiergeschäften durch einen Verzicht vermeiden können. Darüber hinaus wird darauf hingewiesen, dass Kreditinstitute eine qualifizierte Anlageberatung als eigenständige Dienstleistung begreifen und ihr großen Wert beimessen.[212] Dies äußert sich zum einen darin, dass in der jüngeren Vergangenheit in Finanzkreisen immer wieder darüber diskutiert wird, für eine Beratung ein gesondertes Entgelt zu verlangen.[213] Zum anderen benutzen die Kreditinstitute ihre Beratungskompetenz gezielt zur Werbung, sei es untereinander oder aber gegenüber den sich immer mehr verbreitenden Discount-Brokern/Direktbanken. Dies geschieht z.B. durch die Selbsttitulierung als „Beraterbank“ oder durch Hinweise auf ein gutes Abschneiden bei Beratungstests der Stiftung Warentest. Eine ausführlichere Diskussion weiterer Kritikpunkte soll an dieser Stelle unterbleiben, da das Thema

---

[206] *v. Heymann/Merz*, Bankenhaftung bei Immobilienanlagen, 16. Auflage, 2005, 36.
[207] BGH, JZ 1987, 720, 721; *Vortmann*, aaO., Rz. 20; *Arendts*, ÖBA 1994, 251.
[208] BGH, WM 1990, 1276; BGH, WM 1983, 263; BGH, WM 1984, 1075, 1076; vgl. auch *Arendts*, fehlerhafte Anlageberatung, 13; anders *Raeschke-Kessler*, WM 1993, 1830, 1831, der eine Vergütung für belanglos hält.
[209] *v. Heymann/Merz*, aaO, 35.
[210] BGH, WM 1993, 1455 (Bond-Urteil); *Lang*, Aufklärungspflichten bei der Anlageberatung, 1995, 24.
[211] *Canaris*, Bankvertragsrecht, 4. Auflage, 1988, Rz. 100; *Baumbach/Hopt*, HGB, 32. Auflage, 2006, § 347, Rz. 13 u. 22; *Schwintowsi/Schäfer*, aaO., § 18, Rz. 5; *Heinsius* ZHR 145 (1981), 177, 180 ff.; *Roth* in: *Assmann/Schütze*, Handbuch des Kapitalanlagerechts, § 12 Rz. 18; einschränkend *Schäfer/Müller*, Haftung für fehlerhafte Wertpapierdienstleistungen, 1999, 9, die den Fiktionsvorwurf als mittlerweile relativiert ansehen; kritisch auch *Steuer, aaO.*, 793, 797; *Brandt*, aaO., 85 f.
[212] *Nobbe*, Bankrecht 1998, 235, 239; *Horn* WM 1999, 1, 4.
[213] Vgl. Hinweis unter Rz. 89.

nicht den Schwerpunkt dieser Arbeit bildet.[214] Durch die frühe und eindeutige Festlegung des BGH auf die Konstruktion eines Beratungsvertrages ist diese Frage in der Praxis darüber hinaus entschieden.

112 Ein Beratungsvertrag kommt nicht zustande, wenn der Kunde erklärt, keine Beratung zu wünschen, weil er anlageerfahren sei.[215] Dies gilt unabhängig davon, ob eine solche Behauptung des Kunden tatsächlich stimmt. Sind die Angaben des Kunden nicht ersichtlich unglaubwürdig, ist er grundsätzlich nicht schutzwürdig. Die Bank hat nicht die Pflicht, aufgeklärte Kunden bzw. solche, die sich als aufgeklärt gerieren, vor sich selber zu schützen.[216] Ein Anleger, der ohne weitere Erklärung unter Nennung einer Wertpapierkennnummer einen gezielten Kaufauftrag erteilt, verzichtet ebenfalls auf eine Beratung.[217] Darüber hinaus besteht auch dann keine vertragliche Beratungspflicht, wenn die Bank, z. B. aufgrund mangelnder Sachkunde, dem Kunden gegenüber eine Beratung ausdrücklich verweigert.[218]

3. Vorvertragliche Haftung

113 Ein Teil der Literatur begründet einen etwaigen Anspruch des Kapitalanlegers gegen seine Bank mit einer Haftung aus der vorvertraglichen Vertrauensbeziehung der Parteien zueinander, mithin aus dem Rechtsinstitut der *culpa in contrahendo* (c.i.c.).[219] Nach ständiger Rechtsprechung des Bundesgerichtshofes entsteht mit der Aufnahme von Vertragsverhandlungen ein gesetzliches Schuldverhältnis, das nicht vom Zustandekommen eines Vertrages oder dessen Wirksamkeit abhängig ist.[220] Denn schon bei einem ersten Kontakt entsteht gewohn-

---

[214] Für eine ausführliche Übersicht, Diskussion und Bewertung weitere Kritikpunkte vgl. *Preute*, aaO., 56 ff.

[215] BGH, WM 1996, 1214; BGH, WM 1997, 309.

[216] BGH, ZIP 2004, 111, 113; BGH, ZIP 2003, 2295, 2296; BGH, ZIP 1998, 1220, 1221; BGH, WM 1996, 1214, 1216=ZIP, 1996, 1161; BGH, ZIP, 1996, 2064, 2066=BGH, WM 1997, 309; kritisch zu den beiden letzteren Urteilen: *Schwintowski*, EWiR 1996, 791 und *Schwintowski*, EWiR 1997, 71: Entscheidend sei nicht, ob ein Kunde in der Vergangenheit bereits Erfahrung und Kenntnisse mit Wertpapiergeschäften sammeln konnte, sondern ob er dabei tatsächlich „wusste, was er tat." Die Antwort, wie eine solche Differenzierung in der Praxis durchzuführen ist, bleibt er allerdings schuldig.

[217] BGH, WM 1992, 479; BGH, WM 1996, 906; BGH, WM 1997, 309; BGH, WM 1998, 1441; BGH, WM 1998, 274; BGH, ZIP 1998, 1183; BGH, ZIP 1998, 284; OLG Hamm, WM 1997, 568; OLG Frankfurt a.M., WM 1994, 542; LG Berlin, WM 1997, 1896; Vgl. auch *Vortmann*, aaO., Rz. 355a ff. mit weiteren Nachweisen.

[218] BGH, WM 1998, 1220; BGH, ZIP 1998, 1220; vgl. auch *Horn*, WM 1999, 1, 2 mit Beispielfall.

[219] Vgl. statt vieler *Arendts*, fehlerhafte Anlageberatung, 14; *Schwintowski/Schäfer*, aaO., § 18, Rz. 4.

[220] BGH, WM 1995, 566, 568; BGH, WM 1997, 811, 812; BGH, WM 1989, 685, 686 f.

heitsrechtlich ein gesetzliches oder quasi-vertragliches Schuldverhältnis, das die Verhandlungsparteien zu gegenseitiger Sorgfalt verpflichtet. Wurde der Vertrauenstatbestand in zurechenbarer Weise geschaffen und durfte sich der Vertragspartner berechtigterweise darauf verlassen, dann ergeben sich vorvertragliche Rücksichts-, Aufklärungs- und Verhaltenspflichten, über Risiken und sonstige wesentliche Umstände.[221] Im Fall der Anlageberatung gewinnt das Institut der *culpa in contrahendo* für die Fälle an Bedeutung, in denen kein Vertrag abgeschlossen worden ist und dem Bankkunden somit keine vertraglichen Ansprüche zustehen würden.[222]

114 Die Vorzugswürdigkeit dieser Konstruktion gegenüber einem selbständigen Aufklärungs- bzw. Beratungsvertrag wird dabei wie folgt begründet. Der Anknüpfungspunkt für die Schutzwürdigkeit des Anlegers liege nicht in dem Willen des Auskunftgebenden oder seiner Erklärung, sondern vielmehr in dem besonderen Vertrauen, dass der Kunde seinem Anlageberater bzw. der Bank entgegenbringe. Wirtschaftlich gesehen profitiere die beratende Bank dabei von einer besonderen Reputation, die es ihr ermögliche, Kunden an sich zu binden, Anschlussgeschäfte abzuschließen und so Marktvorteile gegenüber Wettbewerbern zu nutzen. Dieser „Vertrauens-“ oder „Reputationsprämie“ müsse rechtlich eine entsprechende Haftung gegenüberstehen, die die fehlerhaft beratende Bank ökonomisch gesehen mit den Kosten der Falschberatung belaste. Diese Funktion für in Anspruch genommenes Vertrauen erfülle aber traditionell das Rechtsinstitut der *culpa in contrahendo*, das auf der Grundlage des Vertragsanbahnungsverhältnisses das besondere Vertrauen der einen Partei in die speziellen Kenntnisse und Fähigkeiten der anderen Partei rechtlich schütze.[223] Die Konstruktion eines selbständigen Beratungsvertrages auf der Grundlage konkludenter Willenserklärungen sei deshalb insoweit überflüssig, als die *culpa in contrahendo* den Anleger auch außerhalb vertraglicher Beziehungen schütze. Das Vertrauensverhältnis bestehe unabhängig von der Dauer der Geschäftsbeziehung, z.B. schon beim ersten Kontakt oder aber selbst dann, wenn die Geschäftsverbindung danach abbricht.[224] Auch biete das Rechtsinstitut der *culpa in contrahendo* den Vorteil, Aufklärungs- und Beratungspflichten auf die Fälle begrenzen zu können, in denen ein tatsächliches Informationsbedürfnis des Anlegers besteht.[225]

115 Diese Argumente vermögen nicht vollständig zu überzeugen. Auch bei einem Beratungsvertrag stehen der Reputation der Bank, die sie durch ihre Beratungsleistung erwirbt, die Kosten einer Falschberatung gegenüber. Ein Beratungsver-

---

[221] BGH, NJW 1979, 1983.
[222] BGH, WM 1997, 811.
[223] *Brandt*, aaO., 85 f.
[224] *Brandt*, aaO., 86.
[225] *Brandt*, aaO., 87.

trag kommt ebenfalls in den Fällen nicht zustande, in denen ein Kunde aufgrund mangelnder Aufklärungsbedürftigkeit keine Beratung in Anspruch nimmt.[226] Auch dort besteht also die Möglichkeit, eine Haftung der Bank zu begrenzen. Allerdings verdient das Argument der Überflüssigkeit eines selbständigen Beratungsvertrages Beachtung. Denn dort, wo eine gesetzliche Pflicht zur Aufklärung und Beratung besteht, wäre die Rechtsfigur eines Beratungsvertrages in der Tat nicht nötig. Diese Überlegung wird etwas später noch einmal aufgegriffen werden.

4. Allgemeiner Bankvertrag

Der allgemeine Bankvertrag wird von Teilen der Literatur[227] als ungeschriebener 116
Rahmenvertrag für die in einer bankmäßigen Geschäftsverbindung typischerweise auftretenden, zahlreichen Einzelverträge (Kontovertrag, Überweisungsvertrag, Darlehensvertrag, Wertpapierkommissionsvertrag usw.) angesehen und soll durch die Vereinbarung der AGB zustande kommen. Denn diese enthielten nicht nur Regelungen für einzelne Bankgeschäfte, sondern behandelten grundlegend die gesamte Geschäftsverbindung. Die Beziehung zwischen Bank und Kunde ist danach auf längere Dauer und eine unbestimmte Zahl von Geschäftsvorfällen angelegt. Damit soll der Bankvertrag ein Dauerschuldverhältnis begründen. Diesem Rahmenvertrag entspringt neben einem umfassenden Bündel rechtlicher Pflichten insbesondere die Pflicht, die Interessen des Kunden zu wahren. Diese allgemeine Interessenwahrungspflicht soll auch die Pflicht der Bank zur Aufklärung und Beratung umfassen. Der gleichsam als „Dach" über den Einzelverträgen stehende Bankvertrag entfaltet somit eine diese Einzelrechtsverhältnisse beherrschende Wirkung, insbesondere in Gestalt von Verhaltens- und Schutzpflichten.[228]

Gegen die Annahme eines allgemeinen Bankvertrages spricht, dass die Kon- 117
struktion eines Vertragstypus, der die gesamte Geschäftverbindung überspannt, lebensfremd und mit der allgemeinen Praxis nur schwer vereinbar ist. Denn für gewöhnlich entspricht es nicht dem Willen der Beteiligten, durch Aufnahme von Geschäftsbeziehungen für alle Arten von Bankgeschäften ein Vertragsverhältnis zu begründen. Es widerspricht insbesondere dem Interesse der Bank, mit Aufnahme der Geschäftsverbindung die Belange des Kunden besonders schützen zu wollen, müsste doch die Bank bei sämtlichen Eigengeschäften, die das Vermögen des Kunden in irgendeiner Weise zu beeinträchtigen drohen, dem Kunden-

---

[226] Vgl. Rz. 112.

[227] *Roth,* WM 2003, 480; *Köndgen* NJW 1992, 2263; *Köndgen* NJW 1996, 558, 559; *Hopt* in: *Schimansky/Bunte/Lwowski*, Bankrechtshandbuch, 2. Auflage, 2001, § 1 Rz. 18 ff.; *Claussen*, aaO., § 4 Rz. 10c ff.

[228] *Claussen*, aaO., § 4 Rz. 10e ff.

schutz regelmäßig Priorität einräumen.[229] Die Rechtsfigur des allgemeinen Bankvertrages ist vom BGH deshalb in einer kürzlich ergangenen Grundsatzentscheidung abgelehnt worden.[230] Als übergreifendes Rechtsverhältnis sei der allgemeine Bankvertrag überflüssig.[231] Schon der rechtsgeschäftliche Wille der Vertragsparteien sei anzuzweifeln, neben explizit vereinbarten Verträgen noch einen allgemeinen Rahmenvertrag abzuschließen, zumal dessen Inhalt sowie dessen Rechtsfolge im einzelnen unklar seien.[232]

5. Vertrauenshaftung kraft Schutzpflichtverletzung

118 Nach einer anderen Ansicht in der Literatur[233] liegt die rechtliche Grundlage für eine Beratungspflicht in einem besonderen gesetzlichen Schuldverhältnis. Danach begründet die Geschäftsverbindung zwischen Kunde und Bank zwar keinen allgemeinen Rahmenvertrag, wohl aber ein besonderes gesetzliches Schuldverhältnis, das in dem durch die Geschäftsverbindung zwischen Kunde und Bank begründeten Vertrauensverhältnis wurzelt. Aus dieser Geschäftsverbindung werden besondere Schutzpflichten hergeleitet, unter anderem die Pflicht, den Kunden richtig und vollständig zu informieren.[234] Anknüpfungspunkt für diese Pflichtbegründung ist dabei die durch die Geschäftsbeziehung eröffnete, tatsächliche Möglichkeit der Bank wie des Kunden, auf die Rechtsgüter des jeweils anderen Teils in gesteigertem Maße einwirken zu können. Auch wenn dieses gesetzliche Schuldverhältnis keine primären Leistungspflichten postuliert, so begründet es dennoch gesteigerte Schutz- und Loyalitätspflichten gegenüber dem jeweils anderen Teil.[235]

119 Auch diese Konstruktion wird abgelehnt.[236] Die Vertrauenshaftung kraft Schutzpflicht könne als „dritte Spur“[237] weder dem vertraglichen, noch dem deliktischen Bereich eindeutig zugeordnet werden. Insbesondere sei der Begriff des

---

[229] *Brandt,* aaO., 80.

[230] BGH, WM 2002, 2281; gegen den allgemeinen Bankvertrag auch *Canaris*, aaO., Rz. 2 ff.; *Kümpel*, Bank- und Kapitalmarktrecht, 3. Auflage, 2004, Rz. 2.807 f.; *Preute*, aaO., 41, 54; *Horn*, ZBB 2/1997, 139, 143.

[231] *Nobbe*, Bankrecht 1998, 235, 239.

[232] BGH, WM 2002, 2281, 2282.

[233] *Canaris*, aaO., Rz. 12 ff.; *Hopt*, Kapitalanlegerschutz, 405 ff.; wohl auch *Richrath*, WM 2004, 653, 654.

[234] *Canaris*, aaO., Rz. 28 ff.

[235] Vgl. auch *Wieneke*, Discount-Broking und Anlegerschutz, 1999, 55 ff.

[236] *Horn*, ZBB 2/1997, 139, 142, der bezweifelt, ob das Konzept der Vertrauenshaftung neben der *culpa in contrahendo* selbständige Bedeutung erlangen kann; vgl. auch die ausführliche Aufzählung der Kritikpunkte bei *Brandt*, aaO., 81, und *Preute*, aaO., 79, mit weiteren Nachweisen.

[237] *Huber*, aaO., Rz. 1313.

„Vertrauensverhältnisses" zu ungenau, um daraus präzise Verhaltenspflichten herleiten zu können, so dass es keine hinreichende dogmatische Grundlage[238] bieten könne. Auch ist es nicht ersichtlich, wie mittels dieser Vertrauenshaftung Fälle erfasst werden sollen, in denen noch keine Geschäftsverbindung zwischen Bank und Kunde besteht. Als Beispiel wird ein Kunde genannt, der mit einem Anlagewunsch bei mehreren Banken vorstellig wird, um deren Angebote und Beratungsqualität zu vergleichen.[239]

6. Nebenpflichtverletzung

Nach einer anderen Ansicht, die ihren Ursprung in der früheren Rechtsprechung **120**
des Reichsgerichts[240] hat und die teilweise auch vom BGH[241] vertreten wurde, begründet sich ein möglicher Schadensersatzanspruch des Kunden gegenüber der Bank aus positiver Forderungsverletzung aufgrund der Verletzung einer vertraglichen Nebenpflicht. Dieser Ansatz berücksichtigt, dass eine Auskunftserteilung typischerweise in einem inneren Zusammenhang mit einer gegenwärtigen oder zukünftigen schuldrechtlichen Sonderverbindung steht. Eine Pflicht zur Interessenwahrung des Kunden und eine vertragliche Haftung des Kreditinstitutes für unrichtige oder unterlassene Raterteilung aus positiver Forderungsverletzung, ergeben sich danach als Nebenpflicht eines konkreten rechtsgeschäftlichen Schuldverhältnisses. Ein solches Schuldverhältnis kann beispielsweise der Abschluss eines Effektenkauf- oder Effektenkommissionsvertrages (§§ 383 ff. HGB, § 18 ff. DepotG) zum Erwerb oder zur Veräußerung von Wertpapieren sein, wie er einem Beratungsgespräch folgen kann – aber nicht muss - oder aber ein Depotvertrag oder Festpreisgeschäft.[242]

Diese Konstruktion wird ebenfalls zu recht abgelehnt[243] und in der jüngeren Li- **121**
teratur auch von niemandem vertreten. So hat ein Kommissionär zwar die Interessen des Kommittenten zu wahren (§ 384 Abs. 1 Hs. 2 HGB), dies jedoch lediglich in Bezug auf das Kommissionsgeschäft und nicht auf eine vorangegangene Beratung. Auch ein pragmatisches Argument spricht gegen diesen Ansatz. Er wäre mit keiner Form von *Execution-Only* Geschäften zu vereinbaren.[244] Die

---

[238] Dies wird freilich von den Vertretern dieser Ansicht bestritten. Sie sehen die dogmatische Grundlage der Vertrauenshaftung in der Vorschrift des § 242 und gewohnheitsrechtlicher Anerkennung; vgl. auch die Ausführungen bei *Preute*, aaO., 76 f.

[239] Vgl. auch Beispiel bei *Preute*, aaO., 79.

[240] RGZ 19, 97, 101; RGZ 27, 118; RGZ 126, 50, 52.

[241] BGHZ 13, 198, 199; BGH, WM 1967, 1077, 1078.

[242] Vgl. Ausführungen bei *Heinsius*, ZBB 1/1994, 47 ff.; *Preute*, aaO., 73 ff.; *Roth* in: *Assmann/Schütze*, § 12 Rz. 5; *Schwintowski/Schäfer*, aaO., § 18 Rz. 4; *Huber*, aaO., Rz. 1312.

[243] Vgl. *Nobbe*, Bankrecht 1998, 235, 239.

[244] Vgl. Kritikpunkte bei *Preute*, aaO., 74 f.; *Nobbe*, Bankrecht 1998, 235, 240.

Rechtsprechung setzt ferner gemeinhin eine langjährige Geschäftsverbindung und das Vorliegen besonderer Umstände voraus.[245]

7. Berufshaftung

Ein weiterer Ansatz, die Rechtsgrundlage für Aufklärungs- und Beratungspflichten dogmatisch einzuordnen, liegt im Rückgriff auf die Berufshaftung.[246] Dieses Konzept ist zunächst im Zusammenhang mit der Frage der Arzthaftung, sowie der Haftung von so genannten Berufsgeheimnisträgern wie Anwälten und Notaren, erörtert worden. Im Zuge einer zunehmenden Spezialisierung sämtlicher Formen von Dienstleistungen sind berufshaftungsrechtliche Tatbestände zunehmend auf Fälle ausgedehnt worden, in denen ein Dienstleister unter Berufung auf seine spezielle Sachkunde am Markt auftritt. Eine eigenständige Berufshaftung wird zum Teil mit dem Argument befürwortet, dass die Professionalität von Fachleuten als pflichtenbegründendes, zumindest aber als pflichtensteigerndes Element anzuerkennen sei. Auch im Hinblick auf die Pflichten der §§ 31, 32 WpHG ist dieses Konzept erneut diskutiert worden. Die Berufshaftung als eigenes Haftungskonzept neben den anderen Anspruchsgrundlagen, wird für den Bereich der Anlageberatung jedoch ganz überwiegend als entbehrlich angesehen.[247]

8. Deliktische Haftung

122 Auch eine deliktische Haftung wegen fehlerhafter oder unterlassener Anlageberatung nach den Grundsätzen des Rechts der unerlaubten Handlung (§§ 823, 826 BGB) ist denkbar, die neben einer (quasi)vertraglichen Haftung in Betracht kommen könnte.[248] Zentraler Bedeutung kommt hierbei der Existenz und dem Inhalt von Verkehrspflichten zu. Der Schaffung einer intellektuellen Gefahrenlage, der Inanspruchnahme von Vertrauen und dem Rang des Schutzgutes steht dabei die zumutbare Eigenverantwortung des Informationsempfängers gegenüber.[249] Allerdings ist der Anlegerschutz im Rahmen des Deliktrechts bei der konventionellen Anlageberatung von Kreditinstituten eher von untergeordneter Bedeutung. Dies liegt vor allem an der als unangemessen empfundenen Exkulpationsmöglichkeit des § 831 BGB und den Beweislastvorteilen des § 282 BGB, die im Deliktsrecht nicht zum Tragen kommen.[250] Eine gewisse Rolle spielt die

---

[245] Vgl. OLG Köln, WM 1995, 381, 384.

[246] Zu dem Konzept der Berufshaftung vgl. *Hirte*, Berufshaftung – Ein Beitrag zur Entwicklung eines einheitlichen Haftungsmodells für Dienstleistungen, 1994.

[247] Vgl. statt vieler *Lang*, WM 2000, 450, 452 f., mit weiteren Nachweisen.

[248] Vgl. u.a. *Arendts*, fehlerhafte Anlageberatung, 14 f.

[249] Siehe hierzu ausführlich *Mansel*, Informationshaftungsrechtliche Verkehrspflichten im Rahmen des § 823 Abs. 1 BGB, in: Festschrift für Werner Lorenz, 2001, 215 ff.

[250] Vgl. *Nobbe*, Bankrecht 1998, 235, 251.

deliktische Haftung häufig im Bereich der Börsentermingeschäfte, und zwar unter dem Gesichtspunkt einer vorsätzlichen sittenwidrigen Schädigung gemäß § 826 BGB oder im Falle des § 89 BörsG (Verleitung zur Börsenspekulation).[251] Es wird abzuwarten bleiben, ob das Deliktsrecht als Haftungsgrundlage durch die Statuierung der kapitalmarktrechtlichen Verhaltenspflichten gemäß § 31 WpHG, in Zukunft eine größere Bedeutung erlangen wird. Nach umfassender Diskussion ist die Mehrheit der Literatur[252] zu dem Ergebnis gelangt, dass die Regelungen des Wertpapierhandelsgesetzes öffentlich-rechtlichen, weil aufsichtsrechtlichen Charakter haben. Die Verpflichtungen der Kreditinstitute bestehen somit gegenüber der Bundesanstalt für Finanzdienstleistungsaufsicht (BaFin) und nicht gegenüber den einzelnen Kunden. Mittelbar entfalten sie jedoch auch in dem Vertragsverhältnis zwischen Bank und Kunde Wirkung, so dass die herrschende Meinung den Verhaltenspflichten gemäß § 31 WpHG Schutzgesetzcharakter im Sinne des § 823 Abs. 2 BGB zubilligt.[253]

9. Stellungnahme

Schaut man sich die obigen Ausführungen zu möglichen Haftungsgrundlagen an, so stellt man fest, dass die stärkste „Konkurrenz" zwischen einer Haftung **123**
aus Beratungsvertrag und einer Haftung aufgrund einer vorvertraglichen Pflichtverletzung (c.i.c.) besteht. Alle anderen Haftungsgrundlagen lassen sich mit überzeugenden Argumenten ablehnen oder aber kommen nur in Ausnahmefällen zum tragen. Gegen die Konstruktion eines Beratungsvertrages wird bisher immer wieder vorgebracht, ein solcher Vertrag sei fiktiv bzw. überflüssig. Der Kritikpunkt einer Fiktion ist bereits oben widerlegt worden.[254] Ob ein Beratungsvertrag dagegen neben einer Haftungsgrundlage aus c.i.c. tatsächlich überflüssig ist, ist fraglich. Was oft übersehen wird sind die Umstände, die für die Konstruktion eines Beratungsvertrages sprechen. Denn die Festlegung der Rechtsprechung auf einen Beratungsvertrag als Rechtsgrundlage für etwaige Haftungsansprüche bei fehlerhafter Beratung, ist berechtigt. Dies wird deutlich, wenn man sich noch einmal die oben gefundene Abgrenzung zwischen Aufklärung und Beratung, sowie die Ausführungen zu den dogmatischen Grundlagen von Informationspflichten vor Augen führt. Aufklärungs- und Informationspflichten ergeben sich aus einem Informationsgefälle, einem Informationsungleichgewicht zwischen

---

[251] *Lang*, Anlageberatung, 27 f.
[252] *Nobbe*, Bankrecht 1998, 235, 239; *Steuer*, aaO., 793, 799; *Schäfer/Müller*, aaO., Rz. 32; *Horn*, ZBB 2/1997, 39, 49; *Köndgen* ZBB 4/1996, 361, 362; *Koller*, aaO., Vor § 31, Rz. 17; *Schwark*, Bankrechtstag 1995, 109, 119; für „Doppelnatur" *Reich*, WM 1997, 1601, 1604.
[253] *Keßler*, VuR 1998, 3, 12; *Ellenberger*, WM 2001, Sonderbeilage 1, 2, 14; *Steuer*, aaO., 793, 799; *Balzer*, ZBB 3/1997, 260, 263; *Gaßner/Escher* WM 1997, 93, 94; *Hopt*, ZHR 159 (1995), 135, 160; *Köndgen*, NJW 1996, 558, 569; *Reich*, WM 1997, 1601, 1604; *Schödermeier*, WM 1995, 2053, 2054; *v. Heymann*, in: *Assmann/Schütze*, § 5 Rz. 118.
[254] Vgl. Rz. 111.

den jeweiligen Vertragsparteien. Das Ziel, das damit erreicht werden soll, dass die Vertragspartei mit dem überlegenen Wissen verpflichtet wird, die andere Partei aufzuklären, besteht darin, diese auf einen ebenbürtigen Wissensstand zu bringen. Man könnte davon sprechen, dass „Waffengleichheit" hergestellt werden soll. Der Anleger soll durch den Informationstransfer in die Lage versetzt werden, im Wissen um die spezifischen Eigenschaften und Risiken des Anlageobjekts und unter Berücksichtigung seiner individuellen Risikopräferenzen, eine eigenverantwortliche und informierte Anlageentscheidung zu treffen.

124 Dies ist bei einer Anlageberatung jedoch gerade nicht das Ziel. Dort wird die Anlageentscheidung dem Kunden letztlich abgenommen. Denn der Anlageberater nimmt für den Kunden eine Auswahl vor, die auf seiner Kompetenz als Kapitalmarktexperte beruht. Es wird also gerade keine eigene intellektuelle Entscheidung des Kunden angestrebt, weil diesem die Entscheidungsfindung abgenommen wird. Die eigentlich entscheidende Denkarbeit übernimmt die Bank. Dies wird insbesondere in den Fällen deutlich, in denen ein unerfahrener Kunde, der eine Empfehlung seines Anlageberaters ablehnt, nach wie vor nicht in der Lage sein wird, eine Anlageentscheidung zu treffen. Deutlich wird dies ebenfalls in den Fällen, in denen sich ein Kunde mit den Überlegungen des Anlageberaters zum Auswahlprozess nicht belasten will, und darauf verzichtet,[255] von seinem Anlageberater die Gründe für die Auswahl des von ihm empfohlenen Anlageobjekts dargelegt zu bekommen. Dem Kunden den Auswahlprozess und die Entscheidung für ein bestimmtes Anlageobjekt abzunehmen ist eine Leistung bzw. Verpflichtung der Bank, die gegenüber dem Herstellen einer Informationsgleichheit ein „Mehr" darstellt. Dieses „Mehr" kann nicht unter eine vorvertragliche Aufklärungs-/Informationspflicht subsumiert werden.[256] Denn nach den Grundsätzen von Treu und Glauben aus § 242 BGB kann eine Vertragspartei redlicherweise nicht erwarten, dass die andere Partei für sie eine Entscheidung trifft, die ausschließlich ihre Interessen berücksichtigt. Dies ist nur dann der Fall, wenn solch eine Verpflichtung ausdrücklich durch einen Beratungsvertrag vereinbart worden ist.

125 Nur wenn keine Beratungsleistung seitens der Bank vorliegt, ist die Annahme eines Beratungsvertrages tatsächlich überflüssig. Denn die gesetzlichen Informations- und Aufklärungspflichten, wie sie durch § 31 WpHG konkretisiert worden sind, existieren in der Tat bereits im Rahmen einer vorvertraglichen Aufklä-

---

[255] Etwa weil er seinem Anlageberater vertraut oder intellektuell nicht in der Lage ist, die Gründe und Erwägungen für den Auswahlprozess nachzuvollziehen oder zu beurteilen.
[256] Vgl. auch *Ellenberger* , WM 2001, Sonderbeilage 1, 2, 3, der darauf hinweist, dass Beratungspflichten weiter gehen als Aufklärungspflichten.

rungs- und Informationspflicht.[257] Eine solche Unterscheidung der Haftungsgrundlagen wäre auch deshalb stringent, weil sie die Abgrenzung von Beratung und Information/Aufklärung nicht nur hinsichtlich des Pflichteninhalts, sondern auch auf der Ebene der Rechtsgrundlage fortführen würde.

In der Rechtsprechungspraxis scheint eine solche schlüssige Unterscheidung 126
bisher nicht zu existieren, zumindest nicht durchgehend. Zwar sind Urteile vorhanden, in denen aufgrund der Tatsache, dass Beratungspflichten weiter gehen als Aufklärungspflichten,[258] zunächst das Vorliegen eines Beratungsvertrages geprüft wird, um anschließend mögliche Aufklärungspflichtverletzungen zu diskutieren.[259] Auch gibt es zahlreiche Fälle, in denen die Rechtsprechung bei der Verletzung von Beratungspflichten konsequent einen Beratungsvertrag zur Anwendung bringt.[260] In vielen Fällen ergibt sich jedoch ein anderes Bild. Es lässt sich wiederholt feststellen, dass die Gerichte nicht exakt zwischen Aufklärung und Beratung differenzieren und daher auch die entsprechenden Anspruchsgrundlagen anscheinend wahllos verwenden. So wird in einem Urteil konstatiert, dass bei Börsentermingeschäften auch im Falle der Erfüllung der Informationspflichten nach § 53 Abs. 2 BörsG weitere zusätzliche Aufklärungspflichten bestehen könnten, deren Verletzung Schadensersatz aus Verschulden bei Vertragschluß oder aus positiver Vertragsverletzung auslösen könnten.[261] Ein anderes Gericht nimmt das Zustandekommen eines Beratungsvertrages an, nur um dann in seinen gesamten Ausführungen darzulegen, dass ein Schadensersatzanspruch nicht gegeben sei, da die Bank den Kläger durch Übersendung eines Informationsblattes ordnungsgemäß aufgeklärt habe.[262] In einem weiteren Urteil wird zunächst darauf hingewiesen, dass es dem Kläger um Aufklärung und Unterrichtung, vielleicht sogar um Beratung ging.[263] In der Folge wird genau dieser Unterschied jedoch nicht mehr aufgegriffen. Ein weiteres Gericht[264] stellt fest, dass der Kunde seitens der Bank nie Empfehlungen, sondern lediglich Informationen erhalten habe.[265] Trotzdem wird als mögliche Anspruchgrundlage ein Beratungsvertrag diskutiert.[266] Es drängt sich der Eindruck auf, dass die Rechtsprechung, ohne darauf abzustellen, ob eine Beratung oder aber eine Aufklärung

---

[257] Vgl. *Balzer*, ZBB 3/1997, 260, 261; *Nobbe*, Bankrecht 1998, 235, 249; *Siol*, in: FS für *Herbert Schimansky*, 781, 782.
[258] Vgl. *Ellenberger*, WM 2001, Sonderbeilage 1, 2, 3.
[259] BGH, WM 1992, 479, 481; OLG Karlsruhe, WM 1988, 411, 412.
[260] BGH, WM 1993, 1455, 1456; BGH, WM 2000, 1441, 1442; BGH, WM 1996, 664, 665; OLG Braunschweig, WM 1996, 1484, 1485; OLG Nürnberg, WM 1998, 378, 379.
[261] BGH, WM 1998, 1441.
[262] OLG Düsseldorf, WM 1995, 1751, 1752.
[263] BGHZ 100, 117, 120.
[264] OLG Koblenz, WM 2002, 1224.
[265] OLG Koblenz, WM 2002, 1224, 1227.
[266] OLG Koblenz, WM 2002, 1224, 1226.

stattgefunden hat und dementsprechend die passende Haftungsgrundlage heranzuziehen, oft auf die Haftungsgrundlage zurückzugreifen geneigt ist, die ihr für den konkreten Fall am vorteilhaftesten erscheint.

127 Desweiteren lässt sich häufig beobachten, dass sich die Gerichte nicht auf eine Haftungsgrundlage festlegen, sondern in ihren Urteilen als mögliche Haftungsgrundlage gleich mehrere Vorschriften anführen. Dies ist vor allem bei den Instanzengerichten zu beobachten. So wird zunächst das Zustandekommen eines Beratungsvertrages bejaht, nur um direkt im Anschluss festzustellen, dass sich die Beratungspflichten der Bank genauso gut aus den (vor-)vertraglichen Nebenpflichten des sich anbahnenden Kommissionsverhältnisses herleiten lassen.[267] Ähnlich stellt es sich in einem weiteren Fall dar. Nachdem das Gericht eine Beratungspflichtverletzung bejaht, stellt es fest, der Kläger habe einen Schadensersatzanspruch entweder aus positiver Verletzung des Beratungsvertrages, einer sonstigen Nebenpflichtverletzung oder aber aus einem Verschulden bei Vertragsschluss.[268] Auch in den Fällen, in denen Gerichte eine Haftung verneint haben, lässt sich dieses Phänomen beobachten. Mögliche Haftungsgrundlagen werden hier offen gelassen. In einem Fall hatte der Kunde lediglich Informationen über ein bestimmtes Wertpapier verlangt. Das Gericht verneint sodann eine Haftung aus vertraglicher oder vorvertraglicher Beratungspflicht.[269] In einem anderen Fall führt das Gericht aus, dass mangels Verletzung von Aufklärungs- und Beratungspflichten kein Anspruch des Klägers aus Verschulden bei Vertragsschluss, positiver Vertragsverletzung oder § 823 Abs. 2 BGB in Verbindung mit § 31 Abs. 2 Nr. 2 WpHG gegeben sei.[270]

---

[267] OLG Braunschweig, WM 1998, 375, 376.
[268] AG Frankfurt a.M., WM 1995, 700.
[269] OLG Frankfurt a.M., WM 2002, 956.
[270] BGH, WM 2001, 1718, 1719; vgl. auch BGH, WM 1999, 2300, 2303.

Kapitel 2: Urteilsanalysen, Klassifizierung von Anlegern und Anlageformen

VI. Einleitung

Der entscheidende Meilenstein in der Rechtsprechung zum Thema Anlageberatung war das so genannte „Bond-Urteil[271]" des Bundesgerichtshofes vom 06. Juli 1993. Darin hat sich der BGH umfassend und ausführlich zur Haftung bei falscher Anlageberatung geäußert und zahlreiche grundlegende Aussagen getroffen. Die Entscheidung des BGH im Bond-Urteil war aber nur der Abschluss zahlreicher Gerichtsentscheidungen, die über viele Jahre die rechtlichen Grundlagen und Inhalte von Aufklärungs- und Beratungspflichten entwickelt haben. Relativ früh hatte die Rechtsprechung einen Beratungsvertrag im Sinne des § 676 BGB a.F. als rechtliche Grundlage für Aufklärungs- und Beratungspflichten angenommen, der zustande kommt, sobald sich ein Kunde erstmals auf dem Gebiet der Vermögensanlage beraten lässt bzw. Auskünfte erteilt werden, die für den Empfänger erkennbar von erheblicher Bedeutung sind.[272] Die Vorgänge, die letztlich zum Bond-Urteil führten, nahmen zum Beginn der 90er Jahre ihren Anfang. Ab Mitte 1991 wurde die deutsche Kreditwirtschaft von einer Prozesswelle wegen des Vertriebs von DM-Auslandsanleihen der australischen *Bond Finance Ltd.* überrollt. Hierbei kam es zu zahlreichen erstinstanzlichen Urteilen,[273] sogar zu zwei einander widersprechenden Entscheidungen der Oberlandesgerichte Celle[274] und Braunschweig.[275] Eine eindeutige Klarstellung hinsichtlich der Anforderungen bei der Anlageberatung erfolgte dann durch das vielbeachtete Bond-Urteil des XI. Senats des Bundesgerichtshofes.[276] Der XI. Senat hat mit seinen Ausführungen zu den Problemkreisen der anlegergerechten Beratung (*know your customer*) und objektgerechten/anlagegerechten Beratung (*know your merchandise*) versucht, vorhandene Unsicherheiten im Hinblick auf die Pflichten der Kreditinstitute bei der Anlageberatung zu beseitigen.[277] Die in diesem Urteil statuierten Anforderungen an eine ordnungsgemäße Anlageberatung sind auch in das Wertpapierhandelsgesetz vom 26.07.1994 eingeflossen.[278] 128

---

[271] BGH, WM 1993, 1455.
[272] BGH, NJW 1962, 1500; BGH, NJW 1970, 1737; BGH, NJW 1972, 1200; BGH, NJW 1973, 321; BGH, WM 1974, 1224; BGH, WM 1979, 530; BGH, WM 1987, 495; BGH, WM 1992, 1031.
[273] LG Frankfurt/M., WM 1993, 194; LG Hamburg, WM 1993, 196; LG Hannover, WM 1993, 201; LG Wiesbaden, WM 1993, 209; AG München, WM 1993, 210.
[274] OLG Celle, WM 1993, 191.
[275] OLG Braunschweig, WM 1993, 190.
[276] BGH, WM 1993, 1455.
[277] Vgl. auch *Lang*, Anlageberatung, 29 f.
[278] Beschlussempfehlung des Finanzausschusses des Deutschen Bundestages, BT-Drucks. 12/7918, 103,104; vgl. auch *Kümpel*, WM 1995, 689, 692.

129 Nachfolgend wird die Entscheidung des BGH im „Bond-Urteil" kurz vorgestellt[279] und sodann aufgezeigt, dass auch nach diesem Urteil noch viele Fragen offen bleiben. Dies hat seinen Grund vor allem darin, dass der BGH teilweise mit unbestimmten Begriffen gearbeitet hat, was sich beispielhaft an der Verwendung der Formulierung von der „sicheren" bzw. „spekulativen" Geldanlage oder des „erfahrenen" Anlegers mit „einschlägigem" Fachwissen zeigt. Im Rahmen dieser Arbeit sind daher die zahllosen Urteile auf dem Gebiet der Anlageberatung mit dem Ziel analysiert worden, diese Begriffe mit Leben zu füllen, um so konkrete Anhaltspunkte für deren Bedeutung zu erhalten. Denn gerade weil im Hinblick auf die vielfältigen Anlageprodukte eine so unüberschaubare Anzahl an Entscheidungen zu Aufklärungs- und Beratungspflichten existiert, ist es von umso größerer Wichtigkeit, zu einer Einheitlichkeit von Verständnis, Auslegung und Definition der verwendeten Begriffe zu gelangen. Von der Frage, ob es sich um einen „erfahrenen" Anleger mit „einschlägigem" Fachwissen handelt und welches Anlageprodukt man in die Rubrik „sicher" oder „spekulativ" einreihen kann, hängen letztlich alle weiteren Überlegungen zu den im Rahmen einer Vermögensanlage notwendigen Aufklärungs- und Beratungspflichten der Banken ab. Es handelt sich um Fragen, die schon im Vorfeld der eigentlichen Aufklärung/Beratung geklärt werden müssen. Schaut man sich nämlich die unzähligen Urteile zur Anlageberatung an, so wird man feststellen, dass viele Fehler schon in der Zuordnung eines Anlageprodukts zu dem entsprechenden Kunden gemacht werden, bzw. darin begründet liegen, dass der Anlageberater häufig scheinbar nicht abschätzen kann, welche Informationen der Kunde überhaupt benötigt. Die Klassifizierung von Anlegern und Anlageformen hat zudem nicht nur einen direkten Einfluss auf den Pflichteninhalt von Aufklärung und Beratung im Rahmen eines Gespräches zur Vermögensanlage, sondern sie hat auch Auswirkungen auf die damit korrespondierenden Kausalitätsfragen, die im Falle eines Prozesses über Erfolg und Misserfolg einer Klage entscheiden können.

VII. Das „Bond-Urteil" des BGH

1. Sachverhalt

130 Die Kläger hatten seit über 20 Jahren ihre Ersparnisse bei der beklagten Bank angelegt. Die Ersparnisse in Höhe von zuletzt 55.000 DM waren in der Vergangenheit in Festgeld, Sparguthaben und Bundesschatzbriefen investiert worden. Nachdem ein Sparvertrag über 20.000 DM freigeworden war, kam es zu einem Beratungsgespräch über die Wiederanlage des Betrages. Auf Empfehlung des

---

[279] Vgl. auch die Besprechungen bei *Schwark*, WuB I G 4-9.93; *Brandt*, aaO., 91 ff.; *Heinsius*, ZBB 1/1994, 47, 51 ff.; *Lang*, Anlageberatung, 29 ff.; *Raeschke-Kessler*, WM 1993, 1830; *Keßler*, VuR 1/1998, 3, 10 f.

Anlageberaters der Beklagten kauften die Kläger im März 1989 eine DM-Anleihe der australischen *Bond-Finance Ltd.* im Nennwert von 20.000 DM. Eine australische Rating-Agentur hatte die Anleihe bereits im Juni 1988 mit „BB", also als spekulativ mit unterdurchschnittlicher Deckung, im Dezember 1988 mit „B", also als hochspekulativ mit geringer Kapitalabsicherung und im März 1989 mit „CCC" bewertet, womit auf die Gefahr einer Insolvenz hingewiesen wurde.[280] Darüber hinaus hatten ab Juli 1988 mehrere Wirtschaftszeitungen kritische Berichte über die *Bond*-Gruppe veröffentlicht. Die Anleihe ist inzwischen praktisch wertlos.[281]

2. Begründung

Laut BGH hat die Beklagte ihre aus einem Beratungsvertrag folgende Pflicht zur richtigen und vollständigen Anlageberatung verletzt. Inhalt und Umfang der Beratungspflicht sind von einer Reihe von Faktoren abhängig, die sich einerseits auf die Person des Kunden und andererseits auf das Anlageobjekt beziehen. Die konkrete Ausgestaltung der Pflicht hängt entscheidend von den Umständen des Einzelfalls ab.[282]

a) Anlegergerechte Beratung

Zu den Umständen in der Person des Kunden gehören insbesondere dessen Wissensstand über Anlagegeschäfte der vorgesehenen Art, sowie seine Risikobereitschaft. **131** Zu berücksichtigen ist mithin, ob es sich um einen erfahrenen Anleger mit einschlägigem Fachwissen handelt und welches Anlageziel er verfolgt. In diesem Zusammenhang stellt sich die Frage, ob das beabsichtigte Anlagegeschäft der sicheren Geldanlage dienen soll oder spekulativen Charakter hat. Verfügt die Bank nicht über solches Wissen über den Anleger, muss sie diese Dinge erfragen. Die empfohlene Anlage muss sodann unter Berücksichtigung dieser Verhältnisse anlegergerecht sein.[283]

b) Anlagegerechte Beratung

In Bezug auf das Anlageobjekt hat sich der Berater auf diejenigen Eigenschaften **132** und Risiken zu beziehen, die für die jeweilige Anlageentscheidung von wesentlicher Bedeutung sind. Dabei ist zwischen den allgemeinen Risiken (Konjunkturlage, Entwicklung des Börsenmarktes) und den speziellen Risiken zu unter-

---

[280] Die zwei bekanntesten und renommiertesten Rating-Agenturen sind *Standard & Poors* und *Moody's*. Vgl. hierzu www.standardandpoors.com und www.moodys.de.
[281] BGH, WM 1993, 1455.
[282] BGH, WM 1993, 1455, 1456.
[283] BGH, WM 1993, 1455, 1456.

scheiden, die sich aus den individuellen Gegebenheiten des Anlageobjektes (Kurs-, Zins- und Währungsrisiko) ergeben. Die Beratung der Bank muss richtig und sorgfältig, für den Kunden verständlich und vollständig sein, sowie zeitnah über alle Umstände unterrichten, die für das Anlagegeschäft von Bedeutung sind. Eine Bank, die für ihre Anlageempfehlung das Vertrauen ihres Kunden in Anspruch nimmt, muss sich selbst aktuelle Informationen über das Anlageobjekt beschaffen. Dazu gehört bei privaten Anleihen die eigene Unterrichtung über die für die Beurteilung des Risikos wesentliche Bonität des Emittenten, und zwar unter Auswertung der dazu vorhandenen Veröffentlichungen in der Wirtschaftspresse. Handelt es sich bei der empfohlenen Anlage um eine Auslandsanleihe, ist der Beratungsbedarf wegen der erschwerten Zugänglichkeit der Quelle eher höher und kann nicht als Entschuldigung der Bank dafür dienen, sich nicht auch anhand ausländischer Quellen über die Güte solcher Papiere zu informieren. Kann sie eine solche Überprüfung nicht durchführen, hat sie den Kunden auf die Tatsache, dass sie mangels eigener Informationen nicht in der Lage ist, das konkrete Risiko eines Geschäftes einzuschätzen, hinzuweisen und eine Empfehlung zu unterlassen.[284]

3. Ausführungen des BGH zur anleger- und anlagegerechten Beratung

133 Die Empfehlung, die Bond-Anleihe zu kaufen, war nach Ansicht des BGH weder anleger-, noch anlagegerecht. Der Bank war bekannt, dass die Kläger ihre Ersparnisse bisher ausschließlich in sicheren Anlageformen wie Sparkonten, Bundesschatzbriefen und Sparkassenbriefen angelegt und jegliches Verlustrisiko vermieden hatten. Auch waren sie für die Beklagte erkennbar ohne Erfahrung im Geschäft mit Industrieanleihen und sonstigen Effekten. In Kenntnis dieser Umstände war die gegebene Empfehlung, ausländische Industrieanleihen unter Einsatz eines wesentlichen Teils der Ersparnisse zu kaufen, ein Missgriff. Denn eine eingehende Ermittlung hinsichtlich der Bonität des ausländischen Emittenten hatte nicht stattgefunden. Die Bank hatte als Informationsquelle lediglich den Börsenzulassungsprospekt und die Börsenzulassung selbst als Maßstab für ihre Einschätzung herangezogen. Beide Quellen lassen jedoch keinerlei Rückschlüsse auf die Bonität eines Emittenten zu. Der Kunde kann aber gerade dann auf eine Empfehlung der Bank vertrauen, wenn diese die empfohlenen Wertpapiere in ihr Anlageprogramm aufgenommen hat. Der Anlageberater der Beklagten hat es jedoch unterlassen, die Kläger darüber aufzuklären, dass er mangels eigener Informationen eine Empfehlung zum Kauf der Bond-Anleihe nicht abgeben konnte. Auch hatte der Anlageberater die Kläger nicht über die kritischen Stimmen in der Wirtschaftspresse informiert. So hatten beginnend mit der Börsenzeitung im Juli und September 1988, der *Financial Times* im Oktober 1988, dem

---

[284] BGH, WM 1993, 1455, 1456.

Handelsblatt im Oktober und November 1988, und der Frankfurter Allgemeinen Zeitung im November 1988, Teile der Wirtschaftspresse kritisch über die *Bond*-Gruppe berichtet. Unabhängig davon, wie man aufgrund dieser Berichte nach eigener Einschätzung das mit der Anleihe verbundene Risiko einschätzte, handelte es sich bei den damals vorliegenden Veröffentlichungen um warnende Hinweise, die dem Anleger nicht hätten verschwiegen werden dürfen und eine Empfehlung an einen ersichtlich nicht risikobereiten Kunden von vorneherein ausschlossen.[285]

4. Bewertung des Bond-Urteils

Der BGH hat im vorliegenden Urteil erstmals konkrete Maßstäbe für eine ordnungsgemäße Anlageberatung gesetzt und die Begriffe der „anleger- und anlagegerechten" Beratung etabliert. Gleichwohl bleiben Fragen offen: Was ist unter einem erfahrenen Anleger zu verstehen und wann kann man von einschlägigem Fachwissen sprechen? Was ist eine sichere und was eine spekulative Anlage? Was genau sind Wertpapiergeschäfte der vorgesehenen Art? Im folgenden soll versucht werden, diese unbestimmten Begriffe zu konkretisieren. Sie sind im Vorfeld einer Aufklärung/Beratung von entscheidender Bedeutung, weil sie nicht nur unmittelbare Auswirkungen auf den Inhalt der entsprechenden Leistungspflichten, sondern auch Bedeutung für die korrespondierenden Kausalitätsfragen haben. **134**

VIII. Erfahrener Anleger

Die Frage nach dem Fachwissen, den Erfahrungen und Kenntnissen des Anlageinteressenten, sowie die darauf gründende Einschätzung als erfahrener oder unerfahrener Anleger, ist eine der zentralen Pflichten einer Bank. Denn aufgrund dieser Angaben bestimmt sich der Umfang der Informationspflicht, sei es innerhalb eines Beratungsgespräches oder aber im Rahmen einer Aufklärung. Der Anleger soll aufgrund der erhaltenen Informationen eine selbstbestimmte und eigenverantwortliche Anlageentscheidung treffen können, die seinen Anlagemotiven und –zielen entspricht.[286] Die Ermittlung der Erfahrungen und Kenntnisse des Anlegers ist auch noch aus einem praktischen Grund von Bedeutung. Für die Bank verursacht jede Minute eines Beratungs- bzw. Aufklärungsgespräches Kosten, die aus ökonomischem Interesse möglichst gering zu halten sind. Es besteht daher grundsätzlich ein Interesse daran, sich jede überflüssige Information zu sparen. Auch die Kunden sind oft nicht geneigt sich Dinge erklären zu lassen, über die sie bereits Bescheid wissen. **135**

---

[285] BGH, WM 1993, 1455, 1457.
[286] BT-Drucks. 12/7918 S. 103.

1. Grundsätzliche Bedeutung von Erfahrungen und Kenntnissen

136 In § 31 Abs. 2 Nr. 1 WpHG wird die Pflicht der Bank statuiert, den Anleger nach seinen Erfahrungen und Kenntnissen zu befragen. Die Verwendung dieser zwei recht ähnlichen Begriffe lässt darauf schließen, dass beiden ein unterschiedlicher Inhalt zugesprochen wird. Den Unterschied zwischen beiden Begriffen könnte man darin sehen, dass Erfahrungen aufgrund tatsächlicher, eigener Erlebnisse erlangt werden,[287] während Kenntnisse sich (auch) aus theoretischen Quellen speisen können. Ausführungen in der Wohlverhaltensrichtlinie unterstützen diese Ansicht. So heißt es in Ziffer 2.1.b der Wohlverhaltensrichtlinie unter der Überschrift „Kenntnisse oder Erfahrungen“: „Das Wertpapierdienstleistungsunternehmen hat den Kunden darüber zu befragen in welchen Anlageformen (...) er über Wissen verfügt oder welche Anlageformen er in der Vergangenheit bereits selbst genutzt hat (...).“ Auch hier findet also eine Unterscheidung zwischen theoretischem Wissen und in der Praxis Erlebtem statt.

137 Daraus scheinen vereinzelte Autoren in der Literatur zu folgern, dass die Begriffe eine unterschiedliche Qualität aufweisen. So werden von *Balzer* Fragebögen kritisiert, in denen der Kunde die von ihm bevorzugte Anlageform benennt und angibt, seit wie vielen Jahren er sich mit Wertpapieren beschäftigt. Nach seiner Ansicht wäre es zutreffender darauf abzustellen, in welchem Umfang Geschäfte bislang getätigt worden sind.[288] Auch von anderer Seite wird eingewandt, dass allein die Beschäftigung mit Wertpapieren noch kein Indikator für Erfahrungen oder Kenntnisse des Kunden in solchen Geschäften sei.[289] Eine Einordnung der Kunden aufgrund von Risikoneigung und Anlagestrategie kritisiert dagegen *Nobbe*, weil diese Einstufung sich an den künftigen Anlagezielen und nicht am bisherigen Anlageverhalten orientiere. Letzteres sei aber für die Beurteilung von Erfahrungen und Kenntnissen des Kunden in Wertpapiergeschäften besonders wichtig. Soweit Anlageerfahrung nicht vorhanden sei, müsse nach theoretischen Kenntnissen des Kunden gefragt werden, wobei Erfahrungen selbstverständlich wesentlich bedeutsamer als bloße theoretische Kenntnisse seien. Trotzdem würden auch letztere genügen.[290]

138 Eine solche Unterscheidung ist meines Erachtens nicht sinnvoll und wird auch von den Autoren selber teilweise relativiert. Denn durch die gesetzlich vorgeschrieben Aufklärung der Banken werden ja auch „nur“ theoretische Kenntnisse vermittelt. Trotzdem sollen die Anleger als Ziel dieser Aufklärung danach in der Lage sein, eigenverantwortliche Entscheidungen zu treffen. Deutlich wird dies auch durch Ausführungen in der Wohlverhaltensrichtlinie. Dort heißt es unter

---

[287] Vgl. *Wahrig*, aaO., 296 f.
[288] *Balzer*, DB 1997, 2311, 2312.
[289] Vgl. auch *Schwark*, aaO., 109, 126.
[290] *Nobbe*, Bankrecht 1998, 235, 243.

Ziffer 2.2 Abs. 5: „Wünscht der Kunde [...] die Ausführung eines bestimmten Auftrags, der nicht in der ihm mitgeteilten Risikokategorie liegt, kann der Auftrag ausgeführt werden, wenn sichergestellt ist, dass der Kunde die erforderliche Aufklärung vor der Ausführung des Auftrags erhalten hat." Hier wird deutlich, dass eine theoretische Aufklärung ausreicht, wenn Wertpapiergeschäfte gewünscht sind, die nicht mit dem bisherigen Anlageverhalten übereinstimmen. Als Konsequenz einer Bevorzugung des bisherigen Anlageverhaltens und somit eine Bevorzugung praktischer Erfahrungen, wäre Anlegern ein Wechsel ihrer Anlagestrategie auf risikoreichere Anlageformen eigentlich nicht möglich. Ein solches Ergebnis aber wäre weder im Interesse der Anleger, noch der Kapitalmärkte und Banken. Auch Beispiele aus der Rechtsprechung zeigen eindeutig, dass eine Unterscheidung zwischen Kenntnissen und Erfahrung, theoretischem Wissen und praktisch Erlebtem, nicht gemacht wird.[291]

2. Erfahrener Anleger aufgrund Ausbildung oder Beruf

Viele Urteile stellen für die Beurteilung des Wissensstands eines Anlegers auf **139**
einschlägige, praktische Erfahrungen mit Anlageformen im Rahmen von Wertpapiergeschäften ab, die ein Anleger bereits getätigt hat. Denkbar wäre es aber auch danach zu fragen, ob ein Anleger aufgrund seiner Ausbildung bzw. seiner beruflichen Tätigkeit zumindest theoretisches Wissen hinsichtlich des von ihm getätigten Wertpapiergeschäftes besitzt und somit eine Beratungs- bzw. Aufklärungspflicht seitens der Bank nicht mehr gegeben wäre, da es sich in solchen Fällen um einen erfahrenen Anleger handeln würde. Mit dieser Frage haben sich mehrere Gerichtsurteile, wenn auch meist nur am Rande, beschäftigt.

a) Einfluss von Ausbildung/Beruf auf Kenntnisse im Wertpapiergeschäft

In vielen Urteilen lässt sich beobachten, dass aus dem Beruf oder der Ausbil- **140**
dung eines Kunden, auch wenn sie wirtschaftliche Bezüge hat, kein Rückschluss auf Kenntnisse im Wertpapierhandel gezogen wird. In einem Urteil vom 09. Oktober 1989 entschied der BGH,[292] dass ein Rechtsanwalt über die wesentlichen Unterschiede zwischen zwei Immobilienfonds, die als steuerbegünstigte Kapitalanlage angeboten und vertrieben wurden, hätte aufgeklärt werden müssen. Denn die mit dem Beruf als Rechtsanwalt verbundene fachliche Qualifikation

---

[291] Vgl. Beispiel bei *Nobbe*, Bankrecht 1998, 235, 243 f.: Dort schichtete eine Anlegerin ein Depot, das bis dahin aus Bundesanleihen und deutschen Standardaktien bestand, in Aktien- und Zinsoptionsscheine um, obwohl sie hinsichtlich der Derivate lediglich theoretische Kenntnisse besaß. Der BGH hat eine Haftung der Bank abgelehnt.

[292] BGH, WM 1990, 145 (II. ZS).

rechtfertige nicht die Annahme, dass er den besagten Unterschied von sich aus hätte erkennen können.[293]

141 Diese Linie führte der BGH[294] auch in einem Urteil vom 27. November 1990 fort. Dort bejahte der BGH eine Aufklärungspflichtverletzung hinsichtlich eines Klägers, der Aktien- und Indexoptionen erworben hatte. Dessen jahrzehntelangen geschäftlichen Erfahrungen auf dem Gebiet des Versicherungswesens berechtigten nach Ansicht des BGH nicht zu der Annahme, dass er über die mit einem Optionsgeschäft verbundenen Risiken Bescheid gewusst hätte. Auch bei einem im Handelsregister eingetragenen Kaufmann und mittelständischem Unternehmer könne eine solche Kenntnis nicht vorausgesetzt werden, wenn er nicht beruflich mit derartigen Geschäften befasst gewesen sei.[295]

142 In seinem Urteil vom 24.09.1996 musste sich der BGH[296] mit einem Fall auseinandersetzen, in dem der Kläger geschäftsführender Gesellschafter einer GmbH war, die sich vor allem mit der Vermittlung von Versicherungen und Immobilienfinanzierungen befasste. Außerdem saß er im Aufsichtsrat einer Firma, die Fonds vertrieb und deren Kapital unter anderem in Börsentermingeschäften angelegt wurde. Genau in solche Fonds hatte der Kläger sein Geld investiert. Der BGH stellt hierzu in einer Nebenbemerkung ausdrücklich klar, dass aufgrund der Tätigkeit des Klägers als Versicherungs- und Immobilienfinanzierungsmaklers von Vorkenntnissen in Börsentermingeschäften nicht ausgegangen werden könne. Auch die Tatsache, dass er im Aufsichtsrat einer Firma sitze, die Investmentfonds vertreibe, die unter anderem Kapital in Börsentermingeschäfte investiere, lasse nicht darauf schließen, dass er nähere Kenntnisse über die Mechanismen und Risiken von Börsentermingeschäften habe.[297]

143 In den drei folgenden Urteilen findet sich zwar keine ausdrückliche Aussage zum Zusammenhang zwischen Beruf und Kenntnissen im Wertpapiergeschäft wie in den vorstehend besprochenen Urteilen. Die ersten beiden Fälle beinhalten Klagen gegen gewerbliche Vermittler von Termindirektgeschäften, während das dritte Urteil im Bereich der Anlageberatung einer Bank angesiedelt ist. Trotzdem lassen auch diese Urteile meines Erachtens Antworten auf die obige Fragestellung zu. Im Urteil des BGH[298] vom 09. Juni 1998 klagte ein Unternehmensberater, der sein Geld in einen Investmentpool investiert hatte, welcher Handel mit Devisen- und Edelmetallterminkontrakten sowie darauf lautende Optionen

[293] BGH, WM 1990, 145, 147.
[294] BGH, WM 1991, 127 (XI. ZS).
[295] BGH, WM 1991, 127, 130.
[296] BGH, WM 1997, 309 (XI. ZS).
[297] BGH, WM 1997, 309, 311.
[298] BGH, WM 1998, 1527 (XI. ZS).

betrieb. Im Urteil vom 14. Mai 1996 hatte der BGH[299] einen Fall zu entscheiden, in dem ein geschäftsführender Gesellschafter einer Stahlverarbeitungs-GmbH Termingeschäfte an amerikanischen Börsen getätigt hatte. Im Urteil des BGH[300] vom 28. Januar 1997 handelt sich bei dem Kläger um einen Schmuckhändler, der sein Geld in Standardaktien investiert hatte.

Alle drei Berufe der Kläger - Unternehmensberater, geschäftsführender Gesellschafter einer Stahlverarbeitungs-GmbH und Schmuckhändler - haben einen konkreten wirtschaftlichen Bezug. Alle Tätigkeiten setzen nicht nur theoretische wirtschaftliche Kenntnisse voraus, sondern erfordern konkrete und umfassende praktische Erfahrungen und Kenntnisse der Gegebenheiten, Chancen, Risiken und Zusammenhänge im täglichen Wirtschaftsleben. Zwar äußern sich die Gerichte in allen drei Urteilen nicht ausdrücklich dazu, ob ein Zusammenhang zwischen Beruf und Kenntnissen mit Wertpapiergeschäften besteht. Aber in allen drei Urteilen werden die Kläger als unerfahren bezeichnet. Der BGH leitet also offensichtlich aus den beruflichen Tätigkeiten der Kläger mit ihren eindeutig wirtschaftlichen Bezügen nicht ab, dass sie Kenntnisse in Bezug auf Wertpapiergeschäfte hatten. **144**

Der Linie des BGH folgt auch das OLG Braunschweig[301] in seinem Urteil vom 12. Juni 1996. Die Klägerin, eine „Kauffrau", erwarb eine DM-Auslands-Industrieanleihe (*Polly-Peck).* Vorher hatte sie ihr Kapital lediglich in Festgeld und Sparbriefen angelegt. Das OLG Braunschweig rügt eine Beratungspflichtverletzung der beklagten Bank. Es führt dazu aus, die Klägerin sei aufklärungsbedürftig gewesen, da sie keine deutlichen Vorstellungen hinsichtlich des konkreten Anlagegeschäfts gehabt habe. Auch als Kauffrau hätten ihr die konkret erforderlichen Informationen und das wesentliche Spezialwissen gefehlt. Mit entsprechenden Produkten habe sie beruflich nichts zu tun gehabt.[302] Dieser letzte Satz des Gerichts führt allerdings zu der Frage, wie die berufliche Tätigkeit einzuschätzen ist, wenn sie tatsächlich in einer Beschäftigung mit den entsprechenden Anlageprodukten resultiert. **145**

Mit solch einem Fall hat sich das OLG Nürnberg[303] in seinem Urteil vom 28.01.1998 beschäftigt. Die Klägerin erwarb eine DM-Auslands-Industrieanleihe (*Fokker*). Die besondere Konstellation dieses Falles besteht darin, dass sie als Bankkauffrau Angestellte der beklagten Bank gewesen und bei dieser als Schaltermitarbeiterin eingesetzt war. Das Gericht behandelt zunächst **146**

---

[299] BGH, WM 1996, 1214 (XI. ZS).
[300] BGH, WM 1997, 662 (XI. ZS).
[301] OLG Braunschweig, WM 1996, 1484.
[302] OLG Braunschweig, WM 1996, 1486.
[303] OLG Nürnberg, WM 1998, 378.

die Frage, ob die Klägerin über das allgemeine Insolvenzrisiko, d.h. die Abhängigkeit der Rückzahlung von der Bonität des Emittenten, aufzuklären war. Hierzu macht es folgende interessante Ausführungen: „Die Klägerin war aufgrund ihrer Ausbildung als Bankkauffrau nach Überzeugung des Senats durchaus in der Lage zu erkennen, dass es sich bei der Anleihe um ein Darlehen mit einem allgemeinen Insolvenzrisiko handelt. Dem steht nicht entgegen, dass die Klägerin bisher äußerst konservativ angelegt hatte.“[304]

147 Diese Kenntnis folgt nach Ansicht des Gerichts aus der beruflichen Tätigkeit der Klägerin als Bankkauffrau. Der Rückgriff auf den Beruf der Anlegerin, unabhängig von konkreten praktischen Erfahrungen mit der in Frage stehenden Anlageform, ist in diesem Fall meines Erachtens nachvollziehbar und gerechtfertigt. Denn eine Bankkauffrau bekommt im Rahmen ihrer Ausbildung Kenntnisse über verschiedenartige Wertpapiere vermittelt, zu denen auch die anlageformspezifischen Risiken und Eigenschaften einer Unternehmensanleihe gehören. Unbeachtlich muss dabei sein, dass sie als Schaltermitarbeiterin gearbeitet hat. Zwar ist in den heutigen Arbeitsstrukturen der Banken meist vorgesehen, dass eine Anlageberatung nicht von dem Mitarbeiter am Schalter, sondern von besonders spezialisierten Bankangestellten vorgenommen wird. Zumindest das Wissen um das grundsätzliche Insolvenzrisiko einer Unternehmensanleihe kann eine Bankkauffrau, aufgrund ihrer spezifischen Ausbildung, vernünftigerweise jedoch nicht bestreiten.

148 Das aber selbst die berufliche Tätigkeit als Bankkauffrau keinen uneingeschränkten Rückschluss auf vorhandene Kenntnisse und damit mangelnde Aufklärungsbedürftigkeit zulässt, wird im weiteren Verlauf des Urteils deutlich. Zunächst macht schon die Tatsache, dass die Klägerin trotz ihrer Tätigkeit als Bankkauffrau ein Beratungsgespräch als nötig erachtete und in Anspruch nahm, deutlich, dass sie sich nach eigener Einschätzung offensichtlich nicht für so erfahren hielt, eine derartige Anlageentscheidung in alleiniger Verantwortung treffen zu können. So kommt auch das OLG Nürnberg trotz des Berufes der Klägerin letztlich zu dem Schluss, dass die beklagte Bank ihre Beratungspflicht verletzt hat. Denn sie habe die Klägerin als „beratungsbedürftige Anlegerin“[305], über das allgemeine Insolvenzrisiko hinaus auf die besonderen Verhältnisse der Emittentin hinweisen müssen.[306] Gemeint ist die Tatsache, dass das Unternehmen *Fokker* sich Anfang der 90er Jahre aufgrund einer allgemeinen Rezession auf dem Markt für Regionalflugzeuge in einer wirtschaftlich prekären Situation befand. Zwar hatten im Jahre 1993 sowohl der holländische Staat als auch die DASA, die sich wiederum im Mehrheitsbesitz der damaligen Daimler-Benz AG

---

[304] OLG Nürnberg, WM 1998, 378, 379.
[305] OLG Nürnberg, WM 1998, 380.
[306] OLG Nürnberg, WM 1998, 379.

befand, das Unternehmen übernommen. Beide hatten jedoch keinerlei Zahlungsgarantien für den Fall einer Insolvenz übernommen. An der angeschlagenen Verfassung des Unternehmens und den düsteren Aussichten auf ihrem Absatzmarkt änderte der Eigentümerwechsel mithin nichts, was sich beispielhaft in der späteren Insolvenz von *Fokker* zeigte.

Es wird somit deutlich, dass das Gericht aufgrund der beruflichen Tätigkeit der Klägerin nur bedingt Rückschlüsse auf deren Erfahrung und Wissen um Risiken einer Unternehmensanleihe zieht. Kenntnisse aufgrund des Berufes der Klägerin werden lediglich hinsichtlich allgemeiner Risiken, wie das grundsätzliche Insolvenzrisiko einer Emittentin, unterstellt. Die Aufklärungsbedürftigkeit im Hinblick auf, wie es das Gericht formuliert, „besondere Verhältnisse", kann durch die berufliche Tätigkeit in der Regel somit nicht entfallen, selbst wenn es sich dabei um den Beruf der Bankkauffrau handelt. **149**

Eine ähnlich differenzierte Argumentation findet sich auch im Urteil[307] des OLG Frankfurt a.M. vom 04. Oktober 1994. Dort hatten die Kläger DM-Auslandsanleihen der *Polly-Peck-* Gruppe erworben. Bei dem Kauf der Papiere war deren Sohn für sie aufgetreten, der in der Kreditabteilung der beklagten Bank arbeitete. Das Gericht stellt hierzu fest, dass die Kläger sich das Wissen ihres Sohnes gemäß § 166 Abs. 1 BGB zurechnen lassen müssten. Dieser habe die Konsequenzen von Auslandspapieren (gemeint ist wohl das Ausfallrisiko der Anleihe) selbst überblicken können. Zwar möge es sein, dass er mit dem Wertpapiermarkt nicht vertraut gewesen sei. Trotzdem könne nicht angenommen werden, dass dem Sohn der Kläger aufgrund seiner Tätigkeit als Bankkaufmann das Risiko jeglichen Wertpapiers völlig unbekannt gewesen sei. Zu seinen Aufgaben in der Kreditabteilung gehöre es zudem, auch Wertpapiere bei der Hereinnahme von Sicherheiten auf deren Bonität zu überprüfen.[308] In diesem Urteil geht es wie schon im vorangegangenen Urteil um das grundsätzliche Ausfallrisiko einer Anleihe. Mit diesem Risiko ist ein Bankkaufmann aufgrund seiner Ausbildung vertraut, zudem hatte sich der Käufer der Wertpapiere, im Rahmen seiner Arbeit in der Kreditabteilung der Bank, konkret mit der Einschätzung von Ausfallrisiken bei Wertpapieren beschäftigen müssen. Das Gericht stuft ihn deshalb im Hinblick auf das Bonitätsrisiko einer Unternehmensanleihe zu recht als nicht aufklärungsbedürftig ein. **150**

Mit einer beruflichen Tätigkeit, aus der man allerdings ausnahmsweise undifferenziert und pauschal auf Erfahrungen mit Wertpapieren schließen kann, sah sich das OLG München in seinem Urteil[309] vom 05. März 1997 konfrontiert. Der **151**

---

[307] OLG Frankfurt a.M., WM 1994, 2106.
[308] OLG Frankfurt a.M., WM 1994, 2106, 2107 f.
[309] OLG München, WM 1997, 1802.

Kläger hatte in diesem Urteil Verluste aus privaten Wertpapiergeschäften mit japanischen Aktienoptionsscheinen erlitten. Er arbeitete als Leiter der Vermögensanlage Deutschland bei einer Versicherung. Hier war er Portfolio-Manager für den Rentenbestand und das Aktienportfolio. Das OLG München verneint eine Pflichtverletzung der beklagten Bank und bezeichnet den Kläger aufgrund seines Berufes als börsenerfahren. Diese Einschätzung ist meines Erachtens richtig. Es kann zum einen aufgrund allgemeiner Lebenserfahrung unterstellt werden, dass der Kläger eine Ausbildung genossen hat, die ihn für seine Tätigkeit als Portfolio-Manager qualifiziert und aufgrund derer er umfassende Kenntnisse und Wissen hinsichtlich der Funktionsweise von Anlageprodukten vermittelt bekommen hat. Zum anderen hat er in seinem Beruf als Manager eines Renten- und Aktienportfolios täglich mit Wertpapieren zu tun. Selbst wenn man argumentieren wollte, er sei für Renten und Aktien, nicht aber für Optionsscheine zuständig, so ändert dies nichts an seiner Einordnung als börsenerfahrener Anleger. Zum einen wäre es lebensfremd anzunehmen, ein Mann in dieser verantwortlichen und leitenden Position habe nur Kenntnisse in diesen zwei Anlageformen. Zum anderen gehört zum Management eines Aktienportfolios, insbesondere dem Portfolio einer Versicherung, die Absicherung gegen Kursverluste. Dies geschieht üblicherweise durch den Einsatz von Optionen.

b) Abweichende Urteile

152 In seinem Urteil vom 17. März 1992 hatte der BGH[310] über einen Fall zu entscheiden, in dem der Kläger Ansprüche auf Schadensersatz aus zwei verlustreichen Devisentermingeschäften in US-Dollar geltend machte. Der BGH lehnt eine Aufklärungspflichtverletzung ab. Eine Aufklärung über das jedem Devisentermingeschäft immanente Spekulationsrisiko sei nicht notwendig gewesen. Die Dollarterminkäufe seien in ihrer Struktur nicht so kompliziert gewesen, als dass das mit ihnen verbundene Risiko ohne besondere fachliche Beratung nicht erkennbar gewesen wäre. Denn es sei letztlich nur darum gegangen, dass auf Termin gekaufte Dollarbeträge bei weiterhin steigendem Dollarkurs einen Gewinn erbringen, bei sinkenden Kursen dagegen zu einem Verlust führen würden. Diesbezüglich habe ein vielgereister und im Umgang mit unterschiedlichen Währungen erfahrener Mann in gehobener beruflicher Stellung wie der Kläger keiner besonderen Aufklärung bedurft.[311] Diese Linie vertritt auch das OLG Frankfurt a.M.[312] in seinem Urteil vom 21. Oktober 1993, ebenfalls in Bezug auf Devisentermingeschäfte und teilweise wortgleich in der Argumentation, wahrscheinlich in direkter Anlehnung an das zeitlich vorangegangene BGH-Urteil vom 17. März 1992. Der Kläger, ein gelernter Maschinenbauer, führte einen

---

[310] BGH, WM 1992, 682 (XI. ZS).

[311] BGH, WM 1992, 682, 683 f.

[312] OLG Frankfurt a.M., ZIP 1993, 1855.

landwirtschaftlichen Betrieb. Das Gericht verneint eine Aufklärungspflichtverletzung hinsichtlich der Devisentermingeschäfte, unter anderem deshalb, weil dies einfache wirtschaftliche Vorgänge seien,[313] die ein Mann wie der Kläger ohne weitere Belehrung durchschauen könne. Er kannte sich mit Kursrisiken aus, da er vor den Devisentermingeschäften bereits Zinsdifferenzgeschäfte getätigt habe. Außerdem seien dem Kläger wirtschaftliche Überlegungen nicht fremd gewesen. Er habe ein Mehrfamilienhaus errichten lassen, welches er teilweise finanziert, sowie später in Eigentumswohnungen umgewandelt und veräußert habe. Ein Mann, der sich mit derartigen, nicht einfachen Finanzierungsvorgängen befasse, überschaue auch so einfache wirtschaftliche Vorgänge wie den Kauf oder Verkauf von Devisen auf Termin.[314]

Einer ähnlichen Auffassung folgt auch das des OLG Frankfurt a.M. in seinem Urteil[315] vom 27.06.1995. Das Gericht hatte über den Fall eines Klägers zu entscheiden, der im Rahmen eines Depotverwaltungsvertrages Verluste mit Optionsscheinen erlitten hatte. Der Kläger war bei einer Aktiengesellschaft in leitender Position tätig gewesen. Das OLG Frankfurt a.M. lehnt eine vorvertragliche Aufklärungspflicht der Beklagten ab. Zwar wird dies hauptsächlich damit begründet, dass der Kläger aufgrund seiner langjährigen Wertpapiererfahrung und der regelmäßigen Lektüre von Börsenfachzeitschriften ausreichend über die Funktionsweise und Risiken der verschiedenen Anlagemöglichkeiten informiert gewesen sei. In einem Nebensatz fügt das Gericht dann allerdings an: „[...] hinzukommt, dass der Kläger aufgrund seiner früheren leitenden Tätigkeit bei der V.-AG über wirtschaftliche Kenntnisse verfügt."[316] Ganz ähnlich äußert sich auch das OLG Hamm in einem Urteil[317] vom 23. Oktober 1996. Es ging um einen Studenten der Philosophie, der mit Optionsscheinen Verluste erlitten hatte. Nebenbei betrieb er auch noch einen Autohandel mit einem Jahresumsatz von DM 170.000. Eine Aufklärungspflicht der Bank bestand schon aus anderen Gründen nicht. Dennoch stellt das Gericht fest, der Philosophiestudent habe auch deshalb keiner besonderen Aufklärung bedurft, da er nicht als weltfremd angesehen werden könne. Denn er habe zum einen bereits früher Aktiengeschäfte getätigt und zum anderen einen nicht unbedeutenden Autohandel betrieben.[318] Dasselbe Gericht hatte schon in einem Urteil[319] vom 3. Juni 1996 einen ähnlich pauschalen Zusammenhang zwischen Beruf und Anlageerfahrung hergestellt. 153

[313] Es stellt sich die Frage, wie diese Ansicht mit dem Umstand zu vereinbaren ist, dass zur Erlangung der Börsentermingeschäftsfähigkeit eine gesonderte Belehrung erforderlich ist.
[314] OLG Frankfurt a.M., ZIP 1993, 1855, 1858.
[315] OLG Frankfurt a.M., WM 1996, 665.
[316] OLG Frankfurt, WM 1996, 665, 667.
[317] OLG Hamm, WM 1997, 568.
[318] OLG Hamm, WM 1997, 568, 569.
[319] OLG Hamm, WM 1996, 1812.

Bei der Klägerin handelte es sich um eine Ärztin. Diese kaufte Anteile von zwei Rentenfonds, die in internationale Papiere und Dollarpapiere anlegten. Das Gericht stellte dazu fest, dass die Klägerin über das Kursrisiko ihrer Geldanlage nicht habe belehrt werden müssen, da mindestens in Akademikerkreisen als bekannt vorausgesetzt werden könne, dass dieses Risiko bei einer solchen Anlage immer bestehe, also selbstverständlich sei.[320]

c) Diskussion

154 Zu recht lehnen es der BGH und die meisten Instanzgerichte ganz überwiegend ab, aus der beruflichen Tätigkeit eines Anlegers pauschal auf dessen Kenntnisse über Wertpiergeschäfte zu schließen. Auch wenn ein Anleger einer beruflichen Tätigkeit nachgeht, die hohe wirtschaftliche Kompetenz erfordert, muss dies richtigerweise nicht automatisch heißen, dass er sich mit den Eigenschaften und Risiken von Anlageformen auskennt. Denn diese fußen oft auf Konzepten und Strukturen, denen man im täglichen Wirtschaftsleben nicht unbedingt regelmäßig begegnet. Dies wird insbesondere bei den innovativen und immer variantenreicheren Finanzprodukten der letzten Jahre deutlich. Diese Argumentation wird unterstützt durch die Erkundigungspflichten der Banken, die im Rahmen des § 31 WpHG nun auch gesetzlich konkretisiert worden sind. Dort ist die Bank gerade nicht verpflichtet, nach Beruf oder Ausbildung zu fragen, sondern nach Erfahrungen und Kenntnissen in den beabsichtigten Geschäften. Zwar mag es nahe liegen, aus genereller wirtschaftlicher Kompetenz auf allgemeines Wissen zumindest hinsichtlich elementarer Anlagegrundsätze zu schließen. Diese Überlegung steckt offensichtlich auch hinter den Urteilen des BGH[321] und des OLG Frankfurt,[322] die einem vielgereisten bzw. wirtschaftlich erfahrenen Kläger unterstellen, Kenntnis über ein scheinbar so einfaches Konzept wie eine Devisenspekulation mit ihrem Zusammenspiel von steigenden und fallenden Kursen zu haben.

155 Eine solche Argumentation ist jedoch nicht gerechtfertigt. Zwar könnte man die Argumentation insoweit nachzuvollziehen, als dass steigende und fallende Devisenkurse in der Tat ein Phänomen sind, mit dem Kunden auf Reisen typischerweise auch privat, sprich außerbörslich, konfrontiert sind. Mit der gleichen Berechtigung könnte man dann aber auch argumentieren, dass Kunden privat ebenfalls schon das Phänomen steigender und fallender Zinsen erlebt haben. Wohl viele Haushalte werden heutzutage zu irgendeinem Zeitpunkt schon mal einen Kredit aufgenommen haben, sei es ein Konsumenten- oder Finanzierungskredit und sich in diesem Zusammenhang mit der Laufzeit des Kredits und der Zins-

[320] OLG Hamm, WM 1996, 1812, 1814.
[321] Vgl. Rz. 152.
[322] Vgl. Rz. 152.

entwicklung beschäftigt haben. Von dieser Annahme ist es dann nur noch ein kleiner Schritt zu der Auffassung, dass aufgrund der vor allem in den letzten Jahren immer ausführlicheren Berichterstattung über Börse und Aktien in allen Medien (man denke nur an die umfangreiche Berichterstattung und die Werbeoffensive anlässlich des Börsengangs der „Volksaktie" Telekom), eigentlich kaum noch ein Anleger behaupten könne, er sei nicht privat auch schon mal mit dem Steigen und Fallen von Aktienkursen konfrontiert worden. Nach diesem Denkmuster würde als Konsequenz allerdings bei großen Teilen der Wertpapiergeschäfte eine Aufklärungsverpflichtung der Banken nicht bestehen.

Dessen ungeachtet haben die zwei oben genannten Gerichte in ihren Urteilen jedoch eine weitere Tatsache übersehen. Es handelte sich in allen Fällen um Termin-, bzw. um Optionsgeschäfte. Diese haben als entscheidendes Merkmal eine Laufzeitkomponente, dass heißt der entsprechende Basiswert muss sich innerhalb eines exakt bestimmten Zeitrahmens in die gewünschte Richtung entwickeln. Dies setzt voraus, dass der in dieses Anlageprodukt investierende Kunde die Fähigkeit besitzen muss, bestimmte Entwicklungen einschätzen und vorhersehen zu können. Ein Privatmann der auf Reisen geht, braucht Devisen dagegen genau zum Zeitpunkt seiner Reise, unabhängig davon, ob der Kurs gerade günstig ist oder nicht. Es ist deshalb durchaus fraglich, ob er sich auch Gedanken darüber macht, ob er in einem halben Jahr vielleicht einen günstigeren Wechselkurs bekommen und von welchen wirtschaftlichen Entwicklungen dies abhängen könnte. Die intellektuelle Leistung, die hinter einem Kauf von Devisen für eine private Reise und einem Kauf von Devisen auf Termin steht, ist deshalb eine völlig andere. **156**

Wie wichtig deshalb eine genaue Differenzierung ist, wird besonders anschaulich und exemplarisch in dem oben besprochenen Urteil des OLG Nürnberg[323] vorgeführt. Hier differenziert das Gericht im Detail, welche Kenntnisse eine Bankkauffrau aufgrund ihrer tatsächlichen beruflichen Beschäftigung bzw. ihrer Ausbildung hat und welche Umstände auch einer solchermaßen kenntnisreichen Kundin noch verborgen bleiben, so dass daraus eine Aufklärungspflicht folgen kann. Selbst einem Anleger, der im Aufsichtsrat eines Unternehmens sitzt, welches genau die Fonds vertreibt, in die er investiert hat, spricht der BGH in einem seiner Urteile Kenntnisse hinsichtlich der entsprechenden Geschäfte ab.[324] Umso erstaunlicher erscheinen in diesem Zusammenhang daher die pauschalen Schlussfolgerungen in den oben besprochenen Urteilen, die sich im Hinblick auf Instanzgerichte jedoch offensichtlich auf das OLG Frankfurt a.M. und das OLG Hamm beschränken. Besonders augenscheinlich wird dies durch die Aussage des OLG Hamm, zumindest in Akademikerkreisen müsse das Kursrisiko eines **157**

---

[323] Vgl. Rz. 146.
[324] Vgl. Rz. 142.

internationalen Renten- und eines Dollarfonds bekannt sein, da es immer bestehe und deshalb selbstverständlich sei. Eine solche Argumentation widerspricht eklatant dem gesamten Sinn und Zweck des § 31 WpHG, mit seinen detaillierten Erkundigungs- und Aufklärungspflichten. Dies umso mehr, als nach dieser Argumentation nicht einmal mehr der Beruf, sondern allein die Tatsache, als Akademiker (irgend)eine universitäre Ausbildung genossen zu haben, als Grund für eine angeblich vorhandene Kompetenz in Fragen der Vermögensanlage angenommen wird.

158 Als Ergebnis lässt sich somit festhalten, dass eine Bank auch bei Kunden mit einem Beruf, der wirtschaftliche Kompetenz erfordert und voraussetzt, in der Regel nicht davon ausgehen kann, dass der Kunde sich aufgrund seiner beruflichen Tätigkeit mit den Mechanismen und Risiken von Wertpapiergeschäften auskennt,[325] auch wenn es sich dabei um anscheinend offensichtliche Zusammenhänge handelt.[326] Nur wenn ein Anleger beruflich tatsächlich direkt mit Wertpapieren zu tun hat, kann man auf Erfahrungen mit Wertpapieren schließen.

3. Einschlägiges Fachwissen mit Geschäften der vorgesehenen Art

159 Der BGH hat in seinem „Bond-Urteil" formuliert, zu den Umständen in der Person des Kunden, von denen der Inhalt von Beratungspflichten unter anderem abhängig sei, gehöre dessen Wissensstand über Anlagegeschäfte der vorgesehenen Art. Es komme also darauf an, ob er einschlägiges Fachwissen besitze.[327] Eine in der Systematik ähnliche Formulierung findet sich in § 31 Abs. 2 Nr. 1 WpHG, nach der die Bank sich nach den Erfahrungen und Kenntnissen der Kunden in genau den Geschäften zu erkundigen hat, die Gegenstand des konkreten Wertpapierkaufes werden sollen. Zum Stichwort des „einschlägigen Fachwissens" stellen sich mehrere Fragen. Reicht es aus, dass ein Anleger allgemeine Erfahrung mit Wertpapiergeschäften besitzt? Oder muss sich seine Erfahrung genau auf die Anlageformen beziehen, in denen er Geschäfte tätigen will, wie die Formulierung des BGH vom Fachwissen mit Geschäften der vorgesehenen Art impliziert? Gibt es auch innerhalb einer Anlageform Unterschiede, etwa weil verschiedene Spielarten und Varianten dieser Anlageform auf dem Kapitalmarkt existieren? Gibt es zwischen den verschiedenen Anlageformen eine Abstufung etwa dergestalt, dass Erfahrungen mit einer risikoreichen, komplizierten Anlageform automatisch auf Erfahrungen mit einer einfacheren Anlage-

---

325 Vgl. dazu einen Artikel in: Die Welt, vom 16.09.2004, 21: Laut Experteneinschätzung wissen die deutschen Verbraucher nach wie vor zu wenig über die Möglichkeiten und Risiken der Geldanlage. Es sei ernüchternd und erschreckend, wie wenig Anleger über Finanzprodukte und Börsenabläufe informiert seien.

326 Differenzierend auch *Brandt*, aaO., 99; vgl. auch *Heinsius*, ZHR 145 (1981), 177, 186.

327 BGH, WM 1993, 1455, 1456.

form schließen lassen? Auf diese Fragen sollen die folgenden Ausführungen Antworten geben.

a) Erfahrung mit Geschäften der vorgesehenen Art

Ausgangspunkt ist auch hier zunächst das „Bond-Urteil"[328] des BGH. Dieser hatte festgestellt, dass die Kläger, die ihre Ersparnisse bisher ausschließlich in Sparkonten, Bundesschatz- und Sparkassenbriefen angelegt hatten, ohne Erfahrung im Geschäft mit Industrieanleihen und sonstigen Effekten waren.[329] Eine ähnliche Konstellation findet sich auch im Urteil des OLG Braunschweig.[330] Dort ging es um einen Kläger, der sein Geld bisher nur in Bundesschatz- bzw. Sparbriefen angelegt hatte. Als Neuanlage wurden ihm sodann, neben anderen Alternativen, DM-Auslands-Industrieanleihen (*Fokker*) empfohlen. Das Gericht bejaht ein Beratungsverschulden, unter anderem deshalb, weil dem Kläger, der bis dahin (quasi)mündelsichere Anlagen gehalten habe, die Lage bei *Fokker*, hinsichtlich der damaligen wirtschaftlichen Situation und des Risikos eines Zahlungsausfalls, eingehend hätte erläutert werden müssen.[331] 160

Das OLG Braunschweig[332] hatte bereits ein Jahr zuvor einen ähnlichen Fall zu beurteilen gehabt. Dort erwarb die Klägerin eine DM-Auslands-Industrieanleihe (*Polly-Peck*). Vorher hatte sie ihr Kapital lediglich in Festgeld und Sparbriefen angelegt. Das OLG Braunschweig rügt eine Beratungspflichtverletzung der beklagten Bank. Einschlägige Erfahrungen habe die Klägerin nicht gehabt, deutliche Vorstellungen hinsichtlich des konkreten Anlagegeschäftes habe sie nicht besessen. Die konkret erforderlichen Informationen und das wesentliche Spezialwissen seien nicht vorhanden gewesen. Die Bank habe sie daher über das mit dem Erwerb einer Industrieanleihe einhergehende Risiko informieren müssen.[333] 161

Diese drei Urteile haben zwei Gemeinsamkeiten. Zum einen unterscheiden sich die Anlageformen mit denen die Kläger in der Vergangenheit bereits Erfahrungen gesammelt hatten (unter anderem Festgeld, Sparkonten, Spar- oder Bundesschatzbriefe), schon anhand ihrer Produktbezeichnung von den Anlageformen, mit denen sie Verluste gemacht hatten (Industrieanleihen). Darüber hinaus zeichnen sich die in Rede stehenden Anlageformen auch durch Unterschiede 162

328 BGH, WM 1993, 1455.
329 BGH, WM 1993, 1455, 1457.
330 OLG Braunschweig, WM 1998, 375.
331 OLG Braunschweig, WM 1998, 375, 376.
332 OLG Braunschweig, WM 1996, 1484.
333 OLG Braunschweig, WM 1996, 1486.

hinsichtlich des tatsächlichen Risikos eines Zahlungsausfalles aus.[334] Bei der Anlage in Sparkonten oder Sparbriefen haftet zwar die kontoführende Bank dem Kunden für die Rückzahlung seines Kapitals. Sollte die Bank jedoch in Zahlungsschwierigkeiten geraten, greifen die verbandseigenen Sicherungseinrichtungen[335] der Spitzenverbände der deutschen Kreditinstitute ein, sei es in Form der Einlagensicherung bei den privaten Banken[336] oder der Institutssicherung bei den Sparkassen und Genossenschaftsbanken. Die Investition in Schatzbriefe des Bundes ist ebenfalls ein sicheres Geschäft, da der Bund für die Rückzahlung haftet.[337] Die hohe Sicherheit dieser Anlageformen wird auch dadurch deutlich, dass alle diese Anlageprodukte mündelsicher sind.[338] Industrie- oder Unternehmensanleihen sind dagegen Schuldverschreibungen, die von in- oder ausländischen Unternehmen begeben und an der Börse gehandelt werden. Die Sicherheit der Rückzahlung des eingesetzten Kapitals hängt bei dieser Anlageform einzig und allein von der Wirtschaftskraft, d.h. der Bonität des emittierenden Unternehmens, ab. Eine Sicherungseinrichtung, die bei Zahlungsunfähigkeit einspringt, existiert nicht.

163 Dass sich das einschlägige Fachwissen auf exakt die Anlageform beziehen muss, in der Geschäfte getätigt werden sollen, wird auch aus den nachfolgenden Urteilen deutlich. Im ersten Fall hatte der BGH einen Fall zu entscheiden, in dem ein Kunde Geschäfte mit Stillhalteroptionen getätigt hatte. Der BGH bescheinigt dem Kunden eine überdurchschnittliche Sachkunde, unter anderem deshalb, weil er bereits früher zahlreiche Stillhalteroptionsgeschäfte ausgeführt

---

[334] Vgl. dazu auch *Ellgering/Rüdelstein/Engel*, Die wichtigsten Formen der Geldanlage in Stichworten, 77 ff.

[335] *Claussen, aaO., § 5 Rz. 99 ff.*

[336] vgl. §§ 12 und 2 Einlagensicherungs- und Anlegerentschädigungsgesetz (EAEG): Die Einleger von Banken, die in privatrechtlicher Unternehmensform geführt werden, sind im Insolvenzfall durch die Entschädigungseinrichtung deutscher Banken (EdB) direkt abgesichert, gemäß § 4 Abs. 2 Nr. 1 EAEG zumindest hinsichtlich 90% der Einlagen und dem Gegenwert von € 20.000. Darüber hinaus können die privaten deutschen Banken freiwillig im Einlagensicherungsfonds des Bundesverbandes deutscher Banken e.V. mitwirken. Im Insolvenzfall übernimmt der Einlagensicherungsfonds den 10-prozentigen Selbstbehalt der Kunden und, ebenfalls bis zu einer gewissen Sicherungsgrenze, die Einlagenteile der Kunden, die über die € 20.000 Grenze der EdB hinausgehen, vgl. dazu Bundesverband Deutscher Banken, www.bankenverband.de, unter dem Link: Einlagensicherung.

[337] Vgl. z.B. F.A.Z. vom 17.12.02, 23: Die Bonität der Bundesrepublik Deutschland als Anleiheschuldnerin wird von den Ratingagenturen *Moody's* und *Standard & Poor* mit den Höchstnoten bewertet und als erstklassig bezeichnet. Das Risiko eines Zahlungsausfalles bestand seit Gründung der Bundesrepublik Deutschland bisher nicht.

[338] Zum Schutz der Vermögenswerte von unter Vormundschaft stehenden Personen (Mündel) sieht der Gesetzgeber gem. §§ 1807 BGB bestimmte Anlageformen vor, in denen Mündelgeld angelegt werden darf.

habe.[339] Zu dem gleichen Ergebnis kommt der Bundesgerichtshof auch in einem anderen Urteil.[340] Hier hatte der BGH über einen Kläger zu entscheiden, der sein Kapital in eine DM-Auslands-Industrieanleihe (*Fokker*) investiert hatte. Vor dieser Anlageentscheidung hatte er bereits eine DM-Auslands-Industrieanleihe der *Lufthansa International Finance* erworben und Devisentermingeschäfte getätigt. Der BGH stellt hierzu fest, dass der Kläger das mit einer DM-Auslands-Industrieanleihe verbundene Risiko (gemeint war die Abhängigkeit der Rückzahlung des investierten Geldes von der Bonität des Emittenten) kannte, da er bereits vorher in eine DM-Auslands-Industrieanleihe investiert hatte.[341] Um einen erfahrenen Anleger in Bezug auf die gewählte Anlageform handelte es sich auch im Urteil des OLG Köln.[342] Dieser hatte Auslands-Anleihen, Aktien und Aktienoptionsscheine in seinem Depot, als er die streitgegenständlichen Dresdner-Bank-Optionsscheine erwarb. Das OLG Köln stellt hierzu fest, dass die Bank nicht pflichtwidrig gehandelt habe, wenn sie den Anleger nicht auf die mit der getroffenen Anlageentscheidung verbundenen Risiken hingewiesen habe. Denn dieser habe keiner Aufklärung bedurft, weil er derartige Anlageentscheidungen bereits in der Vergangenheit getätigt habe.[343]

b) Zwischenergebnis **164**

Ausgehend von diesen Urteilen lässt sich zunächst feststellen, dass nach Ansicht der Gerichte allgemeine Erfahrungen mit Wertpapiergeschäften nicht ausreichend sind, sondern Erfahrungen mit exakt der Anlageform vorhanden sein müssen, die Gegenstand der konkreten Vermögensanlage sind. Dies ist sinnvoll, weil zum einen jede Anlageform anders konzipiert ist und unterschiedliche Eigenschaften, Strukturen und Funktionsweisen aufweist. Zum anderen lassen sich auch Chancen und Risiken nicht vergleichen. Dies lässt sich anhand der Anlageformen aus den obigen Urteilen, insbesondere dem Unterschied von mündelsicheren Anlageprodukten im Gegensatz zu ungesicherten Unternehmens-Anleihen, beispielhaft aufzeigen. Zwar ist bei beiden Anlageformen die Funktionsweise vergleichbar, denn Zinszahlungen sowie die Rückzahlung des investierten Betrages hängen jeweils von der Bonität des Emittenten ab. Der entscheidende Unterschied besteht jedoch im unterschiedlich großen Risiko eines Zahlungsausfalles, bzw. inwieweit im Falle einer Insolvenz Mechanismen vorhanden sind, die eine Rückzahlung des investierten Kapitals dennoch garantieren.

---

[339] BGH, WM 1997, 1014.
[340] BGH, WM 2000, 1441.
[341] BGH, WM 2000, 1441, 1442.
[342] OLG Köln, WM 1995, 381.
[343] OLG Köln, WM 1995, 381, 383.

c) Unterscheidung von Anlageform-Varianten

165 Die obigen Urteile werfen allerdings noch eine weitere Frage auf. Sie haben mit Anleihen und Optionen Anlageformen zum Gegenstand, die auf dem Kapitalmarkt in unterschiedlichen Varianten existieren. So gibt es z.B. Anleihen, die auf inländische Währung lauten, es existieren aber auch Fremdwährungsanleihen. Diese zeichnen sich durch ein zusätzliches Risiko aus, das neben das Bonitätsrisiko tritt, nämlich ein Währungsrisiko. Daneben gibt es Anleihen mit einem festen und mit einem variablen Zinssatz. Auch im Bereich der Optionen hat sich speziell in den letzten Jahren eine Vielzahl innovativer Finanzinstrumente entwickelt.[344] Dementsprechend reicht das Angebot heute vom klassischen Optionsschein im Verbund mit einer Optionsanleihe (abgetrennter Optionsschein), über den selbständigen Optionsschein (*Naked Warrant*) und den gedeckten Optionsschein (*Covered Warrant*), bis zu „exotischen" Optionsscheinen, die sich durch die Art des Optionsrechtes und/oder das Hinzutreten zusätzlicher, den Inhalt des Optionsrechts verändernder Bedingungen auszeichnen (z.B. *Range-, Dual Range-, Barrier-, Digital-, oder Knock-out-Range*-Optionsscheine).[345] Es stellt sich somit die Frage, ob es unter diesen Umständen noch möglich ist, aus der Erfahrung mit einer Variante innerhalb einer Anlageform auf Erfahrungen mit einer anderen Variante dieser Anlageform zu schließen. Mit anderen Worten, reicht es im Rahmen des Aufklärungs- bzw. Beratungsgesprächs und der Informationsbeschaffung über den Wissensstand des Anlegers aus, als Bezugsgröße den Ober- oder Gattungsbegriff einer Anlageform zu wählen („Haben Sie Erfahrung mit Optionsscheinen?") oder muss detaillierter auf eventuell bestehende Spielarten bzw. Varianten einer Anlageform eingegangen und entsprechend aufgeklärt und beraten werden? Für die Kreditwirtschaft ist diese Frage auch deshalb bedeutsam, weil sie Auswirkungen auf die Praxis der Kreditinstitute haben könnte, eine Standardisierung im Hinblick auf die Erfahrung der Kunden vorzunehmen, die oft auf die verschiedenen Varianten innerhalb einer Anlageform nicht eingeht.[346]

---

[344] Vgl. dazu auch *Allmendinger*, Bankrecht 1998, 287.

[345] Vgl. die Erläuterungen in: Private Banking der Deutschen Bank. Vermögensanlagen in Wertpapieren. Eine Basisinformation. Frankfurt a.M., 2000, 77 ff.

[346] Vgl. z.B. Deutsche Bank AG, Formular für Kundenangaben zum Wertpapiergeschäft, Stand März 2005, 3: für die Frage nach dem bisherigen Anlageverhalten wird zwar bei der Anlageform „Anleihe" unterschieden, ob es sich bei diesen um Euro-Anleihen, Fremdwährungsanleihen in Standardwährungen, oder Fremdwährungsanleihen in sonstigen Währungen gehandelt hat. Eine Kategorie, die mündelsichere Wertpapiere umfasst, existiert jedoch nicht. Unter der Überschrift „Termingeschäfte" lauten die Kategorien (1) Optionsscheine/sonstige verbriefte Termingeschäfte, (2) Futures&Options, (3) Außerbörsliche Termingeschäfte. Auf unterschiedliche Varianten innerhalb dieser Anlageformen wird allerdings nicht eingegangen.

Mit der Frage nach der Vergleichbarkeit von Optionsscheinvarianten und einer daraus resultierenden Aufklärungs- bzw. Beratungspflicht hat sich das OLG Düsseldorf in seinem Urteil[347] vom 10. Oktober 1996 beschäftigt. Der Kläger hatte sowohl abgetrennte Optionsscheine,[348] als auch selbständige Optionsscheine[349] erworben. Nach der ständigen Rechtsprechung des BGH[350] handelt es sich bei der ersten Variante um ein Kassageschäft, bei der zweiten Variante dagegen um ein Börsentermingeschäft. Das OLG Düsseldorf stellt hierzu fest, dass es für die Frage der Aufklärung auf diesen Unterschied jedoch nicht ankomme. Denn aufgrund der identischen Struktur beider Optionsscheinvarianten drohten dem Käufer sowohl von selbständigen, als auch von abgetrennten Optionsscheinen die gleichen Risiken. Beide Optionsscheine verbriefen ein Recht, innerhalb einer bestimmten Zeitspanne vom Emittenten einen Basiswert in einem bestimmten Bezugsverhältnis zu einem vorher festgelegten Preis zu erwerben. Dies rechtfertige es, an die Aufklärung bei selbständigen Optionsscheinen die gleichen Anforderungen zu stellen wie bei abgetrennten Optionsscheinen.[351] 166

Auf dieser Linie befindet sich auch das Urteil[352] des LG Duisburg vom 9. Januar 1997. Die Klägerin hatte zunächst abgetrennte Optionsscheine erworben, später dann so genannte gedeckte Optionsscheine (*Covered Warrants*), mit denen sie Verluste erlitt. Sie bemängelte, dass sie lediglich über die Funktionsweise der abgetrennten Optionsscheine aufgeklärt worden sei, nicht aber speziell über die von gedeckten Optionsscheinen. Das LG Duisburg hat eine Aufklärungspflichtverletzung abgelehnt, da die Strukturen der durch beide Arten von Optionsscheinen verbrieften Rechte, gleichartig seien. Die Klägerin habe sich daher, so 167

---

[347] OLG Düsseldorf, WM 1997, 563.

[348] Vgl. FAZ- Börsenlexikon, www.boersenlexikon.de: Bei abgetrennten Optionsscheinen (oft werden diese auch als klassische, traditionelle oder herkömmliche Optionsscheine bezeichnet) handelt es sich um solche in Verbindung mit einer Optionsanleihe. Bei Ausübung erfolgt die Gegenleistung in Aktien des jeweiligen Emittenten der Anleihe. Das Instrument der Optionsanleihe wird von Unternehmen zur Beschaffung von Fremdmitteln zu einem besonders günstigen Zinssatz benutzt. Wegen der Einräumung des Optionsrechtes ist es der Emittentin der Anleihe möglich, eine gegenüber der üblichen Verzinsung am Kapitalmarkt geringere Verzinsung für ihre Anleihe anzubieten, ohne dass die Anleihe dadurch an Attraktivität für den Anleger verlöre, weil die verminderte Zinszahlung durch den Wert des Optionsscheines ausgeglichen wird.

[349] Vgl. Private Banking der Deutschen Bank, 77 f.: Selbständige Optionsscheine (*Naked Warrants*) sind Optionsscheine, die ohne gleichzeitige Emission einer Optionsanleihe begeben werden. Anders als traditionelle Optionsscheine stehen sie in der Regel nicht in Zusammenhang mit Finanzierungsvorhaben von Unternehmen. Sie werden vor allem von Banken und Wertpapierhandelshäusern emittiert. Häufig wird anstelle der Abnahme/Lieferung des Basiswertes ein Barausgleich vorgesehen.

[350] BGH, WM 1994, 2231; vgl. auch BGH, WM 1991, 982.

[351] OLG Düsseldorf, WM 1997, 563, 564.

[352] LG Duisburg, WM 1997, 1898.

das LG Duisburg, bei den abgetrennten Optionsscheinen mit den gleichen Überlegungen beschäftigen müssen wie bei den *Covered Warrants*.[353] Diese Aussage ist richtig, denn der Unterschied von *Covered Warrants* zu abgetrennten Optionsscheinen besteht lediglich darin, dass der Emittent des Optionsscheines bei *Covered Warrants* nicht mit dem Emittenten des Basiswertes identisch ist. Ansonsten ist die Struktur der Scheine gleich, beide Optionsscheine berechtigen zum Bezug eines Basiswertes zu einem vorher festgelegten Preis.[354]

168 Ausgehend von der Argumentation dieser beiden Urteile, soll das Augenmerk auf ein Urteil[355] des BGH vom 05.10.1999 gelenkt werden. In diesem Urteil hatte sich der BGH mit einem Software-Berater auseinanderzusetzen, der die beklagte Bank wegen verlustreicher Geschäfte mit Bandbreiten-Optionsscheinen (*Range-Warrants*) auf Schadensersatz in Anspruch nehmen wollte. Der Kläger hatte mit einer anderen Bank bereits Geschäfte in Aktien- und Dollaroptionsscheinen getätigt. Im Kontoeröffnungsantrag gab er an, er verfüge seit fünf bis zehn Jahren über Erfahrung mit Optionen, Optionsscheinen und Devisen als Anlageformen. Auf die Bandbreiten-Optionsscheine war er durch eine Anzeige in der Zeitschrift „Börse-Online" aufmerksam geworden. Bei den Bandbreiten-Optionsscheinen handelte es sich um solche der „*knock-out-*" und solche der „Hamster"-Variante.[356] Vor Abschluss der Geschäfte hatte die Bank dem Kläger, außer der Informationsschrift zur Herstellung der Börsentermingeschäftsfähigkeit gem. § 53 Abs. 2 BörsG, zwei weitere Aufklärungsbroschüren über spezielle Risiken mit Optionsscheinen übersandt. Allerdings enthielten alle drei Broschüren keine besonderen Hinweise zu Bandbreiten-Optionsscheinen.

---

[353] LG Duisburg, WM 1997, 1898, 1899.

[354] Vgl. FAZ- Börsenlexikon, www.boersenlexikon.de: Gedeckte Optionsscheine (*Covered Warrants*) berechtigen zum Bezug von Aktien, die sich in einem gesondert gehaltenen Deckungsbestand befinden. Der Unterschied zu den klassischen Optionsscheinen besteht darin, dass die Optionsscheine nicht von der jeweiligen Aktiengesellschaft selbst, sondern von einem Emissionshaus (primär Banken) herausgegeben werden.

[355] BGH, WM 1999, 2300=BB 1999, 2527, vgl. dazu auch die Besprechung in: WuB I G 7.-2.00 *(Meixner)*.

[356] Vgl. Private Banking der Deutschen Bank, 81 f. und 139 f.: Bandbreiten-Optionsscheine werden eingesetzt, wenn für den Kurs eines Basiswertes ein Seitwärtstrend und eine sich verringernde Volatilität erwartet werden. Innerhalb der Bandbreiten-Optionsscheine gibt es wiederum unterschiedliche Ausgestaltungen der Konditionen. Bei der *knock-out-*Variante hat der Käufer am Ende der Laufzeit einen Anspruch auf Auszahlung eines Geldbetrages, wenn der Kurs des Basiswertes während der gesamten Laufzeit des Optionsscheins innerhalb der festgelegten Grenzwerte verläuft. Wenn der Kurs des Basiswertes jedoch während der Laufzeit einen der Grenzwerte erreicht oder überschreitet, erlischt der Zahlungsanspruch, der Schein wird wertlos. Bei der „Hamster" Variante erhält der Käufer für jeden Tag, an dem sich der Kurs des Basiswertes innerhalb der festgelegten Grenzwerte bewegt, einen Geldbetrag gutgeschrieben und für jeden Tag, an dem er die Bandbreite verlassen hat, einen Geldbetrag abgezogen. Zur Auszahlung gelangt der am Ende der Laufzeit angesammelte Betrag.

Bei dem obigen Urteil ist zu beachten, dass es sich bei der beklagten Bank um eine „Discount-Bank“ handelt, die unter Ablehnung jeglicher Beratung lediglich konkrete Orders der Kunden ausführt. Trotzdem sind die Ausführungen des BGH meines Erachtens auch auf die Fälle der normalen Anlageberatung übertragbar, wie zu zeigen sein wird. Der BGH stellt fest, dass es für die Erlangung der Börsentermingeschäftsfähigkeit des Klägers zunächst unbeachtlich ist, dass die ihm gemäß § 53 Abs. 2 BörsG ausgehändigte Informationsbroschüre keine Hinweise über Bandbreiten-Optionsscheine enthielt. Der Gesetzgeber habe die Information in § 53 Abs. 2 BörsG auf einige wesentliche Risiken beschränkt, da diese nur eine Grundaufklärung leisten solle. Dies sei der Rechtssicherheit und der sicheren Beurteilung der Termingeschäftsfähigkeit geschuldet, da diese Wirksamkeitsvoraussetzung für eine unübersehbar große Zahl von Termingeschäften sei. Ein solches Ziel könne nur durch eine standardisierte Unterrichtung erfolgen, die auf den Informationsstand und die Aufklärungsbedürftigkeit des einzelnen Anlegers keine Rücksicht nehmen könne und deshalb einen wirksamen Anlegerschutz (besser wäre es vielleicht gewesen, in diesem Zusammenhang von einem umfassenden Anlegerschutz zu sprechen) nur sehr begrenzt gewährleisten könne. Eine Zusatzinformation sei daher nicht bei jeder neuen Variante von Optionsscheinen erforderlich, da dies die Informationsschrift erheblich aufblähen und den Leser von den eigentlichen wirtschaftlichen und geldwerten Grundrisiken ablenken könne.[357] Trotzdem können sich laut BGH je nach Lage des Falles grundsätzlich Umstände ergeben, sei es aufgrund der individuellen Verhältnisse des Anlegers oder den besonderen Risiken des konkreten Termingeschäftes, die eine darüber hinaus gehende, vorvertragliche Aufklärung nötig machen.[358] 169

Im vorliegenden Fall besteht die Schwierigkeit darin, dass es sich bei der Bank um einen „Discount-Broker“ handelt. Die Frage, ob „Discount-Broker“ über eine standardisierte Information hinaus weiteren, individuellen Aufklärungspflichten unterliegen, ist strittig.[359] Der BGH folgt in seinem Urteil der Ansicht, dass bei einem „Discount-Broker“ eine individuelle Aufklärung nicht nötig sei, weil dieser seine Geschäftsbeziehungen ausdrücklich nur auf gut informierte und erfahrene Anleger beschränke, die nicht aufklärungsbedürftig sind und eine weitere Aufklärungspflicht nur dann bestehe, wenn das Wertpapierdienstleistungsunternehmen Kenntnis von der Unrichtigkeit der Angaben des Anlegers über seine 170

---

[357] BGH, WM 1999, 2300, 2302.
[358] BGH, WM 1999, 2300, 2302.
[359] BGH, WM 1999, 2300, 2302, mit weiteren Nachweisen; vgl. auch *Balzer*, DB 1997, 2311; *Balzer*, ZBB 3/1997, 260; *Reich*, WM 1997, 1601; *Möllers/Ganten*, ZGR 4/1998, 773; *Horn*, ZBB 2/1997, 139; *Horn*, in: FS für *Herbert Schimansky*, 653; Siol, in: FS für *Herbert Schimansky*, 781; *Ellenberger*, WM 2001, Sonderbeilage 1, 2: *Köndgen*, ZBB 4/1996, 361.

fehlende Aufklärungsbedürftigkeit habe.[360] Im vorliegenden Fall handelte es sich nach Ansicht des BGH aber nicht um einen aufklärungsbedürftigen Anleger, auch seien dessen Angaben über seine fehlende Aufklärungsbedürftigkeit richtig gewesen. Denn der Kläger habe aufgrund der von ihm gelesenen Anzeige in der Zeitschrift „Börse-Online" gewusst, was Bandbreiten-Optionsscheine sind, insbesondere solche der „Hamster"- und *knock-out*-Variante.[361] Ein Anspruch des Klägers auf Schadensersatz aus einer (vor)vertraglichen Aufklärungspflichtverletzung habe daher nicht vorgelegen.

171 Aus dieser Begründung des BGH kann meines Erachtens gefolgert werden, dass es von entscheidender Bedeutung war, dass der Kläger die Risiken und Eigenschaften dieser speziellen Optionsscheinvariante kannte und dass die Angaben über seine fehlende Aufklärungsbedürftigkeit somit richtig waren. Wäre dies nicht der Fall gewesen, hätte sich der BGH in einem zweiten Schritt, seiner obigen Argumentation folgend, mit der Frage auseinandersetzen müssen, ob die Bank von dieser Diskrepanz Kenntnis gehabt und somit ein Ausnahmefall vorgelegen hätte, in dem auch ein Discount-Broker zu einer weitergehenden Aufklärung verpflichtet gewesen wäre. Denn über die Risiken von Optionsscheinen im Allgemeinen hatte die beklagte Bank den Kläger durch Übersendung der Informationsbroschüre nach § 53 Abs. 2 BörsG und zweier weiterer Broschüren bereits aufgeklärt. Würde eine solche Aufklärung über Standardoptionsscheine und grundsätzliche Risiken des Optionsgeschäfts, zumindest im Falle von „Discount-Brokern", immer ausreichen, hätte sich der BGH den Hinweis und die Begründung sparen können, es habe kein Ausnahmefall vorgelegen, der eine weitergehende Aufklärungspflicht des Klägers hätte begründen können. Hätte die Erfahrung des Klägers mit Standardoptionsscheinen, die er unstreitig besaß, ihn auch als erfahrenen Anleger in Bezug auf Bandbreiten-Optionsscheine qualifiziert, wären diese Ausführungen des BGH eigentlich überflüssig gewesen. Auf diese Problematik aber geht der BGH in seinem Urteil explizit ein, um dann festzustellen, dass es aufgrund des Wissens des Klägers in Bezug auf Bandbreiten-Optionsscheinen an dessen Aufklärungsbedürftigkeit gefehlt habe und sich daher aus dem Fehlen von Angaben zu gerade dieser speziellen Optionsschein-Variante eine Aufklärungspflichtverletzung nicht ergebe.

172 Dieser pointierte Argumentationsansatz des BGH wird besonders durch einen Vergleich mit dem vorangegangenen Berufungsurteil[362] des OLG München vom 6. Oktober 1998 zu diesem Fall deutlich. Dieses hatte eine Aufklärungspflichtverletzung der beklagten Bank mit dem Hinweis auf deren Charakter als „Discount-Broker" abgelehnt. Ein Anleger könne nicht einerseits günstige Transak-

---

[360] BGH, WM 1999, 2300, 2303.
[361] BGH, WM 1999, 2300, 2303.
[362] OLG München, WM 1998, 2367.

tionskosten in Anspruch nehmen und dann andererseits eine Informationen erwarten, die über die Beschreibung der „typischen Risiken und Funktionsweise“ [363] der von ihm getätigten Geschäfte hinausgehe. Diese Informationen habe die Beklagte eindeutig geliefert. Falls ein Anleger darüber hinausgehende Informationen wünsche, so müsse er sich an ein Wertpapierdienstleistungsunternehmen wenden, das diesen Service erbringen könne und wolle.[364]

Ausgehend von der Argumentationen in diesen beiden Urteilen sowie den zwei davor diskutierten Urteilen,[365] die ausdrücklich auf die Vergleichbarkeit der (Risiko)Strukturen der in Frage stehenden Optionsscheinvarianten abgestellt haben, wird man meines Erachtens zumindest für den Bereich der normalen Anlageberatung eine Differenzierung zwischen verschiedenen Varianten von Optionsscheinen vertreten können. Denn hier kann der Anleger von seiner Bank grundsätzlich weitergehende Informationen zu einer Anlageform erwarten. Die eigentlich entscheidende, im Grunde jeglicher Aufklärung und Beratung vorgeschaltete Frage ist doch, anhand welcher Kriterien man einem Anleger einschlägiges Fachwissen attestieren kann. Die Notwendigkeit einer Differenzierung wird insbesondere deutlich, wenn man sich im vorliegenden Fall die unterschiedliche Ausgestaltung der streitgegenständlichen Optionsscheinvariante im Vergleich zu anderen Optionsscheinen vergegenwärtigt. Bandbreiten-Optionsscheine beinhalten im Vergleich zu normalen Optionsscheinen besondere Anforderungen und Risiken. Bei normalen Optionsscheinen muss man sich mit der Frage beschäftigen, ob Voraussetzungen für einen Kursanstieg oder aber für einen Kursverfall gegeben sind. Bei dem Bandbreiten-Optionsschein der „Hamster“-Variante dagegen kommt es darauf an, einen Korridor mit exakten Werten sowohl nach oben, als auch nach unten festzulegen, in dem der Optionsschein sich bewegen wird. Statt also lediglich eine allgemeine Richtung bestimmen zu müssen, muss man den Kursverlauf nicht nur in zwei Richtungen, nämlich mit seinen Ausschlägen nach oben und unten, sondern die Entwicklung des Kurses auch noch innerhalb konkreter Parameter einschätzen können, was eine wesentlich komplexere intellektuelle Leistung darstellt. **173**

Auch die Optionsscheine der *knock-out*-Variante unterscheiden sich von anderen Optionsscheinen in ihrer Risikostruktur. Bei herkömmlichen Optionsscheinen spekuliert der Anleger darauf, dass ein Basiswert innerhalb der Laufzeit des Scheins eine bestimmte Entwicklung nimmt. Zwar droht auch bei diesen Scheinen, wie bei der *knock-out*-Variante, der Totalverlust. Der Vorteil bei den her- **174**

---

[363] Diese Argumentation ist meines Erachtens nicht überzeugend, weil es ja gerade fraglich ist, ob man im Zusammenhang mit diesen beiden Varianten von Bandbreiten-Optionsscheinen noch von „typischen Risiken“ bei Optionsgeschäften sprechen kann.
[364] OLG München, WM 1998, 2367, 2371.
[365] Vgl. Rz. 166 und Rz. 167.

kömmlichen Optionsscheinen besteht jedoch in zwei Faktoren. Zum einen vollzieht sich der Verlust typischerweise in kleinen Schritten, die durch die Abnahme des Zeitwertes der Option und die gegenteilige Entwicklung des Basiswertes bedingt sind. Dem Anleger bleibt also grundsätzlich eine gewisse Zeit, um auf eine negative Entwicklung zu reagieren, die Option zu verkaufen und damit den Verlust zu begrenzen. Zum zweiten besteht die Möglichkeit, dass sich der Kurs der Option während der Laufzeit wieder erholt. Diese beiden Möglichkeiten gibt es bei der *knock-out*-Variante nicht. Überschreitet der Kurs des Basiswertes nur einmal den vorgegebenen Grenzwert, wird der Schein wertlos. Diese Situation kann durch eine starke Bewegung des Kurses innerhalb kürzester Zeit eintreten (man denke etwa an eine unerwartete Ad-hoc-Mitteilung), so dass dem Anleger keine Zeit bleibt, auf diese Entwicklung zu reagieren. Ebenso fehlt ihm die Möglichkeit, auf eine (zumindest teilweise) Erholung des Kurses zu hoffen, die nach einer überzogenen Reaktion der Märkte oft eintritt.

175 Nur am Rande sei bemerkt, dass der obige Fall exemplarisch den Denkfehler offen legt, dem der Gesetzgeber bei seiner Regelung zu Aufklärungspflichten bei *Execution-Only*-Geschäften meines Erachtens unterlegen ist. Ein in Wertpapiergeschäften erfahrener Anleger braucht gerade keine Grundaufklärung über allgemeine und typische Risiken von Anlageformen. Wenn er überhaupt Aufklärung braucht, dann sind es Informationen zu den hochkomplexen Anlageprodukten, an die sich ein unerfahrener Anleger überhaupt nicht erst heranwagen würde, weil er sie ohne Grundkenntnisse nicht einmal ansatzweise verstehen würde.[366] Der Gesetzgeber bietet hier erfahrenen Anlegern eine Plattform, ihre Anlagegeschäfte kostengünstig durchzuführen, scheint aber gleichzeitig deren Einschätzung hinsichtlich ihrer eigenen Erfahrung zu misstrauen und verpflichtet die Banken, vorsichtshalber doch eine Grundaufklärung über Anlagerisiken durchzuführen. Zwar muss und braucht man die Anleger nicht vor sich selber zu schützen, aber irgendwie will man sie scheinbar doch nicht in ihre Eigenständigkeit entlassen. Hier sollte man konsequent sein und auch auf eine eingeschränkte Aufklärungspflicht verzichten. Meines Erachtens wäre dies auch ein deutliches Signal an potentielle Kunden von Discount-Banken, dass sie bei diesen Anlageentscheidungen für ihre Erfolge und vor allem Misserfolge tatsächlich alleine verantwortlich sind.

d) Ergebnis

176 Als Ergebnis lässt sich somit festhalten, dass eine allgemein gehaltene, undifferenzierte Aufklärung über Risiken einer Anlageform nicht ausreichend ist, wenn

---

[366] Es sei darauf hingewiesen, dass solch eine Art der Aufklärung in der Praxis der Discount-Banken wohl kaum durchführbar wäre. Es ändert aber nichts an der Tatsache, dass dies die einzige Aufklärung ist, die ein erfahrener Anleger, wenn überhaupt, braucht.

es sich bei dem beabsichtigten Wertpapiergeschäft um die Vermögensanlage in eine Variante einer Anlageform handelt, die sich von der normalen Gestaltung dieser Anlageform unterscheidet und zusätzliche oder andersartige Risiken aufweist.[367] Verfügt ein Anleger nicht über Erfahrungen mit der Variante einer Anlageform, die Gegenstand seiner Vermögensanlage ist, so kann man nicht davon sprechen, dass er hinsichtlich seiner Anlageentscheidung über einschlägiges Fachwissen verfügt und daher als erfahren eingestuft werden kann.[368] Seine Aufklärungsbedürftigkeit bliebe somit bestehen.[369] Als Konsequenz dieser Erkenntnis muss sich auch die Erkundigung nach Erfahrungen und Kenntnissen eines Anlegers auf unterschiedliche Varianten innerhalb von Anlageformen beziehen. Die Unterscheidung von verschiedenen Varianten innerhalb einer Anlagenform lässt sich auch durch eine Vorschrift der Wohlverhaltensrichtlinie stützen. Laut Ziffer 2.1.c. der Wohlverhaltensrichtlinie sind bei Kunden, die in Wertpapiere mit besonderer Bonität des Emittenten investieren, wie z.B. in Wertpapiere des Bundes und der Bundesländer, Sondervermögen des Bundes, sowie in vergleichbare Papiere des Europäischen Wirtschaftsraumes, Angaben zu den finanziellen Verhältnissen grundsätzlich nicht erforderlich. Dies ist nur dadurch zu erklären, dass bei diesen Anlageformen ein Ausfallrisiko der Emittentin nach Ansicht des Gesetzgebers nicht besteht und der Anleger deshalb nicht daraufhin überprüft werden muss, ob er einen möglichen Verlust finanziell verkraften kann.

---

[367] Vgl. *Schäfer/Müller*, aaO., Rz. 180: Ein Anleger ist bei Finanzinnovationen insbesondere auf diesen innewohnende, und ihm nicht von den herkömmlichen Anlagen bekannte Risiken, hinzuweisen; im Ergebnis auch *Steuer*, aaO., 793, 808: Herkömmliche Optionsscheine zählten mittlerweile zu den gängigen Anlageformen, über die es vielfältige Informationen gebe. Im Falle von exotischen Optionsscheinen aber (ein Beispiel seien Bandbreiten-Optionsscheine), die ein ungleich höheres Risikopotential und komplexere Strukturen als herkömmliche Optionsscheine aufwiesen, müsse eine viel intensivere Beratung verlangt werden.

[368] Diese Argumentation wird meines Erachtens durch eine Vorschrift im Entwurf vom 30.06.2006 der Durchführungsrichtlinie zur MiFID (Markets in Financial Instruments Directive 2004/39/EG) unterstützt. Dort heißt es in Artikel 31 Nr. 4: Besteht die Wahrscheinlichkeit, dass die Risiken bei einem aus mindestens zwei verschiedenen Finanzinstrumenten oder Finanzdienstleistungen zusammengesetzten Finanzinstrument größer sind als die mit jedem der Bestandteile verbundenen Risiken, übermittelt die Wertpapierfirma eine angemessene Beschreibung der Bestandteile des betreffenden Instruments und der Art und Weise, in der sich das Risiko durch die gegenseitige Beeinflussung dieser Bestandteile erhöht.

[369] Vgl. auch *Schäfer/Müller*, aaO., Rz. 131, die bei Finanzinnovationen auch bei ansonsten relativ erfahrenen Anlegern einen erhöhten Erklärungs- und Beratungsbedarf konstatieren; zu diesem Thema auch *Raeschke-Kessler*, WM 1993, 1830.

177 Überträgt man diese Erkenntnis auf Anleihen, müsste entsprechend unterschieden werden in (1) mündelsichere Wertpapiere, (2) Anleihen auf inländische Währung, (3) Fremdwährungsanleihen und (4) Aktienanleihen.[370] Jede dieser Varianten enthält gegenüber der Vorgängerin ein zusätzliches Risiko. Mündelsichere Wertpapiere sind (quasi-)risikolos. Bei Anleihen auf inländische Währung existiert ein Bonitäts- und Kursrisiko, während bei Fremdwährungsanleihen ein Währungsrisiko hinzukommt. Bei Aktienanleihen liegt der Zinssatz üblicherweise über dem von normalen Unternehmensanleihen. Als Ausgleich hat der Emittent am Ende der Laufzeit unter vorher festgelegten Bedingungen die Möglichkeit, anstelle der Rückzahlung des Nominalbetrages eine im Voraus festgelegte Anzahl von Aktien zu liefern.[371] Dies geschieht dann, wenn sich der zugrunde gelegte Aktienkurs negativ entwickelt hat. Der Gesamtwert der Aktien ist in so einem Fall bei der Rückzahlung also niedriger als der ursprüngliche Nominalwert der Anleihe, den der Anleger beim Kauf investiert hat. Neben das Bonitätsrisiko und Kursrisiko tritt hier, für eine Anleihe ungewöhnlich, ein weiteres Kursrisiko, nämlich das der zugrunde gelegten Aktie. Hinzukommt, dass das Unternehmen, welches die Anleihe ausgibt, typischerweise nicht mit dem Unternehmen identisch ist, dessen Aktien angedient werden. Der Anleger muss sich also mit der wirtschaftlichen Situation und den entsprechenden Risiken zweier Unternehmen auseinandersetzen, das des Emittenten der Anleihe und das des Emittenten der Aktie. Bei der klassischen Anleihe muss sich der Kunde dagegen lediglich mit der Bonität eines Unternehmens beschäftigen.[372]

178 e) Unterscheidung von Märkten

Fraglich ist, ob sich die oben gewonnenen Erkenntnisse auch auf andere Faktoren übertragen lassen. Zu denken wäre etwa an Umstände, die die Handelbarkeit und damit die Liquidität, sowie die faire Kursbildung von Wertpapieren beeinflussen können. In zwei Entscheidungen Anfang der 90er Jahre hat der BGH[373] erklärt, dass über die „besonderen Gefahren" einer Spekulation in so genannten „Billigaktien" (*Penny Stocks*)[374] am amerikanischen *OTC*-Markt (*Over-the-*

---

[370] Vgl. Private Banking der Deutschen Bank, 21 f.: Diese Anleihen werden oft mit unterschiedlichen Begriffen belegt. So sind sie auch als „strukturierte Anleihen", „hybride Wertpapiere" oder umgekehrte Wandelanleihe (*Reverse Convertibles*) bekannt.

[371] Vgl. die ausführliche Beschreibung bei *Dötsch/Kellner*, WM 2001, 1994.

[372] Vgl. Formular der Deutschen Bank AG zu Kundenangaben beim Wertpapiergeschäft, Stand März 2005, 3: Bis auf den fehlenden Hinweis auf mündelsichere Wertpapiere findet sich dort eine entsprechende Unterscheidung in Euro-Anleihen, Fremdwährungsanleihen, strukturierte Anleihen und Aktienanleihen.

[373] BGH, WM 1991, 315=NJW 1991, 1108; BGH, WM 1991, 667=NJW 1991, 1947.

[374] Vgl. beispielhaft *Werner/Machunsky*, Rechte und Ansprüche geschädigter Kapitalanleger, 3. Auflage, 1991, 135: Mit Penny Stocks bezeichnet man vorwiegend amerikanische, kanadische und britische Aktien, die sehr niedrige Kurse, üblicherweise wenige Cents bis zwei oder

Counter), umfassend aufgeklärt werden müsse. Denn der *OTC*-Markt zeichne sich dadurch aus, dass es aufgrund seiner Marktenge und der damit einhergehenden, fehlenden Liquidität oft zu Kursmanipulationen kommen könne.[375] Mit diesem Umstand begründet auch das OLG Frankfurt a.M. eine gesteigerte Anforderung an die Aufklärung von Anlegern, die Aktien auf dem *OTC*-Markt erwerben wollen.[376] In einem Urteil vom 04. April 2002 hatte der BGH[377] den Fall einer Klägerin zu entscheiden, auf deren Rechnung im Rahmen eines Vermögensverwaltungsvertrages amerikanische Aktien gekauft wurden, die über das amerikanische *NASDAQ*-Computersystem[378] gehandelt wurden. Ein Sachverständiger hatte dazu festgestellt, dass aufgrund der regulierten und überwachten Handelstätigkeit und der elektronischen Veröffentlichung der Kurse, die Kursbildung am *NASDAQ Stock Market* ähnlich verlaufe wie die Kursbildung an einer Präsenzbörse. Gleichwohl bestünden Besonderheiten, da es vorkommen könne, dass bei Aktien mit geringem Handelsvolumen eine Marktenge entstehen und so aufgrund der zu großen Differenz zwischen Angebot und Nachfrage kein Handel in einer bestimmten Aktie stattfinden könne.[379]

Zwar hat der BGH ausdrücklich festgestellt, dass er sich zu der Frage, ob einem Vermögens- oder Anlageberater aufgrund der Tatsache, dass Aktien im **179**
NASDAQ-Computersystem gehandelt werden, besondere Aufklärungs- oder Beratungspflichten obliegen, nicht äußern müsse.[380] Trotzdem sind zwei Feststellungen des BGH von Interesse. Zum einen sei nach Ansicht des BGH zu unterstellen, dass die Klägerin als „Durchschnittsanlegerin", die über das mit dem Erwerb von Aktien allgemein vorhandene Risiko aufgeklärt worden sei, über keine Erfahrungen und Kenntnisse hinsichtlich des amerikanischen Aktienmarktes, insbesondere des *NASDAQ*-Computersystems, verfügt habe.[381] Zum anderen rügt der BGH die Schlussfolgerung des Berufungsgerichtes als rechtsfehlerhaft, welches die vom Sachverständigen im Zusammenhang mit den Eigenheiten des *NASDAQ*-Handelssystems beschriebenen Risiken (Marktenge und Preisbil-

---

drei Dollar haben. Darüber hinaus sind diese Aktien meist ohne oder mit geringem Nennwert. Die meisten *Penny Stocks* werden am *OTC*-Markt notiert und über das Kurssystem *NASDAQ* gehandelt.

[375] BGH, NJW 1991, 1108, 1109; vgl. hierzu auch *Brandt*, aaO., 88 f.; *Ellenberger*, WM 2001, Sonderbeilage 1, 2, 12.

[376] OLG Frankfurt a.M., WM 1995, 253, 254.

[377] BGH, WM 2002, 913.

[378] National Association of Securities Dealers for Automated Quotation, vgl. auch FAZ-Börsenlexikon, http://www.boersenlexikon.de/nasdaq.htm. Die NASDAQ ist eine Computer-Börse der US-amerikanischen Freiverkehrshändler in New York, an der vor allem wachstumsträchtige, aber auch spekulative, weil schwankungsanfällige Werte gehandelt werden.

[379] BGH, WM 2002, 913.

[380] BGH, WM 2002, 913, 915.

[381] BGH, WM 2002, 913, 915.

dung), als im wesentlichen solche Risiken angesehen hat, mit denen ein Anleger auch im normalen Parketthandel konfrontiert werde.[382]

180 Zwar hat der BGH ausdrücklich darauf hingewiesen, dass sein Urteil zu *Penny-Stocks* und *OTC*-Markt im vorliegenden Fall nicht einschlägig sei. Folgt man jedoch, so wie es der BGH offensichtlich getan hat,[383] den Ausführungen des Sachverständigen dahingehend, dass es auch im *NASDAQ*-Computersystem aufgrund von Marktenge zu Kursmanipulationen und einer zeitweiligen Unterbrechung des Handels kommen könne, so überrascht diese pauschale Ablehnung. Denn wenn Marktenge und zweifelhafte Preisbildung am *OTC*-Markt der Grund für eine gesteigerte Aufklärungspflicht waren und diese Gefahren laut des Berichts des Sachverständigen auch im *NASDAQ*-Computersystem drohen können, so müsste dieser Umstand ebenfalls eine gesteigerte Aufklärungspflicht nach sich ziehen.

181 Problematisch ist die Tatsache, dass sich im Rahmen dieser Arbeit nur schwer feststellen lässt, inwieweit sich eine Präsenzbörse mit Parketthandel und ein computergestütztes Handelssystem, noch dazu wenn es sich um ein solches in den U.S.A. handelt, in der Praxis in Bezug auf Marktenge und Preisbildung tatsächlich unterscheiden. So wird auch an anderer Stelle kritisiert, dass beispielsweise in den Gerichtsentscheidungen, die sich mit den Besonderheiten am amerikanischen *OTC*-Markt zu befassen hatten, Literaturhinweise zum tatsächlichen Handelsablauf und etwaigen Eigenarten nahezu vollständig fehlten.[384] Grundsätzlich sorgen im Parketthandel so genannte *Market Maker* für die Kursfeststellung. Dies sind offizielle Handelsteilnehmer, die sich verpflichten, für ein Finanzinstrument auf Anfrage verbindliche Angebots- und Nachfragepreise zu stellen. Dadurch wird gewährleistet, dass laufend Angebot und Nachfrage vorhanden ist und für Marktteilnehmer ständig die Möglichkeit zu Geschäftsabschlüssen besteht.[385] Als *Market Maker* fungieren dabei meist Banken oder Broker.[386] Kennzeichen des Computerhandels[387] ist das offene Orderbuch, das im Gegensatz zum Parketthandel steht und die Markttransparenz erhöht. Verfechter des Computersystems glauben, dass dadurch die faire Preisbildung erhöht werde.[388] Die Frage, welches System das bessere ist, kann nicht ohne weiteres be-

---

382 BGH, WM 2002, 913, 914.
383 Vgl. Ausführungen unter Rz. 179.
384 *Joswig*, DB 1995, 2253, mit weiteren Ausführungen zu Penny Stocks und dem amerikanischen OTC-Markt. Dieser kritisiert die undifferenzierte Annahme, dass es sich beim amerikanischen OTC-Markt nicht um einen ausreichend effektiven Markt handele.
385 Vgl. Börse-Online, Börsenlexikon, http://www.boerse-online.de/lexikon/index.html?action=descript&begriff=Market+Maker.
386 Vgl. FAZ-Börsenlexikon, http://www.boersenlexikon.de/marketma.htm.
387 In Deutschland ist dies das XETRA-System (Exchange Electronic Trading).
388 Vgl. FAZ-Börsenlexikon, http://www.boersenlexikon.de/xetra.htm.

antwortet werden. So kann selbstverständlich nicht ausgeschlossen werden, dass dort, wo Menschen an der Kursfindung beteiligt werden, grundsätzlich die Gefahr der Kursmanipulation besteht. Dafür ist sichergestellt, dass jederzeit ein Kurs zustande kommt. Im Computerhandel kann es dagegen geschehen, dass kein Kurs festgestellt werden kann, weil der entsprechende Gegenpart für das Geschäft fehlt. Zwar könnte man dies ebenfalls als fair bezeichnen, weil es nun mal die Realität widerspiegelt. Für einen Anleger hätte es aber zur Folge, dass er Aktien mangels Liquidität nicht kaufen, bzw. verkaufen könnte.

Diese Überlegungen und Schwierigkeiten bedeuten jedoch nicht, dass das obige **182** Urteil keinen Erkenntnisgewinn zur Frage nach dem einschlägigen Fachwissen eines Anlegers beiträgt. Das Ergebnis der vorstehenden Überlegungen muss lediglich allgemeiner formuliert werden. Findet der Wertpapierhandel demnach in einem System statt, in welchem unter Umständen die Gefahr von Marktenge, Kursmanipulation und Unterbrechung des Handels besteht, so birgt dies Risiken, über die ein Kunde, der seine Anlagen bisher in einem effektiven und liquiden Handelssystem getätigt hat, besonders aufgeklärt werden muss. Von einem Anleger mit einschlägigem Fachwissen kann in solch einem Zusammenhang somit nicht gesprochen werden. So hat auch das OLG Frankfurt a.M. in seinem oben zitierten Urteil[389] darauf hingewiesen, dass das besondere Risiko beim Kauf von *Penny Stocks* auf dem *OTC*-Markt darin liege, dass, im Gegensatz zu normalen Aktien, zu der Ungewissheit über den wirtschaftlichen Erfolg der emittierenden Aktiengesellschaft auch noch die Besonderheiten eines speziellen Marktes für diese Aktien komme.[390] Die in dieser Arbeit aufgezeigte Argumentation wird auch von den Vorschriften der Wohlverhaltensrichtlinie unterstützt. Danach ist ein Kunde auf erhebliche Umstände beim Wertpapierkauf hinzuweisen, wozu insbesondere Märkte mit geringer Liquidität zählen.[391] Ebenso ist er aufzuklären, wenn bei bestimmten Beteiligten oder im Hinblick auf bestimmte Märkte besondere Risiken, insbesondere Ausfall- oder Abwicklungsrisiken, vorliegen. Dies gilt insbesondere bei grenzüberschreitenden Wertpapierdienstleistungen.[392]

Nicht ohne weiteres nachvollziehbar ist dagegen die Behauptung des BGH, bei **183** einer „Durchschnittsanlegerin“, die über das mit dem Erwerb von Aktien allgemein vorhandene Risiko aufgeklärt worden sei, müsse unterstellt werden, dass sie über keine Erfahrungen und Kenntnisse hinsichtlich des amerikanischen Aktienmarktes verfüge.[393] Dies gilt dann, wenn der BGH mit dem Begriff „amerikanischer Aktienmarkt“ lediglich amerikanische Aktien meint. Denn Eigen-

[389] Vgl. Rz. 178.
[390] OLG Frankfurt a.M., WM 1996, 253, 254.
[391] Ziffer 2.2 Abs. 1 der Wohlverhaltensrichtlinie.
[392] Ziffer 2.2 Abs. 2 der Wohlverhaltensrichtlinie.
[393] Vgl. Rz. 179.

schaften und Risiken von Aktien sind grundsätzlich überall gleich, egal ob es sich um deutsche oder amerikanische Aktien handelt. Einen Unterschied gibt es nur dann, wenn die entsprechenden Aktien direkt in ihren jeweiligen Heimatmärkten erworbenen wurden. Dann nämlich lauten sie auf die entsprechende Fremdwährung. Das zusätzliche Risiko bestünde in solch einem Fall in einem Währungsrisiko, und würde, der obigen Linie folgend, konsequenterweise einen besonderen Aufklärungsbedarf nach sich ziehen.

f) Erfahrung mit Wertpapieren einer höheren Risikoklasse

184 Eine interessante Variation der obigen Diskussion ist in dem Urteil[394] des OLG Schleswig vom 30. November 1995 enthalten. In diesem Urteil beschäftigte sich das Gericht mit einem Anleger, der vor der streitgegenständlichen Anlageentscheidung mit Aktien spekuliert hatte. Danach empfahl ihm die beklagte Bank im Rahmen einer Depotumschichtung DM-Auslands-Industrieanleihen, mit denen der Kläger hohe Verluste erlitt. Das Gericht stellt im Hinblick auf eine Beratungspflichtverletzung fest, dass es sich bei dem Kläger um einen Anleger handele, der auch auf dem spekulativen Anlagesektor Erfahrung besitze, da er in der Vergangenheit mit Aktien spekuliert habe. Es dürfe daher davon ausgegangen werden, dass „dem Kläger bekannt war, dass bei allen Anlageformen eine Rückzahlung des eingesetzten Geldes stets die Liquidität des Anlageschuldners voraussetzt." Über das Bonitätsrisiko von (Auslands)Anleihen habe der Kläger deshalb nicht aufgeklärt werden müssen.[395]

185 Wird diese Entscheidung mit dem vorstehend entwickelten Ergebnis verglichen, erscheint sie zunächst überraschend, denn mit der Anlageform „Anleihen" hatte der Kläger unstreitig keine Erfahrung. Dafür hatte er jedoch bereits vorher Geld in Aktien investiert. Dies führt zu der pauschalen Schlussfolgerung des OLG Schleswig, er habe Erfahrung auf dem spekulativen Anlagesektor gehabt. Diese Aussage ist darüber hinaus verwirrend, weil das Gericht nur wenig später konstatiert, DM-Auslandsanleihen seien eine sichere Geldanlage mit einer höheren Rendite als Bundesschatzbriefe, „ohne dabei spekulativen Charakter zu haben."[396] Ein Zusammenhang zwischen der Erfahrung des Klägers mit spekulativen Aktiengeschäften und der, nach Ansicht des Gerichts, gerade nicht spekulativen Geldanlage in DM-Auslandsanleihen erscheint auf den ersten Blick daher nicht einleuchtend. Als Erklärung für diese scheinbare Ungereimtheit könnte man jedoch anführen, dass die Anlageform „Aktie" häufig verallgemeinernd als risikoreicher oder komplizierter als die Anlageform „Anleihe" betrachtet wird. Dies mag an der höheren Volatilität der Kurse und damit an der größeren Un-

---

[394] OLG Schleswig, WM 1996, 1487.
[395] OLG Schleswig, WM 1996, 1487, 1488.
[396] OLG Schleswig, WM 1996, 1487, 1488.

gewissheit liegen, zu welchem Kurswert man die Aktien wieder verkaufen kann. Bei Anleihen dagegen scheint von einem Käufer ausgegangen zu werden, der die Anleihe bis zur Fälligkeit hält, am Laufzeitende den eingesetzten Nominalbetrag zurückerhält und in der Zwischenzeit regelmäßig Zinsen kassiert. So stellt denn auch das OLG Schleswig fest, dass eine DM-Auslandsanleihe grundsätzlich zu den sicheren Anlagen zu zählen sei, da im Vergleich zu anderen Geschäften das Risiko allein in der Bonität der Anleiheschuldnerin liege.[397] Man könnte aus dieser Aussage des Gerichts also eventuell den Schluss ziehen, dass einem Anleger, der mit einer spekulativen und risikoreichen Geldanlage Erfahrung hat, erst recht zuzutrauen sei, die Eigenschaften und Risiken einer scheinbar weniger komplizierten und sicheren Geldanlage wie einer Anleihe zu kennen. Anders ausgedrückt: Die Divergenz in der Kategorie „Anlageform" könnte durch den Vorteil der Erfahrung mit Anlageprodukten einer höheren Risikoklasse ausgeglichen werden.

Eine solche pauschale Schlussfolgerung ist meines Erachtens nicht tragbar und **186**
wird so undifferenziert seitens des OLG Schleswig letztlich auch nicht vertreten, was aus dem obigen Zitat des Gerichts deutlich wird.[398] Das Risiko einer Anlageform ist keine abstrakte Größe und lässt sich nicht pauschal in hoch oder niedrig unterteilen. Vielmehr können sich die Risiken der verschiedenen Anlageformen aus ganz unterschiedlichen Quellen speisen und damit völlig unterschiedliche Kenntnisse und Wissen erfordern. So wird bei Anleihen oft übersehen, dass diese nicht nur ein Bonitäts-, sondern auch ein Zins- und damit ein Kursrisiko beinhalten.[399] Dies soll am Beispiel einer börsengehandelten Bundesanleihe mit zehn Jahren Laufzeit und einer Verzinsung von 5% deutlich gemacht werden. Ein Bonitätsrisiko ist praktisch nicht vorhanden, die Anlage scheint also auf den ersten Blick völlig risikolos zu sein. Ein Trugschluss, der für einen Anleger unter Umständen zu empfindlichen Verlusten führen kann. Steigt nämlich der Marktzins während der Laufzeit über 5%, so wird die Anleihe durch ihren unter dem Marktzins liegenden Zinssatz für Investoren unattraktiv, da Anleihen mit einem besseren Zinssatz auf dem Kapitalmarkt vorhanden sind. Als Folge fällt der Kurs der Anleihe. Ein Anleger, der die Anleihe während der Laufzeit veräußern will oder muss, bekommt aufgrund des Kursverlustes dann nicht mehr den 100%igen Nominalwert ausgezahlt, sondern lediglich den aktuellen Kurswert, der z.B. bei 97% liegen kann. Noch deutlicher wird diese Problematik bei Rentenfonds. Diese werden oft sogar als noch „sicherer" im Vergleich zur Anlage in eine einzige Anleihe angesehen, weil sie ein mögliches Bonitätsrisiko diversifizieren. Übersehen wird dabei jedoch zum einen, dass die Anteile an einem Ren-

---

[397] OLG Schleswig, WM 1996, 1487, 1488.

[398] Vgl. Rz. 184.

[399] Der Grund liegt offenbar darin, dass häufig davon ausgegangen wird, dass Anleihen grundsätzlich immer bis zum Laufzeitende gehalten werden, was jedoch fraglich erscheint.

tenfond immer den tagesaktuellen Wert der in dem Fonds gehaltenen Anleihen widerspiegeln, deren Kurse wiederum mit der aktuellen Zinsentwicklung steigen oder fallen. Da eine Auszahlung zu 100% Nominalwert aufgrund der Konstruktion des Produkts bei Fondsanteilen nicht möglich ist, wird die größere Sicherheit hinsichtlich der Bonität somit immer mit der Abhängigkeit von der jeweiligen (positiven oder negativen) Kursentwicklung der Fondsanteile bezahlt.[400] Zum anderen wird häufig übersehen, dass für Fonds in der Regel ein Ausgabeaufschlag gezahlt werden muss. Um in die Gewinnzone zu kommen, genügt daher nicht ein genereller Kursanstieg, sondern der Anleger kann einen Gewinn kann erst dann einstreichen, wenn der Kursanstieg die Kosten für den Ausgabeaufschlag übersteigt. Allein diese umfangreichen Erläuterungen zeigen, wie kompliziert und durchaus risikoreich die scheinbar einfache und sichere Anlageform „Anleihe“ bzw. „Rentenfonds“ tatsächlich ist. Das Verständnis der Mechanismen und Risiken der spekulativen Anlageform „Aktie“, deren Kurs mit dem wirtschaftlichen Erfolg des Unternehmens steigt oder fällt, erscheint dagegen fast wie ein Kinderspiel.

187 Das OLG Schleswig ist in seinem Urteil jedoch, wie oben bereits angedeutet, differenzierter vorgegangen. Zwar ist die zunächst erfolgende Formulierung, der Kläger habe durch seine Aktiengeschäfte Erfahrungen auf dem spekulativen Anlagesektor gehabt und sei daher auch in Bezug auf sichere DM-Auslandsanleihen nicht aufklärungsbedürftig gewesen, zumindest missverständlich. Die entscheidende Aussage besteht jedoch in der wenig später folgenden Feststellung, dass er nicht über das Bonitätsrisiko von Anleihen habe aufgeklärt werden müssen, da ihm aus seiner Erfahrung mit Aktien bekannt gewesen sei, dass bei allen Anlageformen eine Rückzahlung des eingesetzten Kapitals stets von der Liquidität des Anlageschuldners abhänge. Und in der Tat haben die Verluste des Klägers mit der Auslandsanleihe im obigen Urteil ihre Ursache nicht etwa in Kursveränderungen aufgrund einer ungünstigen Zinsentwicklung, sondern im wirtschaftlichen Zusammenbruch der Anleiheschuldnerin. Dies ist in der Tat ein Risiko, das ein Anleger auch bei Investitionen in Aktien beachten muss und eine Überlegung, mit der er sich ebenfalls vor der Anlageentscheidung für eine DM-Auslandsanleihe hat beschäftigen müssen.

188 Dies trifft streng genommen jedoch auch für die streitgegenständlichen Anlageformen im Bond-Urteil[401] des BGH zu. Dort hatte der Kläger, wie oben beschrieben, sein Geld zunächst in Sparkonten, Bundesschatz- und Sparkassenbriefen angelegt, bevor er dann eine Auslands-Industrieanleihe empfohlen be-

[400] Selbstverständlich partizipieren Anleger eines Rentenfonds auch an den ausgeschütteten Zinsen. Diese können einen Kursverlust aufgrund einer ungünstigen Zinsentwicklung jedoch nicht immer auffangen.
[401] BGH, WM 1993, 1455.

kam und kaufte. Der BGH bejahte eine Beratungspflichtverletzung, unter anderem weil die beklagte Bank es versäumte, den Kläger über das Bonitätsrisiko aufzuklären, obwohl er keine Erfahrung mit dieser Anlageform hatte. Auch bei den Anlageformen aber, mit denen der Kläger unstreitig Erfahrung hatte, so könnte man argumentieren, hing die Rückzahlung des eingesetzten Geldes von der Bonität der Anlagenschuldnerin ab. Es bestand somit hinsichtlich der Struktur und dem notwendigen Wissen im Grunde kein Unterschied zu einer Investition in eine Auslands-Industrieanleihe. Dies ist zwar grundsätzlich richtig. Der entscheidende Unterschied besteht jedoch darin, dass im Bond-Urteil das tatsächliche Risiko eines Zahlungsausfalls bei den vom Kläger vorher erworbenen Anlageformen praktisch nicht bestand.[402] Bei diesen Anlageformen ist die Rückzahlung, untechnisch gesprochen, so gut wie „garantiert" und steht nach allen bisherigen Erfahrungswerten nicht in Frage. Für den Anleger stellte sich eine Investition in solche Wertpapiere somit als in der Praxis völlig risikolos dar. Dies wird typischerweise zur Folge haben, dass sich ein durchschnittlicher Anleger bei der Investition in solche Wertpapiere über dieses Risiko deshalb auch keine Gedanken macht.

Hält man sich die Schutzfunktion vor Augen, die die Aufklärungspflichten für **189**
den Anleger erfüllen sollen, so ist an der oben diskutierten, differenzierten Argumentation, die eher auf die Vergleichbarkeit von ähnlichen Risikostrukturen, als auf die Vergleichbarkeit von Anlageformen abstellt, grundsätzlich nichts auszusetzen. Es stellt sich jedoch die Frage, ob ein solches Vorgehen in der täglichen Bankpraxis tatsächlich praktikabel ist und die Banken vor Schadensersatzforderungen wirksam schützen kann. Es erscheint mir kompliziert und fehleranfällig, die Risikostruktur bereits getätigter mit beabsichtigten Wertpapiergeschäften zu vergleichen und daraus einzelne Aspekte aus der Aufklärung herausnehmen zu wollen, mit denen der Kunde anscheinend schon vertraut ist. Dies ist darüber hinaus auch nicht mit allen Anlageformen möglich. So beinhaltet die Anlageform Optionsschein beispielsweise gar kein Bonitätsrisiko, so dass sich hier aus der Erfahrung mit dem in eine höhere Risikostufe eingeordneten Optionsschein, kein Rückschluss auf Erfahrungen mit der scheinbar sicheren Anlageform Anleihe ziehen lässt. Stattdessen sollte konsequent die Linie verfolgt werden, dass von einem einschlägigen Fachwissen grundsätzlich nur dann gesprochen werden kann, wenn mit der vorgesehenen Anlageform, insbesondere der konkreten Variante, bereits Erfahrung besteht, bzw. Wissen darüber vorhanden ist.

---

[402] Vgl. dazu die Ausführungen unter Rz. 162 und Rz. 176.

g) Zusammenfassung

190 Die Diskussion über das notwendige Maß an Differenzierung innerhalb einzelner Anlageformen oder zwischen unterschiedlichen Märkten ist nicht nur eine rein juristische, sondern auch eine rechtspolitische Frage. Der Entwicklung immer komplexerer Finanzinnovationen und Anlagemöglichkeiten, die durch eine zunehmende Vernetzung der Kapitalmärkte immer häufiger auch an ausländischen Börsenplätzen bestehen, steht das Bedürfnis nach Übersichtlichkeit und Standardisierung der Anlageprodukte gegenüber, nicht zuletzt, um die notwendige Aufklärung der Anleger auch unter ökonomischen Gesichtspunkten durchführen zu können. Zwar darf es selbstverständlich nicht zu einer Entwicklung kommen, bei der ein Anleger ein Spekulationsrisiko letztlich auf seine Bank abwälzen kann. Es darf aber auch kein Systembruch stattfinden. So würde es verwundern, wenn auf der einen Seite die Banken durch § 31 Abs. 2 Nr. 1 WpHG dezidierte Erkundigungspflichten auferlegt bekommen und verpflichtet sind, im Rahmen einer Aufklärung Informationen über konkrete Anlageumstände zu liefern, weil dem Anleger mit einer Grundaufklärung zu allgemeinen Risiken und Funktionsweisen von Anlageformen nicht geholfen ist, auf der anderen Seite dann aber argumentiert werden würde, Erfahrungen und Kenntnisse über typische Risiken einer Anlageform seien für die Bestimmung des einschlägigen Fachwissens ausreichend. Entsprechende Vorkehrungen ließen sich meines Erachtens auch relativ problemlos in die Praxis umsetzen. So könnte auf den Formblättern der Kreditinstitute, im Rahmen der Angaben zu den bisherigen Erfahrungen der Kunden mit Wertpapiergeschäften ein allgemeiner Hinweis darauf erfolgen, dass es innerhalb einzelner Anlageformen unterschiedliche Varianten mit abweichenden Risikostrukturen geben könne. Die Kunden könnten sodann angeben, ob bzw. mit welchen dieser Varianten sie bereits Erfahrungen gesammelt haben. Auch kann man die Kunden Angaben dazu machen lassen, an welchen Börsenplätzen bzw. Handelssystemen sie bisher Wertpapiergeschäfte getätigt haben. Selbst wenn ein solcher Hinweis einige Kunden zunächst überfordern sollte, so könnte man mit diesen zwei schlichten Fragen eine Sensibilisierung erreichen und Aufmerksamkeit wecken, auf die eine entsprechende Aufklärung folgen könnte.

191 Zusammenfassend lässt sich somit festhalten: Von einem Anleger mit „einschlägigem Fachwissen“ kann gesprochen werden, wenn

1. der Anleger Erfahrung mit bzw. Wissen über dieselbe Anlageform hat, in der er Wertpapiergeschäfte zu tätigen beabsichtigt und
2. innerhalb dieser Anlageform mit der konkreten Variante vertraut ist und
3. der Anleger Wertpapiergeschäfte an dem Börsenplatz, bzw. in dem Handelssystem, bereits getätigt hat.

h) Aufklärung ausnahmsweise auch für den erfahrenen Anleger?

Nach der vorstehend geführten Diskussion stellt sich schließlich die Frage, ob 192
Situationen oder Umstände denkbar sind, in denen auch ein erfahrener Anleger ausnahmsweise einen Anspruch auf Aufklärung hat. Diese Frage müsste aufgrund der obigen Ausführungen und im Einklang mit der Rechtsprechung des BGH zunächst verneint werden. Die Ablehnung einer Aufklärungspflicht im Falle eines erfahrenen Anlegers ist, auch unter ökonomischen Gesichtspunkten, grundsätzlich deshalb sinnvoll, weil dieser Eigenschaften, Funktionsweise und Risiken von Anlageprodukten bereits kennt und damit auf den ersten Blick nicht schutzwürdig ist. Trotzdem soll die Frage zumindest erwähnt werden, und zwar vor dem Hintergrund des Börsenbooms Ende der 90er Jahre und des damit einhergehenden Aufschwungs vor allem der Informationstechnologie, der unter dem Stichwort des „Internet-Zeitalters“ zweifelhafte Berühmtheit erlangt hat.

Damals waren vor allem Aktien aus dem Bereich Internet, Neue Medien, Tele- 193
kommunikation oder Biotechnologie so gefragt, dass die entsprechenden Aktienkurse auf Grundlage ihres Kurs-Gewinn-Verhältnisses (KGV)[403] nur als völlig überbewertet bezeichnet werden konnten. Trotzdem drängten immer mehr junge Unternehmen an die Börse, die Kurse stiegen unaufhörlich. Selbst Unternehmen, die erst wenige Jahre existierten, noch nie einen Gewinn erwirtschaftet hatten und dies voraussichtlich auf Jahre hinaus auch nicht tun würden, erreichten exorbitante Aktienkurse. Gestandene, ertragsstarke Unternehmen der *„Old Economy“*, die keine Phantasie durch eine wie auch immer geartete Beteiligung in diesen Geschäftsbereichen generieren konnten, wurden durch Kursverluste bzw. durch eine unterdurchschnittliche Kursentwicklung abgestraft. Um dieses Phänomen erklären und um die völlige Überbewertung der Aktienkurse, sowie die unzähligen Kaufempfehlungen seitens der Analyseabteilungen der Banken für Aktien aus diesen Bereichen, rechtfertigen zu können, kreierte die Finanzwelt den Begriff der *„New Economy.“*[404] Denn die immer neuen *Start-up*-Unternehmen, die von den Banken unter Erzielung enormer Profite an die Börse gebracht wurden, mussten den Anlegern schließlich auch schmackhaft gemacht

---

[403] Vgl. http://www.boersenlexikon.de/kursgewi.htm: Als Grundlage gilt der Wert des so genannten „KGV“ (Kurs-Gewinn-Verhältnis). Es ist eine wichtige Kennzahl zur Beurteilung der Ertragskraft und Entwicklung eines Unternehmens. Das KGV besagt, wie oft der Gesamtgewinn, den ein Unternehmen pro Aktie erwirtschaftet, in deren Kurs enthalten ist. Je niedriger das KGV ist, desto günstiger ist die Aktie. Das durchschnittliche KGV einer Aktie beträgt durchschnittlich zwischen 15 und 20. Zu Zeiten des Börsenbooms war dieser Wert um ein Vielfaches höher.

[404] Vgl. dazu beispielhaft: Die New Economy – Begriffserklärung und Hauptkriterien, Oktober 2000, http://www.wertpapier-beratung.de/Analyse/New_Economy/new_economy.html; *Kaufmann, Hans*, Aktien- und Unternehmensbewertung: back to basics, http://www.zfu.ch/service/fartikel/fartikel_01_kau.htm; *Michna, Hans-Georg*, Spekulanten, Juni 2000, http://www.michna.com/spekulanten.htm.

werden. Verallgemeinernd besagte dieser Begriff, dass die althergebrachten Regeln von Konjunkturzyklen, Unternehmenserfolg, Börse und Kapitalmärkten, im neu angebrochenen Informations- und Technologiezeitalter keinen Bestand mehr hatten. Unternehmen wurden nicht mehr nach den üblichen Methoden bewertet, es kam plötzlich auf andere, neue Gesichtspunkte an. Noch nie war im Zusammenhang mit Aktien soviel von einer wie auch immer gearteten „Phantasie" die Rede wie damals. Eine Aktie, die nach alten Bewertungsmethoden eigentlich nicht hätte empfohlen werden können, weil sie völlig überteuert war, konnte so im Zeitalter der „*New Economy*" eine eindeutige Kaufgelegenheit darstellen. Diese Situation war auch für diejenigen Anleger, die bereits Erfahrungen mit Aktienanlagen hatten, völlig neu. Denn sie sollten mit dem Erklärungsansatz der „*New Economy*" gerade dazu gebracht werden, ihre alten Erfahrungssätze *ad acta* zu legen, ihre Kaufzurückhaltung aufzugeben und sich auf die scheinbar geänderten Umstände einzustellen. Zwar ändert das Konzept der „*New Economy*" nichts an der grundsätzlichen Funktionsweise und den Eigenschaften der Anlageform „Aktie." Aber eine Anlageentscheidung fußt eben nicht nur auf dem Wissen um die Funktionsweise einer Aktie, sondern ist immer auch in die aktuelle Börsen- und Marktsituation eingebunden. Die Notwendigkeit eine Methode zu kreieren, mit der sich Aktien vergleichen und bewerten lassen, ist ja gerade aus dem Wunsch entstanden, das Risiko einer Investition und die Erfolgsaussichten eines Unternehmens abschätzen und beurteilen zu können. Diese alten Bewertungsmethoden sollten unter dem neuen Ansatz aber überholt, herkömmliche Erfahrungen nicht mehr gültig sein.

194 So unterscheidet der BGH im Bond-Urteil auch ausdrücklich zwischen speziellen Risiken, die sich aus den individuellen Gegebenheiten des Anlageobjekts ergeben (Kurs-, Zins- und Währungsrisiko) und allgemeinen Risiken (Konjunkturlage, Entwicklung des Börsenmarktes).[405] Allgemeine Risiken beziehen sich also auf Umstände, die man verallgemeinernd als Marktumfeld bezeichnen könnte. Man könnte somit argumentieren, die Kreditinstitute hätten die Anleger über die neuen Bewertungsmethoden der Anlageform „Aktie" im Rahmen ihrer Aufklärungspflicht über allgemeine Risiken informieren müssen, etwa unter dem Stichwort „(Neu)Bewertung des Börsenmarktes." Da auch erfahrene Anleger mit diesem Phänomen in der Vergangenheit noch nie konfrontiert worden waren und somit diesbezüglich keine Erfahrung hatten, traf die Aufklärungsverpflichtung der Banken auch die Gruppe von Anlegern, die in einem „normalen" oder „herkömmlichen" Marktumfeld aufgrund ihres einschlägigen Fachwissens nicht schutzwürdig und damit auch nicht aufklärungsbedürftig gewesen wären. Man könnte somit durchaus argumentieren, dass besondere, bisher noch nicht dagewesene Konstellationen, eine Aufklärungspflicht auch für erfahrene Anle-

---

[405] BGH, WM 1993, 1455, 1456.

ger unter Umständen begründen könnten. Die Frage, was unter solchen „noch nie dagewesenen Umständen“ zu verstehen ist, müsste dabei selbstverständlich äußerst restriktiv beantwortet werden. Es kann damit nicht jede Krise und jeder Umstand gemeint sein, der die Kursentwicklung von Wertpapieren potentiell beeinflussen kann. Denn das der Aktienmarkt sich nicht abgekoppelt von äußeren Bedingungen entwickelt, ist erfahrenen Anlegern selbstverständlich bewusst. Auch können dies nicht Umstände sein, die sich lediglich hinsichtlich eines einzelnen Wertpapiers als noch nie dagewesen qualifizieren lassen.

Entsprechend hat auch das OLG München in einem Urteil[406] vom 16. September 195
1993 entschieden. Dort ging es um einen Anleger, der seit acht Jahren ein Wertpapierdepot bei der beklagten Bank besaß und dieser vorwarf, ihn während der Kuwait-Krise und vor Ausbruch der Kriegshandlungen nicht vor Kursverlusten gewarnt zu haben. Dieser Fall unterscheidet sich zwar von anderen in dieser Arbeit besprochenen Urteilen schon dadurch, dass Beratungs- und Aufklärungspflichten einer Bank grundsätzlich nicht außerhalb eines konkreten Wertpapiergeschäfts begründet werden. Trotzdem sind die Ausführungen des OLG München aufschlussreich. Dieses stellt fest, dass die Kuwait-Krise keine speziellen Risiken mit sich gebracht hätte, die außerhalb des Erfahrungsbereiches des erfahrenen Klägers gelegen hätten, da es dessen allgemeiner Erfahrung entsprochen habe, dass sich politische Vorkommnisse in den Börsenkursen niederschlügen.[407] Auf einer ähnlichen Linie hat der BGH in einem Urteil[408] vom 4. Februar 1992 entschieden. Die Ausgabe von Gratisaktien, auch wenn sie nicht vorhersehbar war und eine daraus folgende negative Kursentwicklung sei ein Risiko, das der Erwerber von Aktien(Optionen) eingehen müsse.[409]

IX. Sichere oder spekulative Anlage

Bei Durchsicht der unzähligen Urteile zur Anlageberatung fällt immer wieder 196
auf, wie unterschiedlich die Wünsche der Anleger in Bezug auf ihre Anlageziele sind. Diese reichen von „sicher“ und „Anlage ohne Risiko“, bis zu dem Wunsch nach einer „möglichst hohen Rendite“. Auch die Gerichte verwenden eine Vielzahl von Klassifizierungen, so werden die Anlageziele der Kunden z. B. als „konservativ“, „begrenzt risikobereit“ oder „spekulativ“ bezeichnet. Eine ähnliche Einstufung findet sich auch in den Fragebögen der Kreditinstitute, die diese als Reaktion auf ihre Erkundigungspflichten und die Möglichkeit von Standardisierungen entwickelt haben. Ferner stellt man fest, dass sich die Wünsche der Anleger oft widersprechen, das klassische Dilemma des „magischen Dreiecks

[406] OLG München, WM 1994, 236.
[407] OLG München, WM 1994, 236, 237.
[408] BGH, WM 1992, 479.
[409] BGH, WM 1992, 479, 482.

der Geldanlage."[410] So geht das Streben nach einer möglichst hohen Rendite oft mit dem Wunsch nach einer sicheren Anlage einher. Dies sind zwei Ziele, die nicht miteinander in Einklang zu bringen sind. In den letzten Jahren war ebenfalls zu beobachten, dass viele Kunden, angesteckt durch die Euphorie der unablässig steigenden Aktienkurse zum Ende der 90er Jahre, im Rahmen der Anlagezielvorgabe „Rendite-Sicherheit-Liquidität" zur Akzentuierung des Wunsches nach einer erhöhten Renditeerwartung neigten, im nachhinein unter dem Eindruck fallender Kurse dann aber bemüht waren, die angeblich konservative Grundgesinnung ihres Anlagewunsches zu betonen.[411] Im Folgenden soll versucht werden, anhand von Urteilen und den darin enthaltenen Aussagen der Gerichte, einige der oben aufgeführten Begriffe zu untersuchen, um festzustellen, ob sich diese Begriffe bestimmten Anlageformen zuordnen lassen. Dies wäre insbesondere für die Banken und Anlageberater wichtig, da sie sich so an einheitlichen Begrifflichkeiten orientieren könnten, die von den Gerichten festgelegt wurden. Auch würde es helfen, mit den sich widersprechenden Anlagezielen der Kunden umzugehen und einen entsprechenden Hinweis geben zu können.

197 **1. Sichere Anlage**

a) Ansicht des BGH

Im Bond-Urteil führt der BGH aus, dass die Bank ihre Beratung, neben anderen Dingen, daran auszurichten hat, ob das beabsichtigte Anlagegeschäft der sicheren Geldanlage dienen soll oder spekulativen Charakter hat.[412] Der Beratungsfehler der Bank im Bond-Fall wird unter anderem damit begründet, dass den Klägern eine DM-Auslands-Industrieanleihe empfohlen wurde, obwohl der Bank bekannt gewesen sei, dass die Kläger ihre Ersparnisse bislang nur in sicheren Anlageformen wie Sparkonten, Bundesschatz- und Sparkassenbriefen angelegt und bislang jedes Verlustrisiko vermieden hatten.[413] Der BGH qualifiziert mithin Sparkonten, Bundesschatz- und Sparkassenbriefen als sichere Anlageformen ohne jedes Verlustrisiko. Dies hat seinen Grund zum einen darin, dass in diesen Anlageformen kein Börsenhandel stattfindet und sie daher keinen Kursschwankungen unterliegen. Zum anderen ist die Rückzahlung des investierten Kapitals so gut wie garantiert. Als sichere Anlageformen ohne Risiko könnte

---

[410] Vgl. Private Banking der Deutschen Bank, 11: Das magische Dreieck der Vermögensanlage beinhaltet die Kriterien Sicherheit, Liquidität und Rentabilität. Diese Kriterien stehen in gegenseitiger Konkurrenz zueinander und lassen sich nur durch das Eingehen eines Kompromisses miteinander vereinbaren; vgl. dazu auch die Ausführungen unter Rz. 46.
[411] *Richrath*, WM 2004, 653, 656.
[412] BGH, WM 1993, 1455, 1456.
[413] BGH, WM 1993, 1455, 1457.

man daher verallgemeinernd mündelsichere Wertpapiere bezeichnen.[414] Bei (Auslands)Industrie-Anleihen kann man dagegen nicht davon sprechen, dass eine Rückzahlung des investierten Kapitals gesichert sei. Aus der Gegenüberstellung des BGH von als sicher bezeichneten Anlagen wie Sparkonten, Bundesschatz- und Sparkassenbriefen und der Klassifizierung der DM-Auslandsanleihe als nicht anlegergerecht, lässt sich zumindest indirekt ableiten, dass eine DM-Auslandsanleihe nicht als sicher und ohne Risiko bezeichnet werden kann. Ob Auslands-Industrieanleihen deshalb als spekulative Anlagen zu bezeichnen sind, lässt der BGH offen.

In seinem Urteil[415] vom 09.05.2000 (Fokker) hat der BGH sich mit folgender Konstellation auseinander setzen müssen: Die Bank hatte dem Kläger eine DM-Auslands-Industrieanleihe mit einem Jahreszins von 6,5% empfohlen, mit der er hohe Verluste erlitt. Die Parteien streiten darüber, welches Anlageziel gewünscht gewesen sei. Der Kläger behauptet, er habe eine sichere Anlage gewollt. Die Beklagte behauptet dagegen, der Kläger habe eine Anlage mit einer über dem erzielbaren Festgeldzins liegenden Rendite gewünscht. Da das Berufungsgericht es nach Ansicht des BGH versäumt hat, zu den vorgebrachten gegensätzlichen Anlagezielen ausreichende Feststellungen zu treffen, nimmt der BGH zur Anlageempfehlung der Bank anhand beider möglichen Anlageziele Stellung.[416] Für den Fall, dass der Kläger eine sichere Anlage gewollt habe, sei die Empfehlung einer DM-Auslands-Industrieanleihe fehlerhaft. In seiner Einschätzung einer DM-Auslands-Industrieanleihe als nicht sicherer Anlageform ergänzt der BGH damit seine im Bond-Urteil aufgestellte Linie, aufgrund derer offensichtlich nur mündelsichere Wertpapiere das Prädikat „sicher“ und „risikolos“ verdienen. Denn eine DM-Auslands-Industrieanleihe ist nach Ansicht des BGH eine Anlage mit Risiko. Ein Anleger dagegen, der eine über dem Festgeldzins liegende Rendite wünsche,[417] zeige damit, dass er begrenzt risikobereit und renditeorientiert sei. Wäre dies das Anlageziel des Kunden gewesen, würde man die Empfehlung der Fokker-Anleihe als anlegergerecht bezeichnen können, weil diese im Zeitpunkt des Kaufes, im Oktober 1993, über pari notierte, was ein Zeichen für die gute Einschätzung des Marktes hinsichtlich der Bonität des Unternehmens gewesen sei. Aufgrund der Einschätzung des Marktes hinsichtlich der Bonität des Unternehmens wäre es deshalb vertretbar gewesen, gegenüber einem renditeorientierten und damit begrenzt risikobereiten Anleger diese Anleihe zu empfehlen.[418] Ein Anleger, der sein Anlageziel mit „renditeorientiert“ 198

[414] Vgl. die Ausführungen zu mündelsicheren Wertpapieren unter Rz. 162.
[415] BGH, WM 2000, 1441.
[416] Vgl. hierzu auch die Anmerkung von *Horn/Felke*, WuB I G.1.-4.00.
[417] Vgl. *Richrath*, WM 2004, 653, 657, der in diesem Zusammenhang von dem Wunsch nach einer „überdurchschnittlichen“ Rendite spricht.
[418] BGH, WM 2000, 1441, 1442.

bezeichnet, kann sich somit nicht darauf berufen, er habe kein Risiko eingehen wollen.[419]

199 Ebenfalls mit dem Wunsch nach einer sicheren Anlage musste sich das OLG Nürnberg in seinem Urteil[420] vom 28. Januar 1998 auseinandersetzen. Die Klägerin hatte im Beratungsgespräch eine konservative und sichere Anlage verlangt und daraufhin seitens der Bank eine DM-Auslands-Industrieanleihe (*Fokker*) empfohlen bekommen. Das OLG Nürnberg nimmt zwar nicht eindeutig Stellung, äußert jedoch Zweifel, ob die Empfehlung einer Industrieanleihe für einen Kunden, der eine konservative und sichere Anlage wünsche, anlegergerecht sei.[421] Eindeutiger äußert sich hinsichtlich dieser Problematik das LG Berlin in seinem Urteil[422] vom 24. April 1997. Im Gegensatz zu Sparverträgen oder festverzinslichen, inländischen öffentlichen Anleihen, bezeichnet es DM-Anleihen eines ausländischen Unternehmens als Anlageform mit erhöhtem Risiko.[423]

200 Mit der Frage einer sicheren Geldanlage hat sich auch das AG Frankfurt a.M. beschäftigt. In seinem Urteil[424] vom 06. März 1995 hatte es mit einem Kläger zu tun, der eine sichere Anlage ohne jegliches Risiko verlangte. Die Bank empfahl ihm daraufhin einen Rentenfonds, der schwerpunktmäßig in erstklassige festverzinsliche Wertpapiere investierte. Obwohl ein Rentenfonds keinesfalls zu den spekulativen Papieren zu rechnen sei, war die Anlage nach Ansicht des Gerichts nicht anlegergerecht. Denn bei einem Rentenfonds sei immer ein Risiko vorhanden, da er einen täglich festzustellenden Kurswert besitze und dieser mit der Zinsentwicklung schwanke. Die Bank hätte ihm daher lieber Finanzierungsschätze empfehlen sollen.[425]

---

[419] So auch *Horn/Felke* in: WuB I G 1.-4.00, Urteilsanmerkung zu BGH, WM 2004, 1441. Werde eine renditestarke Anlage nachgefragt, müsse stets ein gewisses Risiko hingenommen werden. Der Anleger, dem dieses Risiko durch eine höhere Rendite vergütet werde, könne es nicht über die Beratungspflichten auf die Bank abwälzen.

[420] OLG Nürnberg, WM 1998, 378.

[421] OLG Nürnberg, WM 1998, 379.

[422] LG Berlin, WM 1997, 1422.

[423] LG Berlin, WM 1997, 1422, 1423; vgl. dazu auch OLG Köln, WM 1995, 381, 385: In einem Nebensatz äußert sich das OLG Köln in seinem Urteil vom 18.02.1994 über den Charakter verschiedener Anlageformen. Das Depot des Klägers enthielt Aktien, Optionsscheine und eine ausländische Staatsanleihe. Im Hinblick auf das streitgegenständliche Anlagegeschäft führt das OLG Köln aus, dass die Bank berechtigterweise davon ausgehen konnte, dass der Anleger angesichts des bestehenden Depots keine sicheren Anlageformen wie Bundesschatz- oder Sparkassenbriefe erwerben wollte. Das Depot habe vielmehr spekulativen Charakter gehabt. Ersichtlich sei der Kunde bereit gewesen, mit seinen Wertpapiergeschäften ein größeres Risiko einzugehen.

[424] AG Frankfurt a.M., WM 1995, 700.

[425] AG Frankfurt a.M., WM 1995, 700, 701.

b) Zwischenergebnis

Zusammenfassend lässt sich festhalten, dass nach Ansicht der oben zitierten Gerichte, insbesondere des BGH, als sichere Anlageformen ohne Risiko nur Wertpapiere bezeichnet werden können, die man unter dem Oberbegriff „mündelsicher" zusammenfassen kann.[426] Alle anderen Wertpapiere, angefangen von ausländischen Staatsanleihen und DM-Industrie-Anleihen, müssen als spekulativ, zumindest aber als (begrenzt) risikoreich klassifiziert werden. **201**

c) Abweichende Urteile

Der Einschätzung der obigen Gerichte, speziell hinsichtlich der Sicherheit einer DM-Auslands-Anleihe (Hafnia), steht das Urteil des OLG Schleswig[427] vom 30.11.1995 entgegen. Der Kläger wollte Geld für einen gewissen Zeitraum gewinnbringend anlegen. Als Anlageziel hatte er der Bank mitgeteilt, er wolle eine sichere Geldanlage für eine feste Laufzeit mit einer Rendite, die über der von Bundesschatzbriefen liegen sollte, ohne dass diese Anlage jedoch spekulativen Charakter haben solle. Die Bank empfahl ihm daraufhin eine DM-Auslandsanleihe, die zum damaligen Zeitpunkt eine gute Bonität hatte. Das OLG Schleswig bewertet diese Empfehlung als anlegergerecht. Zwar sei zu bedenken, dass es eine absolute Sicherheit im Anlagebereich nicht gebe. In der Bandbreite aller denkbaren Anlagemöglichkeiten zählten DM-Auslandsanleihen jedoch zu den sichereren Anlagen, denn im Vergleich zu anderen Geschäften sei das Risiko allein in der Bonität der Anleiheschuldnerin gelegen.[428] Zweifel an der finanziellen Situation der Emittentin hätten zum Empfehlungszeitraum nicht bestanden.[429] Auf die Frage, ob das vom Anleger angegebene Anlageziel überhaupt in dieser Form realisierbar war, hat sich das Gericht dagegen nicht geäußert. **202**

Eine ähnliche Linie vertreten auch mehrere Gerichte hinsichtlich DM-Auslandsanleihen anderer Unternehmen. So hat das OLG Düsseldorf in seinem Urteil[430] vom 08. Juli 1994 entschieden, die Empfehlung einer DM-Auslandsanleihe (*Polly-Peck*) für eine Anlegerin, die den Wunsch nach einer sicheren Anlage geäußert habe, sei anlegergerecht, da zum Empfehlungszeit- **203**

---

[426] Im Ergebnis auch *Raeschke-Kessler*, WM 1993, 1830, 1834, der im Zusammenhang mit mündelsicheren Wertpapieren von einer Geldanlage ohne Verlustrisiko spricht.

[427] OLG Schleswig, WM 1996, 1487.

[428] Diese Aussage ist so allerdings nicht haltbar, weil es im Falle einer an der Börse gehandelten Anleihe neben dem Bonitäts-, auch ein Kursrisiko gibt.

[429] OLG Schleswig, WM 1996, 1487, 1488.

[430] OLG Düsseldorf, WM 1994, 1468; vgl. zu Polly-Peck auch OLG Braunschweig, WM 1994, 59.

punkt keine Zweifel an der Bonität der Anleiheschuldnerin geherrscht hätten. Zum selben Ergebnis hinsichtlich einer *Polly-Peck*-Anleihe und ebenfalls unter Hinweis auf die gute Bonität der Anleiheschuldnerin zum Empfehlungszeitpunkt, kommt das OLG Frankfurt a.M. in seinem Urteil[431] vom 08. Februar 1996.

204 Von mehreren Landgerichten[432] wird im Hinblick auf die Empfehlung von DM-Auslandsanleihen (*Fokker*), ebenfalls eine solche Linie vertreten. Da es bei *Fokker* zum Zeitpunkt des Wertpapierkaufes keinen Hinweis auf Zahlungsschwierigkeiten gegeben habe, sei die Empfehlung der Anleihen für Anleger, die eine sichere Geldanlage wünschten, in Ordnung gewesen.

d) Diskussion

205 In einigen der oben zitierten Urteilsbegründungen, die von der Linie des BGH abweichen, finden sich teilweise erstaunliche Aussagen. So tritt das LG Hamburg der Meinung der beklagten Bank bei, nach allgemeiner Einschätzung habe man die *Fokker*-Anleihen seinerzeit als ähnlich sicher wie staatliche Schuldverschreibungen ansehen können. Deswegen habe die Bank sie auch insbesondere einem auf eine sichere Geldanlage bedachtem Kunden empfehlen dürfen.[433] Das LG Duisburg kommt zu der bemerkenswert widersprüchlichen Erkenntnis, dass die Empfehlung der *Fokker*-Anleihe für eine Anlegerin, die ein sicheres und risikoloses Papier wünschte, anlegergerecht gewesen sei, da das Risiko der DM-Auslandsanleihe „lediglich in der möglichen Insolvenz des Emittenten" bestan-

---

[431] OLG Frankfurt a.M., WM 1996, 2049; vgl. zum gleichen Thema auch OLG Frankfurt, WM 1994, 2106. Auf dieses vorangegangene Urteil stützt das OLG Frankfurt sich bei seiner Entscheidung aus dem Jahr 1996. Die damalige Revision gegen das besagte Urteil sei vom Bundesgerichtshof – XI ZR 243/94 – wegen fehlender Erfolgsaussichten nicht angenommen worden. Der BGH habe bei seiner Entscheidung zu berücksichtigen gehabt, dass auch die dortige Klägerin eine sichere und solide Anlage gewünscht habe. Auf der Grundlage der veröffentlichten Urteilsbegründung sind diese Ausführungen jedoch meines Erachtens falsch. Das OLG Frankfurt stellt in seinem Urteil aus dem Jahre 1994 eindeutig fest, dass bei dem Erwerb der streitgegenständlichen Anleihe von einer sicheren Anlage zur Alterssicherung keine Rede gewesen sei. Aus der Zusammensetzung des Depots der Kläger, in dem mehrere Fremdwährungsanleihen gehalten wurden, habe die Bank vielmehr auf eine gewisse Risikofreudigkeit der Kläger schließen dürfen und davon ausgehen können, dass sie sich mit dem entsprechenden Risiko bereits vertraut gemacht hatten. Die Bank habe daher davon ausgehen können, dass es den Klägern bei dem streitgegenständlichen Anleihegeschäft vornehmlich um die Erzielung einer höheren Rendite gegangen sei (OLG Frankfurt a.M., WM 1994, 2106, 2107).

[432] LG Hamburg, WM 1997, 1423; LG Nürnberg-Fürth, WM 1997, 1426; LG Duisburg, WM 1997, 574.

[433] LG Hamburg, WM 1997, 1423, 1425.

den habe.[434] Außerdem würde es die Beratungspflichten der Banken überspannen, würde man von ihnen den Hinweis auf die rein theoretische Möglichkeit der Insolvenz eines Anleihe-Emittenten verlangen, obwohl keinerlei Hinweise für ein solches Risiko gegeben seien.[435] Das OLG Düsseldorf stellt die Behauptung auf, die Tatsache, dass Auslandsanleihen nicht stets ebenso sicher seien wie Festgeldanlagen bei deutschen Bankinstituten, müsse auch einer im Anlagegeschäft sonst unerfahrenen Anlegerin klar sein.[436] Mit dem Rückgriff auf solche Begründungen, wie sie in den obigen Urteilen enthalten sind, wären meines Erachtens jedoch letztlich alle Aufklärungspflichten außer Kraft zu setzen. Auch würde eine solche Ansicht sämtlichen vom BGH und dem Gesetzgeber statuierten Zielen eines umfassenden Schutzes, insbesondere des unerfahrenen Anlegers, widersprechen.

Spätestens mit der oben vorgestellten Aussage[437] des BGH in seinem Urteil vom **206**
09.05.2000, dürfte jedoch endgültig geklärt sein, dass man eine DM-Auslandsanleihe nicht als sichere Geldanlage ohne Risiko klassifizieren kann. Gerade die oben zitierten, abweichenden Urteile zeigen jedoch deutlich auf, welche Probleme die Gerichte bei der Beurteilung der Frage haben, was unter einer sicheren Geldanlage zu verstehen ist. Denn man kann den Begriff „Sicherheit" als absoluten, objektiven Begriff, oder aber als relativen, subjektiven Begriff verstehen und verwenden. Es ist ein wesentlicher und entscheidender Unterschied, ob eine Anlage aufgrund ihrer Konstruktion tatsächlich sicher ist oder aber ob sie im Zeitpunkt des Kaufes nur sicher erscheint, ein Ausfallrisiko also unstreitig existiert, es aber als unwahrscheinlich eingestuft wird. Würde man letzterer Ansicht folgen, so könnte man mit dem OLG Schleswig[438] tatsächlich argumentieren, dass in der Bandbreite aller denkbaren Anlagemöglichkeiten DM-Auslandsanleihen zu den sichereren Anlagen zu zählen seien. Bestehen dann im Empfehlungszeitpunkt keine Bedenken gegen die Bonität des Emittenten und kann die Anleihe ein erstklassiges Rating aufweisen, so könnte man sie tatsächlich als sicher bezeichnen.[439] Die immense Problematik einer solchen Auffassung zeigt sich jedoch nirgendwo deutlicher und überzeugender als in den zahlreichen Urteilen, in denen genau solche Anleihen mit anscheinend erstklassiger Bewertung, aus den unterschiedlichsten Gründen wertlos geworden sind. Die Ausführungen der Gerichte in den entsprechenden Urteilen, man habe zum

---

[434] LG Duisburg, WM 1997, 574, 575.
[435] LG Duisburg, WM 1997, 574, 575.
[436] OLG Düsseldorf, WM 1994, 1468.
[437] Siehe Rz. 198.
[438] Siehe Ausführungen unter Rz. 202.
[439] Widersprüchlich hierzu *Brandt*, aaO., 97, der innerhalb des gleichen Absatzes Schuldverschreibungen bonitätsmäßig einwandfreier Emittenten einmal als besonders sichere Anlageform bezeichnet, während er zu den sicheren Anlagen nur wenig später lediglich Festgelder, Bundesschatzbriefe, öffentliche Anleihen und mündelsichere Wertpapiere zählt.

Zeitpunkt der Kaufempfehlung, bspw. angesichts des guten Ratings der Anleihe, keinesfalls absehen können, dass die Anleihe-Schuldnerin insolvent werde, muss jedem geschädigten Anleger wie Hohn in den Ohren klingen. Zumindest heute, nach den einschlägigen negativen Erfahrungen und den mittlerweile zahlreichen Urteilen zu dieser Problematik in den 90er Jahren, ist eine solche Argumentation seitens der Gerichte meines Erachtens nicht mehr haltbar.

207 Die Verwendung des Begriffs „Sicherheit" muss daher, im Interesse des Anlegerschutzes und dem Streben nach Rechtssicherheit, als absoluter, objektiver Begriff verstanden werden. Der BGH hat diese Frage mit seiner eindeutigen Aussage in seinem Urteil vom 09. Mai 2000 daher meines Erachtens auch abschließend beantwortet. Man wird ferner davon ausgehen können, dass auch von Anlegerseite der Wunsch nach einer sicheren und risikolosen Geldanlage so verstanden werden muss, dass das Anlageprodukt tatsächlich sicher ist, und nicht nur sicher erscheint. So ist bezeichnenderweise im Rahmen eines Urteils[440] des LG Mannheims vom 19. Dezember 2002, im Zusammenhang mit dem Anlageziel einer Kundin nach einer sicheren und risikolosen Anlage, ausdrücklich von deren Wunsch nach dem „Substanzerhalt" des eingesetzten Vermögens die Rede.[441] Als Ergebnis lässt sich somit festhalten, dass unter einer sicheren und risikolosen Anlage ein Produkt zu verstehen ist, bei dem sowohl Zinszahlungen (seien sie jährlich oder endfällig) als auch die Rückzahlung des investierten Geldes „garantiert" sind. Hierfür kommen nur die im Katalog des § 1807 BGB aufgeführten mündelsicheren Anlageformen in Betracht. Für die Praxis besteht die Notwendigkeit, im Beratungsgespräch genau zu dokumentieren, welches Risiko der Anleger bereit ist einzugehen. Denn war eine sichere Geldanlage gewünscht, so ist die Auswahl einer anlegergerechten Anlageform, wie vorstehend ausgeführt, stark begrenzt. Die Frage, ob das empfohlene Wertpapier zum Kaufzeitpunkt eine erstklassige Bonität besaß und ob eine Verschlechterung der wirtschaftlichen Lage absehbar war, ist damit völlig irrelevant. Der Haftung für einen erlittenen finanziellen Schaden des Anlegers kann in einem solchen Fall zumindest auf der Ebene der Pflichtverletzung dann nicht mehr begegnet werden.

208 Diese Schlussfolgerung heißt allerdings nicht, dass für eine relative Verwendung des Begriffes „Sicherheit" überhaupt kein Raum mehr wäre. Dies wird exemplarisch an dem bereits oben[442] zitierten Urteil des OLG Frankfurt vom 08. Februar 1996 deutlich. Dort hatte sich der Kläger nach einer sicheren und soliden Anleihe erkundigt.[443] Der entscheidende Unterschied zu anderen Urteilen besteht dar-

---

440 LG Mannheim, WM 2003, 1234.
441 LG Mannheim, WM 2003, 1234, 1235.
442 Vgl. Rz. 203.
443 OLG Frankfurt a.M., WM 1996, 2049.

in, dass er damit die von ihm gewünschte Anlageform bereits vorgegeben hat. Sein Wunsch kann in so einem Fall daher berechtigterweise so verstanden werden, dass er, unter Inkaufnahme des grundsätzlichen und bekannten Risikos der von ihm selber ausgewählten Anlageform „Anleihe", eine den Umständen entsprechende sichere Anlage wünscht. Unter diesen Voraussetzungen kann dann tatsächlich von einer anlegergerechten Beratung gesprochen werden, wenn die Bank dem Kunden daraufhin eine Anleihe empfiehlt, die zu diesem Zeitpunkt als erstklassig angesehen werden kann. Auf diesen Aspekt des Kundenwunsches und die damit gegebene spezielle Konstellation, ist das Gericht in seinem Urteil jedoch überhaupt nicht eingegangen.

2. Spekulative/riskante Anlage 209

In einem Urteil[444] vom 29.03.1994 stellt der BGH im Zusammenhang mit Schadensersatzansprüchen aufgrund eines Vermögensverwaltungsvertrages fest, dass eine vernünftige Vermögensverwaltung nicht ausschließlich auf hochriskante Optionsgeschäfte setze, sondern auf eine angemessene Mischung mit konservativen Anlageformen wie Aktien und festverzinslichen Wertpapieren Wert lege.[445] Hier verwundert zunächst die Bewertung von Aktien als konservative Anlage. Als konservativ würde nach allgemeinem Verständnis wohl eher eine Anlage bezeichnet, die kein bzw. sehr wenig Risiko beinhaltet. So hatte z.B. ein Kläger im Urteil des OLG Nürnberg[446] den Begriff „konservativ" zusammen mit seinem Wunsch nach einer sicheren Anlage verwendet, woraufhin dieses Begriffspaar auch vom Gericht kritiklos übernommen worden war. Die Klassifizierung würde ebenfalls im Gegensatz zu dem oben diskutierten[447] Urteil des BGH stehen, in dem er schon eine Auslands-Industrieanleihe als Anlageform mit einem begrenzten Risiko eingestuft hat. Fraglich ist, ob der BGH den Begriff konservativ im vorstehend zitierten Urteil eher im Sinne von klassisch verwendet hat, nach dem Motto, die klassische Vermögensanlage setze auf eine Risikomischung von Aktien und festverzinsliche Wertpapiere, beinhalte aber keine Optionsscheine. Dafür scheint zu sprechen, dass der BGH in einem Urteil vom 13.07.2004 zumindest Aktien von Unternehmen des Neuen Marktes und Indexzertifikate auf den Nemax 50 als spekulative Geschäfte bezeichnet.[448] In eine ähnliche Richtung geht das Urteil des OLG Jena vom 17. Mai 2005. Dort werden Aktienfonds als riskante Anlageform bezeichnet, die einer 60jährigen Frau nicht zur Alterssicherung hätten verkauft werden dürfen.[449] Die Bewertung von

---

[444] BGH, WM 1994, 834.
[445] BGH, WM 1994, 834, 836.
[446] Vgl. Besprechung unter Rz. 199.
[447] Vgl. Rz. 198.
[448] BGH, ZIP 2004, 1636, 1638.
[449] OLG Jena, WM 2005, 1946, 1947.

Optionsscheinen als hochriskant,[450] geht mit einem früheren Urteil[451] des BGH vom 4. Februar 1992 einher, in dem der BGH unverbriefte Aktienoptionsscheine als hochspekulativ bezeichnet hat.[452] Als hochspekulativ sind Optionsscheine auch vom OLG München in seinem Urteil[453] vom 05. März 1997 bezeichnet worden.

210 Mit Optionsscheinen war der BGH auch in einem Urteil[454] vom 05.10.1999 im Rahmen einer weiteren Strategie eines Anlegers befasst. Dieser hatte sich zunächst zum Ziel gesetzt, hohe laufende Erträge bei Eingehung angemessener Risiken zu erzielen. Zu diesem Zweck hatte er in der Vergangenheit unter anderem mit Optionen, Optionsscheinen und Devisen spekuliert. In der Folge dehnte er seine Anlage dann auf Bandbreiten-Optionsscheine der *knock-out*-Variante und der „Hamster"-Variante aus.[455] Der BGH führt hierzu aus, dass der Kläger durch die Geschäfte mit den Bandbreiten-Optionsscheinen seine ursprüngliche Anlagestrategie, die im Eingehen eines angemessenen Risikos bestand, verlassen habe. Geschäfte mit Bandbreiten-Optionsscheinen, insbesondere solchen der *knock-out*-Variante, seien dagegen hochriskant, da durch eine unerwartete Kursentwicklung bereits nach wenigen Tagen ein Totalverlust drohe.[456] Vergleicht man diese Einschätzung des BGH mit der aus den zwei vorstehenden Urteilen, so muss nochmal darauf hingewiesen werden, dass es sich bei den dortigen Optionsscheinen um herkömmliche Optionsscheine, also solche ohne *knock-out*-Funktion, handelte. Diese wurden vom BGH seinerzeit ebenfalls als hochriskant bezeichnet, während diese Klassifizierung im vorliegenden Urteil den *knock-out*-Optionsscheinen vorbehalten zu sein scheint. Hier scheint der BGH der Meinung zu sein, das Risiko von herkömmlichen Optionsscheinen als angemessen einstufen zu können, eine Qualifizierung, die sich nicht ohne weiteres mit der früheren Bezeichnung als hochriskant, bzw. hochspekulativ, vertragen würde.

211 Zur besseren Verdeutlichung dieses scheinbaren Gegensatzes soll das Augenmerk auf die ursprüngliche Anlagestrategie des Klägers gerichtet werden, nämlich hohe laufende Erträge bei Eingehung angemessener Risiken zu erzielen. Nimmt man die Formulierung „hohe" Erträge ernst, so wird man zu dem Schluss kommen müssen, dass eine größere Erwartung an die Rentabilität einer

---

[450] Soweit dies in dem Urteil zu erkennen ist handelte es sich um solche der herkömmlichen Sorte.
[451] BGH, WM 1992, 479.
[452] BGH, WM 1992, 479, 481.
[453] OLG München, WM 1997, 1802, 1805.
[454] BGH, WM 1999, 2300.
[455] Hinsichtlich der Funktionsweise dieser Optionsschein-Variante vgl. die Ausführungen und Erläuterungen unter Rz. 168.
[456] BGH, WM 1999, 2300, 2303.

Geldanlage kaum möglich ist. Einer solchen Erwartung entspricht sicherlich die Investition vor allem in Optionen und Optionsscheine. Diese profitieren durch ihre Hebelwirkung überproportional von einer Kurssteigerung des zugrunde liegenden Basiswertes. Widersprüchlich erscheint in diesem Zusammenhang auf den ersten Blick jedoch der gleichzeitige Wunsch nach einem angemessenen Risiko. Denn führt man sich vor Augen, dass bei Optionsscheinen aufgrund besagter Hebelwirkung auch ein Kursrückgang des Basiswertes zu überproportionalen Verlusten führen kann und daneben immer auch ein Totalverlust droht, erscheint eine Charakterisierung des Risikos als „angemessen", zumindest fragwürdig. Beide Ziele lassen sich wohl nur vereinbaren, wenn man die Bezeichnung des „angemessenen Risikos" nicht als absoluten Begriff versteht, sondern im Zusammenhang mit dem Wunsch des Anlegers nach „hohen Erträgen" bewertet. Dann kann das Risiko bei herkömmlichen Optionen tatsächlich als „angemessen" bezeichnet werden, weil sich ein Totalverlust typischerweise erst am Ende eines sich über einen längeren Zeitraum entwickelnden Wertverlustes einstellt. Damit bleibt einem Anleger theoretisch die Möglichkeit, seinen Verlust durch rasches Handeln zu begrenzen, bzw. es besteht die Chance einer Kurserholung innerhalb der Laufzeit des Optionsscheines. Die *knock-out*-Variante dagegen kann zu einem Totalverlust schon bei einmaligem Überschreiten des festgelegten Grenzwertes führen, worauf auch der BGH hinweist. Außerhalb solcher spezieller Konstellationen, die die Bezeichnung des mit einem Optionsschein verbundenen Risikos als angemessen erlauben, wird man aber auch einen herkömmlichen Optionsschein aufgrund seiner Zeitkomponente unzweifelhaft als hochriskant einstufen müssen.

In einem Nebensatz äußert sich das OLG Köln in seinem Urteil[457] vom **212**
18.02.1994 über den Charakter verschiedener Anlageformen. Das Depot des Klägers enthielt Aktien, Optionsscheine und Auslands-Staatsanleihen. Im Hinblick auf das streitgegenständliche Anlagegeschäft führt das OLG Köln dazu aus, dass das Depot spekulativen Charakter gehabt habe. Ersichtlich sei der Kunde bereit gewesen, mit seinen Wertpapiergeschäften ein größeres Risiko einzugehen.[458] Dasselbe Gericht bezeichnet in einem weiteren Urteil Warentermingeschäfte als hochspekulativ und entsprechend risikoreich.[459]

3. Zusammenfassung und Bewertung

Schaut man sich die obigen Urteile an, so lässt sich feststellen, dass eine detail- **213**
lierte, umfassende und abschließende Klassifizierung aller Anlageformen, insbesondere hinsichtlich ihrer verschiedenen Varianten, nicht pauschal möglich ist.

---

[457] OLG Köln, WM 1995, 381.
[458] OLG Köln, WM 1995, 381, 385.
[459] OLG Köln, WM 1995, 697, 699.

Zwar haben die Gerichte versucht, auf die unterschiedliche Risikostruktur der Vielzahl der auf dem Kapitalmarkt existierenden Anlageformen zu reagieren, indem sie Begriffe mit Abstufungen versehen haben. Dies wird z.B. deutlich aus der Verwendung des Begriffs „hochspekulativ" für Warentermingeschäfte im Gegensatz zur Einstufung von Aktien und Anleihen als „spekulativ" oder aber der Klassifizierung von Optionsscheinen der *knock-out*-Variante als „hochriskant.[460] Auf dieser Linie ist auch die Charakterisierung eines Anlegers als „begrenzt risikobereit" einzuordnen.[461] Die Schwierigkeit einer allgemeingültigen Einteilung besteht jedoch vor allem darin, dass selbst Wertpapiere der gleichen Variante hinsichtlich ihres konkreten Risikos eklatant voneinander abweichen können.[462] Die Staatsanleihe eines G-7 Mitglieds kann nicht mit der eines Entwicklungslandes verglichen werden, die Aktie eines „Blue Chip" Unternehmens nicht mit der eines Nebenwertes.

214 a) Sichere Anlageformen

Als eindeutige Erkenntnis aus den oben diskutierten Urteilen kann festgehalten werden, dass der Begriff „sicher" mit dem Begriff „risikolos" gleichgesetzt werden muss. Eine Interpretation dieses Begriffes im Verhältnis zur „Bandbreite aller denkbaren Anlagemöglichkeiten"[463], entspricht nicht dem allgemeinen Verständnis dieses Wortes und würde nur zu Rechtsunsicherheit und einer Verunsicherung im Kreise der Kapitalanleger führen. Entweder eine Anlage ist sicher oder nicht, ein bisschen sicher gibt es nicht. Zu den sicheren Kapitalanlagen zählen demnach nur solche, die als mündelsicher gelten und bei denen Zinszahlungen und der Substanzerhalt des investierten Vermögens gewährleistet sind. Zur Vermeidung von Unklarheiten sollte man auch einen Begriff wie „konservativ" möglichst nicht benutzen. Er ist zu unbestimmt und lässt sich im Gegensatz zu „sicher" nicht genau definieren. Darüber hinaus hat er zu viel Ähnlichkeit mit dem Begriff einer „klassischen" Kapitalanlage und lässt sich wohl eher mit dem gesamten Portfolio eines Anlegers, also der Gesamtschau getätigter Anlagen hinsichtlich einer Anlagestrategie, als mit einer einzelnen Anlageentscheidung, in Zusammenhang bringen.

---

[460] Vgl. Besprechung unter Rz. 210.
[461] Vgl. Besprechung unter Rz. 198.
[462] Dementsprechend finden sich z.B. in dem Formular, welches die Deutsche Bank AG zur Einholung der Kundenangaben nach § 31 Abs. 2 WpHG verwendet, Unterscheidungen von Anleihen „bester" (Risikoklasse 1), „sehr guter"(Risikoklasse 2), „guter" (Risikoklasse 3), „spekulativer" (Risikoklasse 4) und „sehr spekulativer" (Risikoklasse 5) Qualität. Auch werden bei Anleihen und Rentenfonds deren Laufzeiten berücksichtigt, um die Möglichkeit von Kursverlusten des Anlegers zu minimieren. So werden nur kurzlaufende Euro-Anleihen und kurzlaufende Euro-Rentenfonds in die niedrigste Risikoklasse 1 eingestuft, während sich deren laufzeitunabhängige Varianten in Risikoklasse 2 wiederfinden.
[463] Vgl. Besprechung unter Rz. 201.

b) Spekulative/riskante Anlageformen

Ansonsten lassen sich die restlichen Anlageformen lediglich einer groben Einteilung unterwerfen. Wie in einem der oben zitierten Urteile gesehen,[464] werden Anleihen und Aktien als spekulative Anlageformen bezeichnet. Diese Einordnung könnte man zumindest hinsichtlich der Anlageform „Anleihe" in Frage stellen, wie auch angesichts der oben vorgenommenen Abgrenzung zu sicheren Anlagen deutlich geworden ist. Dabei stellt sich zunächst die Frage, was unter der Formulierung „spekulativ" zu verstehen ist. Als spekulativ könnte man solche Anlageprodukte bezeichnen, bei denen aus der Differenz zwischen An- und Verkaufspreis ein Gewinn, bzw. ein Verlust möglich ist. Ein solcher Verlust kann entweder auf einem Bonitäts- oder aber auf einem Kursrisiko beruhen. Auf der Grundlage einer solchen Definition könnte man die Einstufung von Anleihen als spekulative Papiere eventuell für den Fall in Frage stellen, in dem der klassische Kapitalanleger die Papiere bis zu ihrer Endfälligkeit hält und der Anlageschwerpunkt auf einer regelmäßigen Zinsausschüttung liegt. Ein solches Verständnis wäre aber zu eng. So würde es zum einen nicht das Bonitätsrisiko berücksichtigen, welches immer besteht. Zum anderen käme man mit einem solchen Verständnis dann in Schwierigkeiten, wenn ein Anleger, der in eine Anleihe ursprünglich bis zu deren Fälligkeit investiert bleiben wollte, durch unvorhergesehene Ereignisse zu einem Verkauf der Anleihe vor Fälligkeit gezwungen werden sollte. Eine Definition des Begriffes „spekulativ" muss daher unter objektiven Gesichtspunkten erfolgen. Als spekulativ müssen somit alle die Papiere bezeichnet werden, bei denen zwischen dem An- und Verkaufspreis eine Differenz auftreten kann. Dies bedeutet letztlich nichts anderes, als dass darunter alle Anlageformen fallen, die mit einem Kurs-, bzw. Bonitätsrisiko behaftet sind, also auch Anleihen. Innerhalb dieser Gruppe könnte man lediglich eine Abstufung dahingehend vornehmen, Wertpapiere mit einer erstklassigen oder guten Bonität, als begrenzt risikoreich zu charakterisieren. 215

c) Hochspekulative/hochriskante Anlageformen

Diese letzte Kategorie umfasst Anlageformen, die ein sehr hohes Risiko beinhalten. Hierunter fallen herkömmliche Optionsscheine, Optionsscheine der *knock-out*-Variante und Termingeschäfte. Der Unterschied zu den spekulativen Anlageformen besteht darin, dass die Wertpapiere der Kategorie „hochspekulativ/hochriskant," nach einem bestimmten Zeitablauf automatisch wertlos werden, ein zusätzlicher Risikofaktor, der bei Anlageformen wie Anleihen, Fonds oder Aktien nicht vorhanden ist. 216

217

[464] Vgl. Rz. 212.

4. Konsequenzen für die Anlageberatung

Mit der Klassifizierung einer sicheren und risikolosen Anlage als ein Produkt, bei dem Zinszahlungen und Substanzerhalt des Vermögens gewährleistet, also „garantiert" sind, ergibt sich für die Banken und ihre Anlageberater zwar eine klare und eindeutige Situation, die bei einem Abgleich zwischen Anlagewunsch des Kunden und Empfehlung der Bank für die Frage nach einer falschen Beratung jedoch keinen Spielraum mehr lässt, während beispielsweise bei risikobereiten Kunden der Nachweis der guten wirtschaftlichen Lage des empfohlenen Wertpapiers zum Kaufzeitpunkt möglich ist, um einer Haftung bereits auf dieser frühen Ebene zu entgehen. Ein Kunde dagegen, dem auf seinen Wunsch nach einer sicheren und risikolosen Anlage ein nicht mündelsicheres Wertpapier empfohlen wurde, ist falsch beraten worden, ohne dass es auf weitere Umstände ankommt. Die Bank könnte ihn nicht darauf verweisen, dass sich in dem Kursverlust des Wertpapiers lediglich das allgemeine Markt- bzw. Kursrisiko manifestiert hat. Denn genau dieses allgemeine Risiko wollte der Kunde mit seinem Wunsch nach einer sicheren und risikolosen Geldanlage, bei der der Substanzerhalt des Vermögens gewährleistet ist, gerade ausschließen. Als Konsequenz kann einer Haftung des Anlageberaters zumindest auf der Ebene der Pflichtverletzung nicht mehr begegnet werden.

a) Widersprüchliche Anlageziele

218 Gerade wegen der oben geschilderten Konsequenz ist es für die Bank umso wichtiger, bei widersprüchlichen Anlagezielen des Kunden unmissverständlich zu klären, welche Anlage- und Risikovorstellungen dieser tatsächlich hat. Mit Hilfe einer zumindest groben Einteilung in sichere, spekulative und hochspekulative Anlageformen müssen die Anlageziele der Kunden „übersetzt" und auf etwaige Widersprüche hin untersucht werden. Dass das vom Anleger gewünschte Anlageziel aufgrund seiner Widersprüchlichkeit mitunter nicht zu realisieren ist, macht das Urteil[465] des OLG Braunschweig vom 12.06.1996 (*Polly-Peck*) deutlich. Dem Gericht lag ein Fall vor, in dem eine Anlegerin DM 50.000 langfristig und DM 150.000 kurzfristig anlegen wollte. Bisher hatte sie bei der beklagten Bank ein Sparbuch und einen Sparbrief unterhalten. Als Anlageziel gab sie an, sie wolle einen vernünftigen Zinssatz und dabei eine bessere Verzinsung als auf einem Sparkonto oder mittels Festgeldanlage. Dabei sollte die Anlage aber ohne Risiko sein, da sie von den Zinsen leben müsse. Sie erwarb eine Fremdwährungs-Auslandsanleihe auf kanadische Dollar und eine DM-Auslands-Industrieanleihe, mit der sie Verluste erlitt.

---

[465] OLG Braunschweig, WM 1996, 1484.

Das OLG Braunschweig hat Fehler unter dem Gesichtspunkt der anlegergerechten Beratung festgestellt. So habe der Anlageberater nicht nachgefragt, welche Risiken die Klägerin tatsächlich bereit gewesen sei einzugehen. Auch habe er nicht abgeklärt, ob Industrieanleihen für die Klägerin überhaupt in Frage gekommen seien. Schließlich habe er ihr auch nicht die unterschiedlichen Risiken der verschiedenen Anlagearten deutlich gemacht und sie nicht über das allgemeine Insolvenzrisiko bei Industrieanleihen informiert. Unabhängig von dieser Bewertung stellt sich die Frage, inwieweit eine ordnungsgemäße Anlageempfehlung hinsichtlich der Vorgaben der Klägerin überhaupt möglich gewesen wäre. Dies wird deutlich, wenn man die von ihr formulierten Anlageziele in Anbetracht der bisherigen Erkenntnisse aus den vorstehend beschriebenen Urteilen strukturiert und gegenüberstellt. 219

Die Klägerin wollte auf der einen Seite einen vernünftigen Zinssatz und eine bessere Verzinsung als auf einem Sparkonto oder mittels Festgeldanlage erzielen. Zum anderen sollte die Anlage aber ohne Risiko sein, da sie von den Zinsen leben musste. Wie bisher festgestellt, können nur mündelsichere Wertpapiere wie z.B. Sparkonten, Festgelder, Finanzierungsschätze oder Bundesschatzbriefe als sichere Anlagen ohne jegliches Risiko angesehen werden. Allen diesen Anlageformen ist jedoch gemein, dass sie, vielleicht mit minimalen Abweichungen, aufgrund ihrer Risikolosigkeit letztlich den gleichen Zinsertrag erzielen. Die Aussage der Klägerin, sie wolle eine Anlage zu einem „vernünftigen Zinssatz, der über dem von Sparkonten oder Festgeldern liege", schließt mithin eine Investition in solche sicheren Anlageformen gerade aus. Genau einen solchen Wunsch hat der BGH in seinem *Fokker*-Urteil[466] mit „Renditeorientiertheit" bezeichnet, woraus man auf eine begrenzte Risikobereitschaft schließen könne. Es stellt sich somit die Frage, welche Anlageform in Anbetracht der zweiten Forderung der Klägerin, die Anlage solle gleichzeitig ohne Risiko sein, als Anlage überhaupt noch in Betracht gekommen wäre. Die Antwort lautet: keine. Denn alle anderen Anlageformen müssen als spekulativ, weil mit einem Kurs-, bzw. Bonitätsrisiko behaftet, bezeichnet werden. Am ehesten käme hier noch die Empfehlung einer DM-Anleihe mit erstklassiger Bonität in betracht. Eine solche Anlage wäre aber nicht sicher, sondern mit einem begrenzten Risiko verbunden. Auf diesen Widerspruch und die Unvereinbarkeit ihrer Anlageziele hätte die Anlegerin somit an erster Stelle hingewiesen werden müssen. Ohne die Auflösung dieses Widerspruchs durch den Anlageberater, war eine wie auch immer geartete Empfehlung von vorneherein zum Scheitern verurteilt. 220

Der Anlageberater muss sich hier also schon vorwerfen lassen, dass er die Anlageziele der Kundin nicht eindeutig geklärt hat. Hierzu ist er aber gemäß § 31 221

---

[466] Vgl. Besprechung unter Rz. 198.

Abs. 2 Nr. 1 WpHG verpflichtet. Denn das Ziel einer Befragung des Kunden nach seinen Anlagezielen kann nicht nur die bloße Abfrage seiner Anlagevorstellungen und Wünsche sein, sondern muss die Klärung seiner Anlageziele zum Ergebnis haben, um darauf eine ordnungsgemäße und sinnvolle Information des Kunden aufbauen zu können. Die Bank wird sich auch in solch einem Fall nicht ohne weiteres darauf berufen können, zumindest ein erfahrener Kunde sei selber Schuld, wenn er hinsichtlich seiner Anlageziele widersprüchliche Angaben mache. Denn durch die ausdrückliche Statuierung der Erkundigungspflicht in § 31 Abs. 2 Nr. 1 WpHG hat der Gesetzgeber meines Erachtens den Akzent auf eine Nachfragepflicht seitens der Bank gesetzt. Anders ausgedrückt, es handelt sich um eine Bringschuld der Bank gegenüber ihren Kunden. Denn die eindeutige Klärung der Anlageziele ist zur Wahrung der Interessen der Kunden ohne Zweifel erforderlich.

b) Deutlichere Hervorhebung in der Praxis

222 Insbesondere für einen Anleger, der eine sichere und risikolose Geldanlage wünscht, müsste eine Aufklärung bzw. Beratung in der täglichen Praxis noch deutlicher als bisher darauf hinweisen, dass nur die Anlage in mündelsichere Wertpapiere jegliches Risiko vollkommen ausschließt. Anders als bei einem renditeorientierten und damit begrenzt risikobereiten Kunden, der sich über die Existenz eines grundsätzlichen Risikos im klaren ist und bei dem es „nur" um Abstufungen innerhalb eines vorhandenen und von ihm gewünschten Risikos geht, ist bei einem auf Sicherheit bedachten Anleger die Diskrepanz zwischen der Erwartung einer risikolosen Geldanlage und der Gefahr eines Verlustes des eingesetzten Vermögens, viel größer. Dies haben die Erfahrungen der letzten Jahre eindeutig gezeigt. Man könnte somit argumentieren, dass es nicht ausreicht, wenn eine Bank einem Kunden, der eine sichere und risikolose Geldanlage wünscht, eine Anleihe lediglich mit dem Hinweis auf das theoretisch bestehende Insolvenzrisiko empfiehlt. Hier müsste gegebenenfalls eine deutliche und, zwecks Sensibilisierung des Anlegers, zunächst durchaus abschreckende Benennung als spekulative Anlageform erfolgen.

223 Als Beispiel sei hier das Formular einer großen deutschen Bank[467] genannt. In der niedrigsten von fünf Risikoklassen werden dort kurzlaufende Euro-Anleihen bester Qualität, kurzlaufende Euro-Rentenfonds und offene Euro-Immobilienfonds geführt. Dies alles sind Anlageformen, die mit einem Risiko behaftet sind und somit nicht als sicher im Sinne von risikolos gelten können. Es ist meines Erachtens durchaus zweifelhaft, ob sich alle Kunden darüber im klaren sind, dass diese Anlageprodukte lediglich diejenigen mit dem, relativ gesehen, geringsten Risiko sind, dass es sich bei ihnen aber keinesfalls um Anlage-

[467] Formular für Kundenangaben zum Wertpapiergeschäft der Deutschen Bank AG, Stand März 2005, 3.

formen handelt, die man als sichere Produkte ohne jegliches Risiko bezeichnen kann.

Kapitel 3: Haftungsbegründende und haftungsausfüllende Kausalität

X. Grundsätzliches zur Kausalität

1. Einleitung

Haftungsansprüche wegen unrichtiger oder unvollständiger Beratung bzw. Aufklärung setzen Kausalität voraus. Die falschen Angaben müssen den Anleger zu seiner Anlageentscheidung bestimmt haben und die Verletzung der Beratungs- bzw. Aufklärungspflicht muß ursächlich für den Schaden sein, den er mit der Anlage erlitten hat.[468] Eine Unterscheidung in haftungsbegründende und haftungsausfüllende Kausalität findet immer dort statt, wo das Gesetz den Haftungstatbestand und damit die Ersatzpflicht an die Herbeiführung eines bestimmten Erfolges knüpft, so etwa im Bereich des Deliktsrechts im Rahmen des § 823 Abs. 1 BGB. Für einen Haftungsanspruch muß hier zunächst ein Ursachenzusammenhang zwischen dem Verhalten des Schädigers und der Herbeiführung des Erfolgs, also der vom Haftungstatbestand geforderten Rechtsgutverletzung, bestehen (haftungsbegründende Kausalität). Die haftungsausfüllende Kausalität bezeichnet dann die Verbindung des herbeigeführten Erfolges mit einer Schädigung des Ersatzberechtigten.[469] Fraglich ist, ob die Unterscheidung dieser zwei Kausalitätsformen entfällt, wenn das Gesetz, wie etwa bei der Vertragshaftung, lediglich einen Zusammenhang zwischen einem bestimmten (pflichtwidrigen) Verhalten und einer Schadenszufügung fordert. Denn eine zwischen dem Verhalten des Schädigers und dem erlittenen Schaden vorausgesetzte Rechtsgutsverletzung, wie im Falle des § 823 Abs. 1 BGB, entfällt hier naturgemäß. In der Literatur wird teilweise die Auffassung vertreten, dass eine Unterscheidung zwischen beiden Kausalitätsformen im Hinblick auf eine Vertragshaftung nicht mehr durchführbar sei, da dort die Ersatzpflicht nicht von der Herbeiführung eines bestimmten Erfolges abhänge. Eine Unterscheidung lasse sich nur dann treffen, wenn die Verletzung gleichzeitig in ein bestimmtes Rechtsgut eingreife.[470] Andere Teile der Literatur plädieren dagegen für eine Beibehaltung der Unterscheidung, da sie sich durchhalten lasse, wenn man die haftungsbegründende Kausalität im Sinne eines Zusammenhangs zwischen denjenigen Elementen verstehe, welche die Haftung dem Grunde nach ergeben. Die haftungsausfüllende Kausalität stelle dagegen die Verbindung dieses Haftungsgrundes mit dem ersten auf der Rechtsfolgenseite stehenden Schaden und dessen Zusammenhang 224

[468] Vgl. u.a. *Assmann/Schütze*, aaO., § 5, Rz. 128; *Schäfer/Müller*, aaO., 29.
[469] *Lange/Schiemann*, Handbuch des Schuldrechts, Band 1, 2003, § 3 II, 77; *Roth*, ZHR 154 (1990), 513, 523; *Palandt/ Heinrichs*, Vor § 249, Rz. 55.
[470] *Lange/Schiemann, aaO., § 3 II, 78.*

mit weiteren Folgeschäden dar. Der Grenzverlauf werde also dadurch bestimmt, was der Tatbestand der Haftungsnorm für den Haftgrund erfordere.[471]

225 Meines Erachtens ist der vorstehend dargestellte Meinungsstreit zumindest für den Bereich der fehlerhaften Aufklärung bzw. Anlageberatung letztlich nicht relevant. Denn der Anlageberater verhält sich pflichtwidrig, indem er gegenüber dem Kunden eine fehlerhafte Beratung/Aufklärung durchführt. Der Kunde trifft sodann auf der Basis einer fehlerhaften Informationsgrundlage seine Anlageentscheidung, die in der Folge zu einem Vermögensverlust führt. Das charakteristische an der Haftung wegen einer fehlerhaften Anlageberatung ist somit der Umstand, dass die eigentliche schädigende Handlung, die Anlageentscheidung, durch den Kunden selber vorgenommen wird. Für den Vermögensverlust ist der Anlageberater letztlich nur mittelbar verantwortlich. Mit den üblichen Vertragshaftungsfällen, in denen das pflichtwidrige Verhalten unmittelbar zu einem Schaden bei dem Betroffenen führt, ist die Anlageberatung mithin nicht vergleichbar. Im Ergebnis bedeutet das, dass in der Anlageentscheidung des Kunden, die er auf einer fehlerhaften Informationsgrundlage trifft, die von *Lange* für eine ausnahmsweise Beibehaltung der zwei Kausalitätsformen geforderte Rechtsgutsverletzung immer enthalten ist und zwar in der Form einer Verletzung der Dispositions- bzw. Willensfreiheit des Bankkunden.[472] Mit *Roth* und *Medicus* würde die Verletzung der Dispositions- bzw. Willensfreiheit dagegen den ersten auf der Rechtsfolgenseite stehenden Schaden, ein in der Folge eintretender Vermögensverlust ferner einen Folgeschaden darstellen, der im Zusammenhang mit der verletzten Dispositionsfreiheit steht. Beide Ansichten erlauben somit, eine Unterscheidung in haftungsbegründende und haftungsausfüllende Kausalität im Rahmen der Anlageberatung beizubehalten.

226 Die Unverzichtbarkeit einer Unterscheidung zwischen beiden Kausalitätsformen im Bereich der Anlageberatung wird an einem Beispiel deutlich, wie es in der Praxis häufig vorkommt. Ein Bankkunde wird Opfer einer fehlerhaften Beratung mit der Folge, dass er eine für seine Anlageziele völlig ungeeignete Aktie kauft. Durch autonome Gründe steigt der Kurs dieser Aktie in der Folge aber dermaßen an, dass der Kunde seine Bestände nach 2 Monaten mit einem stattlichen Gewinn verkaufen kann. Ein pflichtwidriges Verhalten des Anlageberaters liegt vor, welches zu einer Verletzung der Dispositionsfreiheit des Anlegers geführt hat. Die haftungsbegründende Kausalität ist somit gegeben. Problematisch ist jedoch, dass sich der Schaden der verletzten Dispositionsfreiheit abstrakt nicht beziffern lässt. Es ist in der Folge nicht absehbar, ob sich aus dieser vom Bank-

---

[471] So etwa *Roth*, ZHR 154 (1990), 513, 524; *Staudinger/Medicus*, BGB, 12. Auflage, 1983, § 249, Rz. 47.

[472] Vgl. *Geibel*, aaO., 164; *Grigoleit*, Vorvertragliche Informationshaftung, 1997, 167; *Fleischer/Kalss*, AG 2002, 329, 331.

kunden erlittenen Rechtsgutsverletzung ein Schaden ergibt, oder ob er, wie im vorstehend skizzierten Beispiel, trotz erlittener Rechtsgutsverletzung sogar einen Gewinn davonträgt. Umgekehrt sei auf den Fall einer fehlerhaften Ad-hoc-Mitteilung einer Aktiengesellschaft verwiesen, von der ein Anleger zwar keine Kenntnis erlangt, deren Aktien er aber erwirbt. Nach einem in der Folge eintretenden Kursverlust erleidet er einen Vermögensschaden, erfährt zufällig von der fehlerhaften Mitteilung und verlangt Schadenersatz. Auch diese Konstellation, die später noch näher zu erläutern sein wird, lässt sich nur mit einer Unterscheidung in haftungsbegründende und haftungsausfüllende Kausalität befriedigend und stringent lösen.

Für den weiteren Verlauf dieser Arbeit wird also im Rahmen der Kausalität zu 227
fragen sein, ob die Entscheidung eines Anlegers, ein bestimmtes Wertpapiergeschäft zu tätigen, durch die vom Anlageberater übermittelte, fehlerhafte Information beeinflusst war. Spielte die fehlerhafte Information für die Entscheidung des Anlegers keine Rolle, war sie im Zeitpunkt der Anlageentscheidung nicht (mehr) präsent, etwa weil sie durch Zeitablauf bereits wieder vergessen wurde oder ein anderer Umstand (z.B. ein wichtiges Ereignis auf den Kapitalmärkten) die Existenz der fehlerhaften Information im Bewusstsein des Anlegers ausgelöscht hatte, so ist schon die haftungsbegründende Kausalität zu verneinen. Die haftungsausfüllende Kausalität dagegen bezieht sich auf den Ursachenzusammenhang zwischen der fehlerhaften Anlageentscheidung, also der verletzten Dispositionsfreiheit, und dem eingetretenen Schaden.[473] Augrund des vorstehend Gesagten muß die fehlerhafte Information zum Zeitpunkt der Anlageentscheidung zwingend präsent gewesen sein. Trotzdem kann die haftungsausfüllende Kausalität verneint werden, wenn die fehlerhafte Information letztlich nicht den Grund für die Entscheidung des Anlegers bildete, wenn sie also in den Prozeß der Entscheidungsfindung zwar einbezogen war, aber trotzdem keine Rolle gespielt hat und nicht ausschlaggebend für die Anlageentscheidung war, weil sie im Bewusstsein des Anlegers durch andere Beweg-/Entscheidungsgründe überlagert wurde. Hätte der Anleger dagegen die Entscheidung tatsächlich nicht getroffen, wenn ihm statt der fehlerhaften die richtige Information übermittelt worden wäre (Vermutung aufklärungsrichtigen Verhaltens), so muß die haftungsausfüllende Kausalität bejaht werden.

2. Ansätze zur Bestimmung der Kausalität

Zur Feststellung von Kausalität sind im Laufe der Zeit mehrere Theorien und 228
Ansätze entwickelt worden. Diese sollen hier zunächst kurz vorgestellt werden, bevor die spezifischen Probleme untersucht werden, die sich im Zusammenhang

[473] *Palandt/ Heinrichs*, Vor § 249, Rz. 56.

mit Beratung und Aufklärung im Rahmen der Frage nach haftungsbegründender und haftungsausfüllender Kausalität ergeben können. Ein Ansatz zur Bestimmung der Kausalität zwischen einem Ereignis und dem Eintritt einer Rechtsgutsverletzung ist die Äquivalenztheorie. Nach dem Ursachenbegriff der Logik und Naturwissenschaft ist Ursache die Gesamtheit aller Bedingungen, Teilursache mithin jede einzelne Bedingung, die zum Erfolg beigetragen hat.[474] Äquivalent bedeutet dabei „gleichgewichtig"; die Äquivalenztheorie ist also eine Absage an den Versuch, zwischen wichtigeren und weniger wichtigen Ursachen zu unterscheiden. Als Folge des zum Ersatz verpflichtenden Ereignisses gelten daher alle Umstände, die nicht hinweggedacht werden können, ohne dass der Erfolg entfiele (*conditio sine qua non*). Eine solche Kausalitätsformel passt sinngemäß auch, wenn das zum Ersatz verpflichtende Ereignis in einer Unterlassung besteht.[475] Die Problematik in der Anwendung dieser Theorie besteht darin, dass sie durch die gleichgewichtige Behandlung aller Ursachen zu einer unerträglichen Ausweitung der Schadenszurechnung führen kann. Sie bedarf daher einer Ergänzung durch weitere Zurechnungskriterien. Diese hat die Adäquanztheorie zu entwickeln versucht. Sie zielt darauf ab, gänzlich unwahrscheinliche Kausalverläufe auszuscheiden. Die zur Umschreibung der Adäquanztheorie verwendeten Formulierungen sind uneinheitlich. Die Rechtsprechung hat zwei Formeln entwickelt, die häufig miteinander verbunden werden. Danach muss das Ereignis im allgemeinen und nicht nur unter besonders eigenartigen, unwahrscheinlichen und nach dem gewöhnlichen Verlauf der Dinge außer Betracht zu lassenden Umständen geeignet sein, einen Erfolg der eingetretenen Art herbeizuführen. Maßgeblich für die Adäquanzbeurteilung sei dabei nicht die subjektive Sicht des Schädigers, sondern eine objektiv nachträgliche Prognose, bei der alle dem optimalen Beobachter zum Zeitpunkt des Schadenseintritts erkennbare Umstände zu berücksichtigen seien.[476]

229 Die auf eine Wahrscheinlichkeitsbetrachtung ausgerichtete Adäquanztheorie bedarf einer Ergänzung durch eine wertende Beurteilung. Eine Schadensersatzpflicht besteht nur, wenn der geltend gemachte Schaden nach Art und Entstehungsweise unter den Schutzzweck der verletzten Norm fällt. Es muss sich also um Nachteile handeln, die aus dem Bereich der Gefahren stammen, zu deren Abwendung die verletzte Norm erlassen oder die verletzten vertraglichen bzw. vorvertraglichen Pflichten übernommen worden sind. War die Bank beispielsweise zur umfassenden Beratung verpflichtet, so haftet sie, selbst wenn sie diese Pflicht lediglich hinsichtlich eines einzelnen Punktes verletzt, grundsätzlich für

---

[474] *Palandt/ Heinrichs*, Vor § 249, Rz. 57.
[475] *Medicus*, Schuldrecht I, 15. Auflage, 2004, Rz. 596.
[476] BGHZ 3, 261, 266; BGHZ 7, 199, 204; BGHZ 57, 141; BGH, NJW 1995, 127; BGH, NJW 1998, 140; siehe auch *Vieweg*, in: *Staudinger*, Eckpfeiler des Schuldrechts, 2005, 390 ff.

alle Schäden, die dem Anleger infolge der nachteiligen Information entstehen.[477] Beschränkt sich die Aufklärungspflicht der Bank hingegen auf ganz bestimmte, für das Vorhaben bedeutsame Einzelpunkte, so ist die Ersatzpflicht auf den Schaden begrenzt, der sich isoliert aus dieser Pflichtverletzung ergibt.[478] Soweit für die Schadenszurechnung ein Rechtswidrigkeitszusammenhang gefordert wird, ist in der Sache dasselbe gemeint.[479] Eine Kausalität ist dann nicht gegeben, wenn der Schaden auch bei rechtmäßigem Alternativverhalten eingetreten wäre, dass heißt, wenn der Anleger sich auch bei ordnungsgemäßer Aufklärung/Beratung seitens der Bank für das fragliche Anlageobjekt entschieden hätte.[480]

3. Grundsätzliche Beweislastverteilung und Beweismaß

a) Beweislast **230**

Grundsätzlich trägt der Kläger, der aus einer positiven Forderungsverletzung oder c.i.c. einen Schadensersatzanspruch herleitet, die Beweislast[481] für diejenigen Tatsachen, aus denen sich eine objektive Pflichtverletzung des Schuldners und der Kausalzusammenhang zwischen der Verletzung und dem erlittenen Schaden ergeben.[482] Die Beweislast bestimmt dabei nicht nur die Darlegungslast, sondern auch das Risiko des Prozessverlustes für den Fall der Nichtbeweisbarkeit. Sie ist eine Folge des Beibringungsgrundsatzes.[483] Bei der Verletzung von vertraglichen oder vorvertraglichen Aufklärungs- und Beratungspflichten geht es um Fälle, in denen eine unrichtige Information übermittelt wurde, bzw. die Übermittlung einer notwendigen Information unterlassen wurde. Der Kläger müsste also grundsätzlich nachweisen, dass seine Entscheidung bzw. sein Verhalten auf der unrichtigen Information beruhte und er muss darlegen, dass die Anlageentscheidung, die aufgrund der falschen Informationslage getroffen hat,

---

477 BGH, ZIP 1992, 987, 990; BGH, WM 1990, 462; BGH, WM 1990, 1276; vgl. auch *Brandt*, aaO., 97; *Schäfer/Müller*, aaO., 31; *Arendts*, fehlerhafte Anlageberatung, 70; *Raeschke-Kessler*, WM 1993, 1830, 1836.

478 BGH, WM 1992, 133, 134; vgl. auch *Palandt/ Heinrichs*, Vor § 249, Rz. 63 mit weiteren Nachweisen.

479 *Medicus*, Schuldrecht I, Rz. 599; *Palandt/ Heinrichs*, Vor § 249, Rz. 62.

480 *Palandt/Heinrichs*, § 280 Rz. 39.

481 Vgl. *Kegel*, Beweislast und Relationskunst, in: Festschrift für *Baumgärtel*, 1990, 201, 206: Die rechtspolitischen Hintergründe der Verteilung der Beweislast sind verschieden. Zum Teil dienen sie besonderen materiellrechtlichen Zwecken (z.B. im Produkthaftungsrecht), zum Teil ist entscheidend, wer leichter beweisen kann (Leichtigkeitsbeweis) oder wer dem Gegener den Beweis schuldhaft erschwert oder unmöglich gemacht hat (Strafbeweis).

482 Vgl. statt vieler BGHZ 61, 118, 120; *Palandt/Heinrichs*, § 280 Rz. 34 ff.

483 *Hartmann* in: *Baumbach/ Lauterbach/Albers/Hartmann*, ZPO, 64. Auflage, 2006, § 286 Anh., Rz. 1.

zu einem Schaden geführt hat, den er nicht erlitten hätte, wenn er ordnungsgemäß informiert worden wäre.[484]

231 b) Beweismaß

Hinsichtlich des Beweismaßes muss zwischen haftungsbegründender und haftungsausfüllender Kausalität unterschieden werden. Die Frage des Haftungsgrundes, also die haftungsbegründende Kausalität, wird gemäß § 286 ZPO entschieden. Danach ist der Beweis erbracht, wenn der Richter persönlich voll überzeugt ist, und zwar nicht nur von der Wahrscheinlichkeit, sondern von der Wahrheit einer Behauptung.[485] Nach § 287 ZPO ist die haftungsausfüllende Kausalität zu entscheiden, also die Frage, ob aufgrund der Rechtsgutverletzung ein Schaden entstanden ist. Dies ist der Fall, wenn der Haftungsgrund unstreitig oder erwiesen ist, es aber Streit über die Entstehung des Schadens oder die Schadenshöhe gibt. § 287 ZPO bringt in Abweichung vom Grundsatz der Notwendigkeit der Erschöpfung der Beweismittel und zur Vereinfachung und Beschleunigung des Verfahrens eine Erleichterung der Darlegungslast. Daher muss der Kläger nicht den strengen Beweis erbringen, es genügt eine deutlich überwiegende, auf gesicherter Grundlage beruhende Wahrscheinlichkeit.[486] Die Darlegungslast entfällt aber dadurch nicht etwa, sondern bleibt selbstverständlich bestehen. Kann eine streitgegenständliche Frage nicht entschieden werden und muss offen bleiben, verbleibt somit das Prozessrisiko beim Kläger, es erfolgt keine Umkehr der Beweislast.

232 c) Probleme bei der Kausalität von Information

Der Nachweis der Kausalität von Information ist aus mehreren Gründen problematisch. Für den Bereich der haftungsbegründenden Kausalität kann sich zum einen schon die Frage stellen, ob der Kläger von der Information überhaupt Kenntnis erlangt hat. Ist dies bejaht, muss festgestellt werden, ob er seine Entscheidung tatsächlich auf die erhaltene Information gestützt hat. Da dies ein intellektueller Vorgang, ein innerer geistiger Prozess ist, der von außen nicht sichtbar ist, kann diese Frage nicht mit objektiver Gewissheit geklärt werden. Auch die Frage nach der haftungsausfüllenden Kausalität bereitet Schwierigkeiten, weil sie letztlich auf einem hypothetischen Verhalten aufbaut, welches wegen der Natur der Sache ebenfalls nicht objektiv nachweisbar ist. Der Kausalitätsnachweis wird dem Informationsempfänger also in aller Regel Schwierigkei-

---

[484] Vgl. statt vieler BGH, ZIP 2004, 1599, 1604.
[485] *Hartmann*, aaO., § 286, Rz. 16, mit weiteren Nachweisen.
[486] *Hartmann*, aaO., § 287, Rz. 2, mit weiteren Nachweisen; *MünchKommBGB/Oetker*, § 249, Rz. 427; vgl. auch die Ausführungen bei *Geibel*, aaO., 159; *Roth*, ZHR 154 (1990), 513, 522 ff.

ten bereiten. Der Aufklärungspflichtige dagegen hätte nicht viel zu befürchten, wenn er bei der Verletzung einer Aufklärungs- oder Beratungspflicht sich darauf zurückziehen könnte, dass es kaum zu beweisen sei, ob der Informationsempfänger seine Entscheidung auf die erhaltene Information gestützt hat und was er im Falle einer ordnungsgemäßen Information getan hätte.[487] Ein solcher Ausgang mag deshalb als unbillig empfunden werden, weil er den Aufklärungs- bzw. Beratungspflichtigen, trotz dessen Pflichtverletzung, aufgrund der Beweisschwierigkeiten letztlich bevorteilen würde. Sofern man sich daher entscheidet, eine solche Situation zu korrigieren, so ist dies entweder auf der Ebene des Beweismaßes oder aber auf der Ebene der Beweislast möglich. Die erste Möglichkeit bestünde darin, dem Gläubiger zwar die Beweislast weiterhin aufzuerlegen, ihm jedoch insoweit zu helfen, als dass man das Beweismaß für die Überzeugungsbildung des Richters absenkt, wie dies der Gesetzgeber bspw. in § 287 ZPO getan hat. Damit wäre eine Beweisführung des Gläubigers unter Umständen erleichtert, das Prozessrisiko für den Fall der Nichtbeweisbarkeit verbliebe jedoch bei ihm. Eine zweite Möglichkeit bestünde darin, dem Schädiger die Darlegungs- und Beweislast aufzuerlegen. Eine solche Beweislastumkehr hätte zur Folge, dass das Prozessrisiko für den Fall der Nichtbeweisbarkeit auf diesen verlagert würde. Vergleicht man beide Möglichkeiten, so stellt sich im Hinblick auf eine Abweichung vom gesetzlichen Grundsatz die erste Möglichkeit als das mildere Mittel dar, weil den Gläubiger weiterhin die Darlegungslast trifft und das Prozessrisiko bei ihm verbleibt. Da eine Beweislastumkehr als zweite Möglichkeit am weitesten vom oben beschriebenen Grundsatz abweicht, wäre für ein solches Vorgehen auch der Begründungsaufwand am höchsten. Warum und in welcher Form sich Beweisschwierigkeiten bei der Frage nach der Kausalität von Information ergeben und warum deshalb die vorstehend aufgezeigten und erörterten Fragen für den Bereich der Aufklärungs- und Beratungspflichten von so großer Wichtigkeit sind, wird im nächsten Abschnitt zu zeigen sein.

XI. Probleme und Einflussfaktoren bei Aufnahme, Verarbeitung und Umsetzung von Information

1. Vermittlung von Information

Berücksichtigt man die Umstände, unter denen Information vermittelt wird, so 233
kann man zunächst drei entscheidende Faktoren unterscheiden. Den Sender von Informationen, das Medium über das Informationen vermittelt werden und den Empfänger von Informationen.[488] Der Sender generiert Information aus einem Vorrat von wiederum ihm zur Verfügung stehenden Informationen, Wissen,

[487] *Roth*, ZHR 154 (1990), 513, 516.
[488] *Gasser*, Kausalität und Zurechnung von Information als Rechtsproblem, 2001, 41 ff.

Eindrücken usw. Damit setzt er die eigentliche informationelle Ursache. Sodann wird diese Information unter Einsatz eines Mediums ausgesendet und übermittelt. Eine solche Übermittlung kann mündlich, schriftlich oder nonverbal erfolgen. Dabei kann die Qualität variieren. So kann die Information verständlich und klar strukturiert, aber auch widersprüchlich und in verwirrender Art und Weise erfolgen. Auch kann die Information von „Begleittönen" umrahmt sein, die dem eigentlichen Sinn der Information unter Umständen eine andere Bedeutung geben. Eine eigentlich eindeutige Aussage könnte z.B. durch zusätzliche verbale Signale wie einen ironischen oder abfälligen Unterton oder durch nonverbale Signale wie eine begleitende Mimik oder Gestik, einen neuen Bedeutungsinhalt bekommen. Auf Seiten des Empfängers werden diese Signale sodann selektiert und wahrgenommen. Dieser Input an Information wird anschließend in einem äußerst komplexen Prozess der Signalverarbeitung unbewusst und bewusst, emotional und rational, unter Einbezug des äußeren und inneren Kontexts, bewertet und gedeutet (Bedeutungs- und Sinnstiftung) und in der Folge gegebenenfalls in äußerlich wahrnehmbare Reaktionen, Handlungen, oder Entscheidungen umgesetzt.[489]

2. Einflussfaktoren

234 Betrachtet man den Prozess der Anlageentscheidung unter kausalen Gesichtspunkten, so kommt man zu dem Ergebnis, dass die „falsche" Anlageentscheidung, die letztlich zu einem Schaden führt, durch den Anleger selber getroffen wird. Es handelt sich somit um eine psychische (oder psychisch vermittelte) Kausalität. Davon wird gesprochen, wenn der Täter nur dadurch ursächlich für den Schaden wurde, dass er eine Bedingung für die Willensbetätigung eines anderen geschaffen hat, der den Schaden (selber) herbeiführte. An der Feststellung einer Kausalität zwischen der von der Bank vermittelten unrichtigen Information und der Kaufentscheidung des Anlegers ändert dieser Umstand jedoch nichts.[490] Der entscheidende Faktor liegt mithin in der Person des Empfängers. Dieser nimmt die Information auf, verarbeitet sie und trifft dann eine Entscheidung. Hierbei wird er sowohl von inneren, als auch von äußeren Umständen beeinflusst.

---

[489] *Gasser*, aaO., 42.

[490] Vgl. die Ausführungen bei *Gasser*, aaO., 38 f.; zur psychischen Kausalität ausführlich auch *Koriath*, Kausalität, Bedingungstheorie und psychische Kausalität, 1988, 196; *Roxin*, Strafrecht Allgemeiner Teil, Band 1, 3. Auflage, 1997, § 11 A III Rz. 30 ff.; *Staudinger/Schiemann*, Kommentar zum BGB, 13. Bearbeitung, 1998, § 249 Rz. 47.

a) Innere Umstände

Hinsichtlich der inneren Umstände ist zunächst an die intellektuelle Fähigkeit des Empfängers zu denken, Informationen zu verstehen und zu bewerten. Auch sein (Vor)Wissen und eventuell bereits vorhandene Erfahrungen sind von Bedeutung. Diese können in einer allgemeinen Lebenserfahrung bestehen oder aber auf eine bereits getätigte Wertpapieranlage bezogen sein. So kann es beispielsweise für das Risikobewusstsein eines Anlegers und damit für die Aufmerksamkeit gegenüber warnenden Hinweisen von entscheidender Bedeutung sein, ob er mit seiner Geldanlage schon einmal Verluste erlitten hat, oder ob er bisher immer nur in einen steigenden Markt investiert hat. Von Relevanz kann auch sein, ob sich der Empfänger bereits im Vorfeld mit einer eventuellen Anlagemöglichkeit beschäftigt oder schon Informationen von dritter Seite bezogen hat. Ein solcher Umstand könnte möglicherweise zur Folge haben, dass eine Information eine andere Information in ihrer Wahrnehmung überlagert. Dazu kommt die Einstellung des Empfängers, seine Erwartungshaltung, sowie Motivation und Ziele, die er mit seiner Geldanlage verknüpft. Aber auch die körperliche Verfassung, z.B. Müdigkeit oder Konzentrationsfähigkeit, spielt eine Rolle, da sie Wahrnehmung und Aufmerksamkeit des Anlegers beeinflussen kann. Ebenfalls nicht zu vernachlässigen ist die emotionale/seelische Verfassung. Aus eigener Lebenserfahrung weiß man, dass bei einer positiven Stimmung Dinge oder Situationen, mit denen man konfrontiert wird, unter Umständen optimistischer betrachtet werden, als es eigentlich gerechtfertigt wäre. Umgekehrt gilt das gleiche. Dies alles sind Einflüsse, die Auswirkungen auf den Selektionsprozess und damit auf die Wirkung von Information bei einem Anleger haben können.[491] 235

b) Äußere Umstände

Auch hinsichtlich äußerer Umstände[492] lassen sich eine Vielzahl von Einflussfaktoren identifizieren. Zu denken ist hier zunächst an das Verhältnis zwischen Sender und Empfänger. Es kann sich bspw. um ein Über-/Unterordnungsverhältnis handeln, bei dem der Sender einen höheren sozialen Status innehat als der Empfänger oder bei dem der Sender eine hohe Glaubwürdigkeit, Kompetenz und Intelligenz ausstrahlt. Entscheidend ist auch, wie groß der Wissensunterschied zwischen Sender und Empfänger ist. Darüber hinaus ist eine Anlageberatung/Aufklärung immer auch durch die Situation am Kapitalmarkt beeinflusst. Handelt es sich um eine Phase steigender oder fallender Kurse? Wird der Markt von optimistischen oder pessimistischen Zukunftsaussichten geprägt? Auch der finanzielle Hintergrund des Empfängers kann eine Rolle spie- 236

[491] Vgl. zu den inneren Umständen die ausführlichen Erläuterungen bei *Gasser*, aaO., 190.

[492] Vgl. auch die Übersicht bei *Gasser*, aaO., 192 f. Dieser sieht als mögliche Wirkungsfaktoren a) das Informationsangebot, b) die Eigenschaften des Senders/der Quelle, c) das Medium, d) den internen Kontext/Eigenschaften des Rezipienten und e) den externen Kontext.

len. So ist ein finanziell abgesicherter Anleger unter Umständen eher bereit, ein Risiko einzugehen und negative Umstände einer möglichen Kapitalanlage auf die leichte Schulter zu nehmen. Umgekehrt kann aber auch ein Anleger, der mit seinem letzten Geld alles auf eine Karte setzt, warnende Hinweise durchaus ignorieren.

237 Selbst aus dieser nur oberflächlichen Darstellung werden mehrere Dinge deutlich. Die Frage nach der Kausalität von Information ist ein vielgestaltiges und komplexes Problem. So identifiziert *Gasser*[493] zusammenfassend insgesamt vier Unsicherheitsfaktoren, die letztlich alle zusammenhängen und ineinandergreifen. Dies sind die Ungewissheit a) der Verursachung, b) des Verursachers, c) der Wirkung und somit d) die Ungewissheit des Kausalverlaufes. Die Ungewissheit über die Verursachung ergibt sich daraus, dass die Informationswirkung von einer Vielzahl von Prozessen und Strukturen abhängig ist, die ihrerseits durch frühere Informationsangebote aufgebaut wurden. Dies führt dazu, dass eine bestimmte Informationswirkung grundsätzlich nicht von einer einzigen informationellen Ursache abhängt, sondern letztlich von einer unüberschaubaren Akkumulation von Teilursachen beeinflusst ist, ohne dass deren Anteil am Zustandekommen der Informationswirkung im Einzelfall festgelegt werden kann. Dieser Kumulationseffekt gilt auch für die Verarbeitung von Information. Von dem individuellen Vorwissen und den Erfahrungen des Empfängers hängt es ab, in welchen Sinnbezug er die erlangte Information setzt.[494] Ähnliches gilt, auf die Person des Senders bezogen, auch für die Ungewissheit über den Verursacher. Diese kann sich daraus ergeben, dass eine bestimmte Wirkung nicht nur durch mehrere Teilursachen hervorgerufen worden sein kann, sondern dass diese Teilursachen auch von verschiedenen Sendern (Verursachern) gesetzt worden sein können. Hinsichtlich der Ungewissheit der Wirkung lässt sich weder mit naturwissenschaftlicher Genauigkeit feststellen, ob, und wenn ja, in welcher Form ein informationelles Signal eine bestimmte Wirkung beim Empfänger ausgelöst hat, noch wie der Empfänger diese Signale gewichtet und wahrnimmt. Die Entscheidungsfindung vollzieht sich im Kopf des Empfängers, in den man nicht hineinschauen kann. Selbst mit hochentwickelten medizinischen und technischen Gerätschaften ist man bis heute nicht in der Lage nachzuweisen, welche neurologischen Impulse und Signale welche Wirkung haben. Dieselbe Problematik besteht bei der Ungewissheit über den Kausalverlauf. Informationswirkung kann nicht als eine für alle gleichermaßen vorgegebene Reaktion auf einen bestimmten Reiz verstanden werden. Sie findet vielmehr in einem vielschichtigen, selektiven und intransparenten Prozess statt, der durch innere und äußere Umstände beeinflusst ist und auf rationalen wie irrationalen Gründen basiert. Das Ergebnis dieses komplexen Zusammenspiels kann durch kleinste Veränderungen, sei es

---

[493] *Gasser*, aaO., 92 ff.
[494] Vgl. *Gasser*, aaO., 91.

hinsichtlich der Person des Empfängers, innerer oder äußerer Einflüsse, neu gestaltet werden.[495]

c) Ergebnis

Das entscheidende Problem für die Beurteilung informationsbezogener Ursache-Wirkungs-Zusammenhänge liegt darin, dass auf naturwissenschaftliche Weise eine objektive Gewissheit über Verursachung, Verursacher, Wirkungsweise und damit über den Kausalitätszusammenhang zwischen einer fehlerhaften Information und dem Eintritt eines Schadens nicht zu erlangen ist.[496] Außerdem ist aufgrund der zahlreichen individuellen Einflussgrößen eine differenzierte Betrachtungsweise erforderlich, was eine generalisierende Antwort auf die Frage nach einem Ursachenzusammenhang grundsätzlich verbietet. Mit dem oben vorgestellten Instrumentarium von Theorien zum Nachweis der Kausalität ist dieser Schwierigkeit nicht beizukommen. Zwar ließe sich im Rahmen der Äquivalenztheorie die Frage nach der Kausalität von Information noch einigermaßen bewältigen. Denn wie oben gezeigt,[497] wird bei dieser Theorie nicht zwischen wichtigen und weniger wichtigen Teilursachen unterschieden. Wäre also zumindest festgestellt, dass dem Empfänger die Information übermittelt wurde, so könnte man sie unabhängig von der Gewissheit, wie sie konkret gewichtet und berücksichtigt wurde, zumindest als kausale (Teil)Ursache qualifizieren. Schwierig wird es allerdings, eine solche komplexe Gemengelage auch unter die herrschende Adäquanztheorie zu subsumieren. Denn nach der Adäquanztheorie müsste die unrichtige Information im allgemeinen und nicht nur unter besonders eigenartigen, unwahrscheinlichen und nach dem gewöhnlichen Verlauf der Dinge außer Betracht zu lassenden Umständen geeignet sein, eine Rechtsgutverletzung und einen Schaden herbeizuführen, um eine Kausalität zu bejahen. Eine solche Feststellung ist aber aufgrund der vorstehend aufgezeigten Problematik, die einen Rückgriff auf verallgemeinernde und generalisierende Ursache-Wirkungs-Zusammenhänge nicht ohne weiteres zulässt, äußerst schwierig.[498] Diese Schwierigkeiten liegen aber, und dies soll an dieser Stelle eindeutig festgehalten werden, nicht etwa in einer Schwäche der Adäquanztheorie begründet, sondern an den strukturellen Problemen, die sich aus der Natur und der Wirkung von Information in der Praxis ergeben. 238

Bei einem solchen Ergebnis kann die Frage nach der Bestimmung der Kausalität von Information naturgemäß nicht stehen bleiben. Lässt sich eine naturwissenschaftlich feststellbare, objektive Gewissheit nicht erreichen, so muss man nach 239

---

[495] Vgl. zu diesem Komplex *Gasser*, aaO., 88.
[496] *Gasser*, aaO., 90.
[497] Vgl. Rz. 228.
[498] Vgl. im Ergebnis auch *Gasser*, aaO., 89.

anderen Wegen suchen, mit denen sich das Problem der Kausalität von Information, sowohl im Hinblick auf die Ansprüche des Gerichts, als auch der auf beiden Seiten betroffenen Parteien, nachvollziehbar und zur Zufriedenheit aller Beteiligten lösen lässt. Bei der Suche nach einem anderen Lösungsansatz lässt sich aufgrund der vorstehend festgestellten Problematik unter Umständen auch nicht vermeiden, dass die Anforderungen, die an den gerichtsfesten Nachweis eines ursächlichen Zusammenhangs zu stellen sind, abgesenkt werden müssen.

240 Da sich weder die Wirkung von Information, noch die innere Entscheidungsfindung des Informationsempfängers eindeutig und beweisbar nachvollziehen lässt, besteht eine Lösungsmöglichkeit darin, auf die Umstände und Anhaltspunkte zurückzugreifen, die von außen erkennbar und potentiell geeignet sind, Einfluss auf die Aufnahme, Verarbeitung sowie Gewichtung von Information und damit letztlich auf die Entscheidungsfindung zu haben. Man ist somit darauf angewiesen, die von außen erkennbaren Einflussgrößen zu sichten und zu versuchen, daraus eine Schlussfolgerung hinsichtlich der Verhaltensweise des Informationsempfängers zu ziehen. Dabei muss man sich über zweierlei im Klaren sein. Diese Vorgehensweise produziert lediglich Indizien, aber keine absolute Gewissheit. Außerdem steht man selbst in Anbetracht möglicher Indizien streng genommen letztlich wiederum vor genau den selben unlösbaren Problemen, mit denen man bereits bei der Frage nach einer objektiven Gewissheit konfrontiert war. Man weiß weder, welche der von außen feststellbaren Einflüsse eine Entscheidung beeinflusst haben. Noch kann man beurteilen, wie die vom Empfänger wahrgenommen Faktoren gewichtet worden sind. Erst recht wird man nicht herausfinden können, ob nicht Faktoren eine Rolle gespielt haben, von denen man gar keine Kenntnis hatte. Um die oben aufgezeigten Probleme lösen zu können, wird man somit nicht umhin kommen, zumindest in einem bestimmten Umfang genau auf die Verallgemeinerungen und Generalisierungen Bezug zu nehmen, die als Hilfsmittel eigentlich für untauglich befunden worden sind. Unter Inkaufnahme dieser Widersprüchlichkeit wird man somit versuchen müssen, möglichst überzeugende Kriterien zu entwickeln, die sich auch auf variable Sachverhalte anwenden lassen. Bevor man aber darangehen kann, solche Kriterien in der Form von Indizien im Rahmen dieser Arbeit zu entwickeln, muss sich der Blick zunächst darauf richten, wie Gesetzgeber, Literatur und Rechtsprechung mit dem Problem von Kausalität und Information in der Praxis umgehen.

XII. Lösungsansätze für die Frage nach der Kausalität von Information bei der Verletzung von Aufklärungs- und Beratungspflichten

1. Allgemeine Entwicklung und Handhabung

Aufklärungs- und Beratungspflichten sind nicht nur in der Anlageberatung von 241
Bedeutung, sondern kommen in den unterschiedlichsten Bereichen vor.[499] In früheren Entscheidungen ging die Rechtsprechung überwiegend davon aus, dass der ersatzberechtigte Aufklärungsempfänger die Kausalität zwischen der schuldhaften Pflichtverletzung und dem Schaden darlegen und beweisen musste.[500] In einer Entscheidung aus dem Jahre 1973 wich der VII. Zivilsenat von diesem Grundsatz ab. Der Senat stellte fest, dass derjenige, der eine Aufklärungspflicht verletzt habe, die Beweislast dafür trage, dass der Schaden auch bei pflichtgemäßem Verhalten eingetreten wäre, weil sich der Geschädigte über den Rat oder Hinweis hinweggesetzt hätte. Dies gelte, sofern die betreffende Aufklärung dazu bestimmt gewesen sei, den ersatzberechtigten Vertragsgegner mittels einer Informationsgrundlage zu einer eigenen Entschließung über Maßnahmen zu bewegen, durch die ihm möglicherweise ein Schaden hätte drohen können.[501] Diese Auffassung und der Rückgriff auf eine Beweislastumkehr ist in der Folge jedoch nicht von allen Zivilsenaten des BGH geteilt worden. So greift der IX. Zivilsenat auf den Anscheinsbeweis zurück,[502] während der II. Zivilsenat auf die Lebenserfahrung abstellt[503] und der III. Zivilsenat von einer Vermutung aufklärungsrichtigen Verhaltens spricht.[504]

2. Lösungsansatz bei der Anlageberatung

Der für die Anlageberatung hauptsächlich zuständige XI. Zivilsenat befürwortet 242
für die Frage nach der Kausalität von Information eine Beweislastumkehr.[505] In

[499] BGH, WM 1982, 428 (fehlerhafte Aufklärung durch einen Grundstücksmakler); BGH, WM 1960, 1150 (Amtspflichtverletzung eines Notars); BGH, NJW 1968, 2240 (Unternehmenskauf); BGH, NJW 1994, 2414 (Arzthaftung); BGH, NJW 1993, 1320 (Anwaltshaftung); BGH, WM 1992, 238 (Haftung eines Steuerberaters).

[500] BGH, WM 1960, 1150; BGH, WM 1969, 470; BGH, JZ 1969, 335; BGH, DB 1966, 2020; BGH, NJW 1973, 321.

[501] BGHZ 61, 118 (120 ff.)=BGH, WM 1973, 1015.

[502] Vgl. statt vieler BGHZ, 123, 311, 315; BGH, WM 1994, 78, mit ausführlicher Begründung.

[503] Vgl. z.B. BGH, WM 1991, 1543, 1545; BGH, WM 1992, 1892, 1893; BGH, WM 1993, 1787.

[504] BGH, WM 1995, 344, 347; BGH, NJW-RR 1998, 1342, 1343; BGH, WM 1998, 1673, 1674; in BGH, WM 2000, 426, 429 gründet der Bundesgerichtshof seine Entscheidung allerdings auf die Lebenserfahrung.

[505] Vgl. BGH, WM 1990, 681, 683; BGH, WM 1992, 1935, 1937; BGH, WM 1994, 149; BGH, WM 1997, 811, 813; unklar dagegen in BGH, WM 2002, 1445, 1447.

früheren Urteil findet sich die klare Aussage, die Darlegungs- und Beweislast für die Annahme, dass der Anleger bei richtiger Aufklärung das fragliche Anlageobjekt nicht erworben hätte, trage die beklagte Bank, also der Aufklärungspflichtige.[506] Dies wird in der Folge insoweit eingeschränkt, als dass eine Beweislastumkehr zwar in ständiger Rechtsprechung[507] bejaht wird, dies aber nur dann gelten soll, wenn es lediglich eine Möglichkeit aufklärungsrichtigen Verhaltens gegeben hätte.[508] In jüngster Zeit ist diese Einschränkung wieder etwas gelockert worden. In seinem Urteil vom 07. Mai 2002 führt der BGH zunächst aus, dass die Bank dafür beweispflichtig sei, dass der Schaden auch bei pflichtgemäßer Aufklärung eingetreten wäre, um anschließend darauf hinzuweisen, dass die Vermutung aufklärungsrichtigen Verhaltens auch dann zu gelten habe, wenn es für den aufzuklärenden Teil vernünftigerweise zwei Handlungsalternativen gegeben hätte, deren Wahrnehmung jeweils geeignet gewesen wäre, den entstandenen Schaden zu vermeiden.[509]

243 **3. Dogmatische Einordnung und Begründung**

Wie vorstehend gezeigt, vertritt die Rechtsprechung hinsichtlich der Behandlung der Kausalität von Information keine einheitliche Linie.[510] Hinsichtlich der Begründung ist in einigen Urteilen der Rechtsprechung lediglich die Formulierung zu lesen, „wer vertragliche oder vorvertragliche Beratungs- oder Aufklärungspflichten verletzt hat, ist beweispflichtig dafür, dass der Schaden auch bei einem pflichtgemäßen Verhalten eingetreten wäre."[511] In anderen Entscheidungen findet sich die Aussage, es bestehe eine (tatsächliche) Vermutung dafür, dass der Anleger sich bei richtiger oder vollständiger Information aufklärungsrichtig verhalten, der Geschädigte also den Rat oder den Hinweis nicht befolgt und von dem fraglichen Geschäft abgesehen hätte.[512] Teilweise wiederum begründet der Bundesgerichtshof die Ursächlichkeit zwischen einer unvollständigen Auskunft

[506] BGH, WM 1991, 127, 130; BGH, WM 1991, 315, 317; BGH, WM 1988, 1031, mit weiteren Nachweisen.
[507] Als Referenz führt der Bundesgerichtshof die folgenden Urteile an: BGH, WM 1993, 1457, 1458; BGH, WM 1994, 149; BGH, WM 1996, 1214, 1216.
[508] Vgl. z.B. BGH, WM 1997, 811, 813; BGH, WM 1998, 1527, 1529.
[509] BGH, ZIP 2002, 1238, 1240 (Consors).
[510] Vgl. die Ausführungen bei *Lang*, WM 2000, 450 f.; ebenso die Übersicht bei *Schäfer/Müller*, aaO., Rz. 79 ff.
[511] Vgl. statt vieler BGH, WM 1998, 1527, 1529; BGH, WM 1997, 811, 813; BGH, WM 1994, 149 (alle XI. ZS)
[512] BGHZ 72, 106; BGH, WM 1994, 149; BGH ZIP 1994, 116, 119; BGH, WM 1994, 1746, 1747; BGH, WM 2001, 2313, 2315; BGH, WM 2002, 1445, 1447; OLG Jena, WM 2005, 1946, 1947; OLG Koblenz, WM 1996, 1089, 1090; OLG Braunschweig, WM 1996, 1484, 1486; vgl. zum aufklärungsrichtigen Verhalten auch *Palandt/ Heinrichs*, § 280, Rz. 39; *Assmann/Schütze*, aaO., § 5, Rz. 130; *Medicus* in: *Hadding/Nobbe*, Bankrecht 2000, 271; *Balzer*, ZBB 3/1997, 260, 268; *Vortmann*, aaO., Rz. 59c und 63.

und der Beteiligungsentscheidung des Anlegers mit der Lebenserfahrung.[513] Hinsichtlich der dogmatischen Einordnung wird ebenfalls argumentiert, eine auf die Typik eines bestimmten Geschehensablaufs gegründete Beweisregel rechtfertige keine volle Beweislastumkehr, sondern lediglich einen Anscheinsbeweis oder eine tatsächliche Vermutung, insbesondere weil der Schädiger billigerweise nicht mit einem Beweis für Tatsachen belastet werden könne, die im Einfluss- und Kenntnisbereich der anderen Partei lägen.[514]

Die Rechtsprechung scheint aber auch innerhalb der jeweiligen Zivilsenate teil- **244**
weise nicht immer genau zwischen Beweislastumkehr und Anscheinsbeweis zu unterscheiden. So führt bspw. der III. Zivilsenat, der die Kausalitätsproblematik mit Hilfe des Anscheinsbeweises löst, in einem seiner Urteile aus,[515] dass nach der Lebenserfahrung davon auszugehen sei, dass die in einem wesentlichen Punkt unrichtige Auskunft ursächlich für die Beteiligungsentscheidung des Anlegers war und verweist diesbezüglich auf frühere Entscheidungen.[516] Anschließend macht er Ausführungen bezüglich des Einwands der Revision, der Kläger habe nicht vorgetragen, dass er bei richtiger Auskunft Abstand von dem streitgegenständlichen Geschäft genommen hätte. Dazu stellt er fest, dieser Umstand sei unerheblich, weil die Darlegungs- und Beweislast beim Aufklärungspflichtigen liege.[517] Ähnliche Unklarheiten finden sich auch in Urteilen des XI. Zivilsenats, der wie oben gezeigt,[518] eine Beweislastumkehr vertritt. So finden sich Urteile, in denen er die Kausalität der unrichtigen Information mit dem Hinweis begründet, die tatsächliche Vermutung habe nicht widerlegt werden können,[519] bzw. es bestehe die tatsächliche Vermutung, dass der Kläger bei gehöriger Aufklärung die Geschäfte nicht abgeschlossen hätte.[520] Man mag dies damit erklären, dass der XI. Zivilsenat den Begriff der tatsächlichen Vermutung der Beweislastumkehr zurechnet. Trotzdem ist die Verwendung dieser Begriffe verwirrend. Dies wird anhand eines Urteils vom 11. März 1997 deutlich.[521] Dort stellt der XI. Zivilsenat fest, dass derjenige, der eine Aufklärungspflicht verletzt, beweispflichtig dafür sei, dass der Schaden auch bei gehöriger Aufklärung eingetreten wäre. Etwas anderes gelte nur dann, wenn eine gehörige Aufklärung einen

---

[513] Vgl. BGH, WM 1996, 1214, 1216; BGH, WM 2000, 426, 429; ebenso *Ellenberger*, WM 2001, Sonderbeilage 1, 2, 9: Nach der Lebenserfahrung sei davon auszugehen, dass die in einem wesentlichen Punkt unrichtige Auskunft ursächlich für eine Beteiligungsentscheidung eines Anlegers ist.
[514] BGHZ 123, 311, 315 f. (IX. ZS)=NJW 1993, 3259=WM 1994, 78.
[515] BGH, WM 2000, 426.
[516] BGH, WM 1998, 1673; BGH, WM 1994, 2192.
[517] BGH, WM 2000, 426, 429.
[518] Vgl. Rz. 242.
[519] BGH, WM 1996, 1214, 1216.
[520] BGH, WM 2001, 2313, 2315; BGH, WM 2002, 1445.
[521] BGH, WM 1997, 811.

Entscheidungskonflikt ausgelöst hätte, weil es vernünftigerweise nicht nur eine, sondern mehrere Möglichkeiten aufklärungsrichtigen Verhaltens gegeben hätte. Anschließend führt er aus, dass es im vorliegenden Fall für den Kläger nur eine Möglichkeit aufklärungsrichtigen Verhaltens gegeben habe, um abschließend festzustellen: „Die bestehende Kausalitätsvermutung ist also nicht widerlegt.“[522]

245 Schaut man sich an, in welchem Zusammenhang der XI. Zivilsenat den Begriff der Kausalitätsvermutung in seinen Urteilen verwendet, so ist dies, wie die vorstehenden Ausführungen zeigen, immer eine Vermutung zugunsten des Klägers. Dies vorausgesetzt, ist die oben zitierte Aussage des Gerichts meines Erachtens jedoch systemwidrig, zumindest aber verwirrend. Denn im Falle einer Beweislastumkehr gibt es keine Vermutung zugunsten des Klägers, man braucht sie nicht. Der Beklagte, also der Schädiger, trägt die Darlegungs- und Beweislast dafür, dass der Schaden des Klägers auch bei ordnungsgemäßer Aufklärung entstanden wäre, dieser sich also nicht aufklärungsrichtig verhalten hätte. Die abschließende Feststellung des BGH müsste also eigentlich lauten, der Beklagte habe nicht nachweisen können, dass der Schaden des Klägers auch dann eingetreten wäre, wenn dieser ordnungsgemäß aufgeklärt worden wäre. Ob zugunsten des Klägers etwas vermutet wird oder nicht, ist im Falle einer Beweislastumkehr unerheblich und überflüssig. Es existiert daher auch keine Vermutung, die widerlegt werden müsste.[523]

246 Auch die Terminologie wirft Fragen auf. So wird teilweise nicht ganz klar, ob zwischen dem Terminus der „tatsächlichen Vermutung“ und dem Terminus der „Vermutung aufklärungsrichtigen Verhaltens“ ein Unterschied gemacht wird, und wenn ja, ob ersterer der Beweislastumkehr, letzterer dem Anscheinsbeweis zugeordnet wird.[524] Die Vermutung aufklärungsrichtigen Verhaltens ist, ebenso wie der Rückgriff auf die Lebenserfahrung, dem Anscheinsbeweis zuzurech-

---

[522] BGH, WM 1997, 811, 813.

[523] Eine Erklärung für die verwirrenden Ausführungen des BGH könnte darin liegen, dass einer Beweislastumkehr selbstverständlich ein Gedankengebäude zugrunde liegt, bei dem davon ausgegangen wird, dass ein Anleger durch eine fehlerhafte Information beeinflusst wird und danach sein Verhalten ausrichtet. Diese Überlegung lässt sich als Begründung für die Beweislastumkehr anführen, ist aber im Rahmen der Frage nach einer erfolgreichen Beweisführung und der Abwendung des Prozessrisikos meines Erachtens fehl am Platz.

[524] Vgl. z.B. BGH, WM 2002, 1445, 1447: der XI. Zivilsenat, der ansonsten durchgehend eine Beweislastumkehr befürwortet, spricht hier von einer tatsächlichen Vermutung, die er als ständige Rechtsprechung bezeichnet; vgl. auch BGHZ 123, 311, 315 (IX. ZS), der zwischen Anscheinsbeweis und tatsächlicher Vermutung unterscheidet, beide Begriffe allerdings in Abgrenzung zur Beweislastumkehr benutzt; vgl. auch *Geibel*, aaO., 153 ff. und 189, mit weiteren Nachweisen.

nen.[525] Zur Begründung eines Anscheinsbeweises ist es notwendig, aber auch ausreichend, einen bestimmten Erfahrungssatz festzustellen. Darunter werden typische Geschehensabläufe verstanden, die nicht ausnahmslos gelten müssen. Der Erfahrungssatz muss nicht vollständig wissenschaftlich überprüfbar sein. Vielmehr ist es ausreichend, wenn der hohe Grad seiner Bestätigung nach der Lebenserfahrung mit einer gewissen Evidenz festgestellt werden kann. Dem Gericht ist es dann erlaubt, denjenigen Verlauf, der bei der gegebenen Sachlage dem Üblichen und Gewöhnlichen entspricht, kraft freier Würdigung als bewiesen anzunehmen.[526] Tatsächliche Vermutungen sind Schlussfolgerungen von bewiesenen auf unbewiesene Tatsachen, die ein Richter regelmäßig, aber nicht ausschließlich, aus der Lebenserfahrung zieht. Auch die tatsächliche Vermutung ist daher letztlich immer eine aus Erfahrung und Wissen gewonnene Wahrscheinlichkeitsfolgerung.[527] Sie wird deshalb im Rahmen dieser Arbeit dem Anscheinsbeweis gleichgestellt. Der Anscheinsbeweis gehört nicht dem Bereich der Beweislast an, sondern ist der Beweiswürdigung und Erfahrungssätzen zuzuordnen.[528] Es ist strittig, ob der Anscheinsbeweis zu einer Herabsetzung der Beweisanforderungen führt und im Rahmen der Beweiswürdigung die Möglichkeit der Absenkung des Beweismaßes bietet.[529] Da er auf Erfahrungssätzen gründet, die zwar gesichert, aber nicht objektiv unzweifelhaft sein müssen, dient er aber zumindest der Minderung des Risikos der Nichtnachweisbarkeit einer Tatsachenbehauptung.[530]

4. Unterschied zwischen Beweislastumkehr und Anscheinsbeweis 247

Es ist wichtig, sich den grundlegenden Unterscheid zwischen Beweislastumkehr und Anscheinsbeweis zu vergegenwärtigen. Im Rahmen des Grundsatzes, dass der Anspruchsteller alle Voraussetzungen seines Anspruches darlegen und nachweisen muss, stellt sich die Frage nach der Beweislastverteilung grundsätzlich erst dann, wenn ein *non liquet* entstanden ist. Um dies feststellen zu können, muss eine Beweiswürdigung aber überhaupt erst einmal stattgefunden haben.[531] In dieser Hinsicht fällt auf, dass in vielen Urteilen zur Anlageberatung eine detaillierte Beweiswürdigung hinsichtlich der Frage der Kausalität von den Ge-

---

[525] Vgl. z.B. *Palandt/Heinrichs*, § 280, Rz. 39, mit weiteren Nachweisen; *Gasser*, aaO., 159 f.; *Stodolkowitz*, VersR 1994, 11, 13 f.; *Grunewald*, ZIP 1994, 1162, 1165.

[526] Zum Anscheinsbeweis vgl. *MünchKommBGB/Oetker*, § 249, Rz. 424; vgl. auch *Roth*, ZHR 154 (1990), 513, 521, mit weiteren Nachweisen.

[527] So auch *Gasser*, aaO., 157 und 159, mit weiteren Nachweisen; vgl. auch *Kegel*, Sicherheit und Wahrscheinlichkeit im Recht, in: Festsschrift für *Riesenfeld*, 1983, 129, 142.

[528] BGHZ 123, 311, 315; *Lang*, WM 2000, 450, 462, mit weiteren Nachweisen; *Gasser*, aaO., 157, 160.

[529] Dafür bspw. *Roth*, ZHR 154 (1990), 513, 521; dagegen bspw. *Geibel*, aaO., 170.

[530] *Gasser*, aaO., 130.

[531] Diesen Unterschied hervorhebend auch *Roth*, ZHR 154 (1990), 513, 519.

richten nicht vorgenommen wird. Vielmehr scheint dem Geschädigten von vornherein jegliche Darlegungslast hinsichtlich der Kausalität abgenommen zu werden, ein Vorgehen, dass aber nur im Falle einer Beweislastumkehr gerechtfertigt ist. Die Beweislastumkehr hilft dem Anleger also insoweit, als für den Fall, dass der Schädiger nicht nachweisen konnte, dass der Schaden auch bei gehöriger Information eingetreten wäre, diese Nichtbeweisbarkeit zu Lasten des Schädigers geht. Sie nimmt ihm also das Prozessrisiko ab. Der Anscheinsbeweis dagegen soll zugunsten des Geschädigten ein *non liquet* verhindern,[532] indem er dem darlegungspflichtigen Anleger den Nachweis eines Ursachenzusammenhanges zwischen Falschinformation und Kaufentschluss eines Wertpapiers ermöglicht. Auch bei der Verwendung des Anscheinsbeweises müssten die Gerichte somit Tatsachen berücksichtigen und bewerten, die einen bestimmten Erfahrungssatz nahe legen, mit dessen Hilfe der Anscheinsbeweis sodann begründet werden könnte.

248 Auch hinsichtlich der Intensität des zu führenden Gegenbeweises existieren Unterschiede. Der Schädiger ist bei der Anwendung des Anscheinsbeweises nicht zum Beweis des Gegenteils gezwungen. Er kann die dem Anscheinsbeweis zugrunde liegenden Erfahrungssätze schon dadurch erschüttern und damit den Anscheinsbeweis zu Fall zu bringen, dass er einen Sachverhalt darlegt, der die ernsthafte Möglichkeit eines anderen als des erfahrungsgemäß angenommenen Verfahrensablaufs aufzeigt, also etwa auf einen Umstand hinweist der belegen könnte, dass der Anleger sich auch bei richtiger und vollständiger Aufklärung für die Anlage entschieden hätte.[533] Bei der Beweislastumkehr dagegen muss der Schädiger, im Gegensatz zum Anscheinsbeweis, den vollen Beweis dafür erbringen, dass der Geschädigte sich auch bei richtiger Aufklärung bzw. Beratung für das streitgegenständliche Anlageobjekt entschieden hätte.[534] Dabei kommt ihm keine Reduktion des Beweismaßes zugute. Da ihn aufgrund der Beweislastumkehr die Darlegungslast trifft, kann wegen der im Rahmen von Aufklärungs- und Beratungspflichten auftretenden Beweisschwierigkeiten eine Prozessentscheidung gegen den Schädiger ergehen, ohne dass der Kläger auch nur eine substantiierte Ausführung zur Frage der Kausalität hat machen müssen.

---

[532] Vgl. *Geibel*, aaO., 183 f., mit weiteren Nachweisen.

[533] Vgl. zur Erschütterung eines Anscheinsbeweises im Wege des Gegenbeweises, *Hainmüller*, Der Anscheinsbeweis und die Fahrlässigkeitstat im heutigen deutschen Schadensersatzprozess, 1966, 169 ff.; *Roth*, ZHR 154, (1990), 513, 522; *Geibel*, aaO., 170, mit weiteren Nachweisen.

[534] BGHZ 123, 311, 316.

5. Unterscheidung von haftungsbegründender und haftungsausfüllender Kausalität

Schaut man sich die Urteile zur Anlageberatung unter dem Aspekt der haftungsbegründenden und der haftungsausfüllenden Kausalität an, so stellt man fest, dass eine solche Differenzierung praktisch nicht vorkommt.[535] Auch die oben vorgestellten Ausführungen der Gerichte zur Kausalität beschäftigen sich alle mit der Frage, wie der Anleger reagiert hätte, wenn er ordnungsgemäß aufgeklärt worden wäre, also mit seinem hypothetischen Verhalten im Falle einer pflichtgemäßen Aufklärung. Dieser Aspekt betrifft die haftungsausfüllende Kausalität. Lediglich in einem mir bekannten Fall finden sich indirekte Ausführungen zu beiden Kausalitätsfragen. So erwähnt der BGH in seinem Urteil vom 19. Dezember 2000, dass die Sache noch nicht zur Entscheidung reif sei, weil tatrichterliche Ausführungen zur Ursächlichkeit der Aufklärungspflichtverletzung der Beklagten für den Abschluß des Vermögensverwaltungsvertrages des Klägers, sowie zur Höhe des dem Kläger dadurch entstandenen Schadens, fehlten.[536] Die Frage nach der haftungsbegründenden Kausalität, also die Frage, ob die Aufklärungspflichtverletzung zu einer Verletzung der Willens- und Dispositionsfreiheit des Anlegers geführt hat, scheint von den Gerichten als selbstverständlich vorausgesetzt zu werden.[537] Ein Grund dafür, dass die Frage nach der haftungsbegründenden Kausalität im Rahmen der Anlageberatung in den Entscheidungen der Gerichte keine besondere Erwähnung findet, mag darin liegen, dass eine Anlageberatung in den allermeisten Fällen von Angesicht zu Angesicht stattfindet und in aller Regel kein Zweifel daran zu bestehen scheint, dass der Anleger die ihm vermittelte Information zur Kenntnis genommen und verstanden hat. Ausgehend von dieser Prämisse scheint sodann angenommen zu werden, dass eine nachfolgende Anlageentscheidung immer auf dieser Information fußt. Ob eine solche Annahme tatsächlich gerechtfertigt ist, verdient meines Erachtens jedoch zumindest einer näheren Untersuchung. Eine solche Untersuchung wird im Laufe dieser Arbeit noch stattfinden, um herauszufinden, ob die obige Annahme der Rechtsprechung auch tatsächlich gerechtfertigt ist. 249

6. Zusammenfassung

Überraschenderweise existiert im Rahmen der Anlageberatung eine ausführliche und kritische Auseinandersetzung mit dem Problem der Kausalität von Information, zumindest in der Rechtsprechung, nicht. Die Gerichte kommen in der Praxis auf die eigentliche Kausalitätsproblematik meist nicht näher zu sprechen und versuchen, je nach Zivilsenat, etwaigen Zurechnungsschwierigkeiten mit dem 250

---

[535] Vgl. zur Unterscheidung beider Begriffe die Ausführungen unter Rz. 224.

[536] BGH, WM 2001, 297, 298.

[537] In diesem Sinne wohl *Geibel*, aaO., 165, der davon ausgeht, dass die haftungsbegründende Kausalität in aller Regel leicht festgestellt werden dürfte.

Konzept der „Vermutung des aufklärungsrichtigen Verhaltens" oder aber mit einer Beweislastumkehr zu begegnen.[538] Fragwürdig bei diesen zwei Lösungsansätzen ist die Tatsache, dass die eigentliche Problematik im Falle einer Beweislastumkehr entweder völlig umgangen, oder aber, im Falle einer pauschalen Vermutung aufklärungsrichtigen Verhaltens, lediglich auf eine andere Ebene verlagert wird, auf der man letztlich jedoch mit genau denselben Problemen erneut konfrontiert wird. Auch in der Literatur lässt sich eine kritische Auseinandersetzung mit der Thematik selten finden, oft beschränken sich die Ausführungen darauf, auf die Handhabung dieses Problems durch die Rechtsprechung hinzuweisen.[539]

XIII. Kritik an Beweislastumkehr und Anscheinsbeweis

251 1. Beweislastumkehr

Als Begründung für eine Beweislastumkehr gibt es mehrere Argumente, die teilweise ineinander übergehen. So ist zur Frage des Ursachenzusammenhanges zwischen Pflichtverletzung und Schaden, teils unter Hinweis auf eine analoge Anwendung des § 282 BGB a.F.,[540] teils ohne Bezugnahme auf die Vorschrift,[541] auf die Idee einer Beweislastverteilung nach Gefahren- oder Verantwortungsbereichen zurückgegriffen worden.[542] Untrennbar mit diesem Argument ist die Forderung verbunden, eine Beweislastumkehr bei einer Beweisnot des Beweisbelasteten zur Anwendung zu bringen.[543] So herrscht in der Literatur weitgehend Einigkeit, dass es einem Kapitalanleger in der Regel nur sehr schwer gelingen wird, einen objektiv gesicherten Kausalzusammenhang zwischen einer fehlerhaften oder unterlassenen Information und dem Erwerb von Wertpapieren

---

[538] Vgl. zu diesen beiden Lösungsmöglichkeiten statt vieler *Palandt/Heinrichs*, § 280, Rz. 39 mit weiteren Nachweisen.

[539] Vgl. z.B. *Vortmann*, aaO., Rz. 59c ff. und Rz. 63 ff.; *Kübler*, ZHR 145 (1981), 204, 217; *Heinsius*, ZHR 145 (1981), 177, 200; *Brandt*, aaO., 98 f.; *Herkströter*, Haftungsprobleme beim Direkt-Banking, 1999, 36; *Assmann/Schütze*, aaO., § 5, Rz. 128 ff.; *Huber*, aaO., Rz. 1319; *Medicus* in: *Hadding/Nobbe*, aaO., 271; *Arendts*, aaO., 77; *Ellenberger*, WM 2001, Sonderbeilage 1, 2, 9,16; *Balzer*, ZBB 3/1997, 260, 267 f.; *Raeschke-Kessler*, WM 1993, 1830, 1837; *Oikonomou*, aaO., 166 ff.; *Lang*, Anlageberatung, 191 ff.; *Froelich*, Die Haftung von Anlageberatern nach deutschem und U.S.-amerikanischem Recht, 1996, 59 ff.; *Schimansky/Bunte/Lwowski*, aaO., § 110 Rz. 11; *Bechtel*, aaO., 186 f.

[540] BGHZ 64, 51; 66, 53; BGH, NJW 1978, 2197, BGH, NJW 1980, 2186.

[541] BGHZ 8, 241; 48, 312; BGH, NJW 1987, 1938.

[542] Vgl. dazu auch BGHZ 8, 241; BGHZ 48, 312; BGH, NJW 1987, 1398; *Lang*, WM 2000, 450, 458; *Roth*, ZHR 154 (1990) 513, 530; vgl. auch die Hinweise bei *Jost*, Vertragslose Auskunfts- und Beratungshaftung, 1991, 286; *Baumbach/Hopt*, HGB, § 347, Rz. 37; *MünchKommBGB/ Emmerich*, Vor § 275, Rz. 310; *Rützel*, AG 2003, 69, 75.

[543] Vgl. statt vieler die Ausführungen bei *Gasser*, aaO., 150; *Roth*, ZHR 154 (1990), 513, 527, mit weiteren Nachweisen.

nachzuweisen, durch den ein Anleger einen Schaden erleidet.[544] Der Grund für eine Beweislastverteilung nach Gefahren- oder Verantwortungsbereichen ist der Gedanke, dass es oft (nahezu) unmöglich ist, Umstände nachzuweisen, die sich außerhalb der Reichweite des Geschädigten abgespielt haben. Es soll also derjenige die streitgegenständlichen Umstände aufklären müssen, aus dessen Sphäre oder Einflussbereich sie stammen, anders formuliert, es soll denjenigen die Aufklärungslast treffen, der den streitgegenständlichen Umständen am nächsten steht.[545]

Die objektive Ungewissheit bei der Frage nach der Kausalität von Information 252
ist unstreitig in den „Zugriffsschwierigkeiten" auf den inneren Entscheidungsprozeß und Willensentschluss des Kapitalanlegers begründet. Die Beweisschwierigkeiten ergeben sich also aus dessen Sphäre und nicht etwa aus der des Schädigers. Wenn jemand also überhaupt einen Kausalitätsnachweis führen könnte, dann wäre es diejenige Partei, welche die Anlageentscheidung getroffen hat.[546] Daran ändern auch die seit 1995 geltenden Dokumentations- und Aufbewahrungspflichten des § 34 WpHG nichts. Zum einen beziehen sie sich nicht auf den Inhalt des Beratungsgesprächs. Kreditinstitute haben keine zivilrechtliche Pflicht oder Obliegenheit zur schriftlichen Dokumentation der Erfüllung ihrer Beratungs- und Aufklärungspflichten gegenüber Kapitalanlegern.[547] Zum anderen sollen sie lediglich der Aufsichtsbehörde die Einhaltung über die Wohlverhaltensregeln der §§ 31, 32 WpHG ermöglichen.[548] Außerdem ermöglichen sie erst recht keine Erkenntnis über innere Selektions- und Verarbeitungsprozesse beim Anleger, also darüber, wie der Willensentschluss für eine Kaufentscheidung zustande gekommen ist.

Hinsichtlich der Frage nach der Beweislastumkehr lässt sich seitens der Recht- 253
sprechung auch der Versuch einer Differenzierung[549] anhand verschiedener Rechtsfolgen beobachten. So soll eine Beweislastumkehr beispielsweise nur in

[544] Vgl. z.B. *Veil*, ZHR 167 (2003), 365, 371; *Rützel*, AG 2003, 69, 74; *Baums*, ZHR 167 (2003), 139, 141.

[545] *Palandt/Heinrichs*, § 280 Rz. 34: So hat gemäß § 280 BGB im Zweifel der Schuldner die Unmöglichkeit einer Leistung zu vertreten, weil die Umstände, die zu dieser Unmöglichkeit geführt haben, aus seiner Sphäre stammen und der Gläubiger somit nicht wissen kann, was aus der Leistung des Schuldners geworden ist.

[546] Vgl. *Gasser*, aaO., 154; *Geibel*, aaO., 195; vgl. auch die Ausführungen des IX. Zivilsenats des BGH, WM 1994, 78: Eine volle Beweislastumkehr sei nicht gerechtfertigt, sondern lediglich ein Anscheinsbeweis oder eine tatsächliche Vermutung, insbesondere weil der Schädiger billigerweise nicht mit einem Beweis für Tatsachen belastet werden könne, die im Einfluß- und Kenntnisbereich des Geschädigten lägen.

[547] BGH, BKR 2006, 163.

[548] Vgl. u.a. *Balzer*, ZBB 3/1997, 260, 268; *Lang*, WM 2000, 450, 465; *Brandt*, aaO., 98.

[549] Vgl. *Roth*, ZHR 154 (1990), 513, 527, der von einer Typenbildung spricht.

Betracht kommen, wenn es sich um einen auf eine bestimmte Verhaltensweise ausgerichteten Rat oder Hinweis gehandelt hat, bei dem es bei pflichtgemäßer Aufklärung vernünftigerweise nur eine Verhaltensalternative gab, die den Schaden vermieden hätte,[550] bzw. der Rat so beschaffen war, dass sich der Geschädigte über ihn nur unvernünftigerweise hinweggesetzt hätte.[551] Kommen mehrere Verhaltensalternativen in Frage, so soll eine Beweislastumkehr grundsätzlich nicht gelten.[552] Durch das Abstellen auf einen Rat oder Hinweis würden allerdings alle diejenigen Aufklärungs- und Informationspflichten von der Beweislastumkehr ausgeschlossen, bei denen der Anleger lediglich in die Lage versetzt werden sollte, eine eigenverantwortliche Entscheidung unter Abwägung der jeweiligen Risiken zu treffen, ohne dass sich im Vorfeld sagen ließe, welche Entscheidung für ihn die richtige gewesen wäre, die Information also nur zur freien Entscheidung des Informationsempfängers diente.[553] Eine solche Differenzierung ist problematisch. Sie setzt zum einen voraus, dass sich Beratung und Aufklärung zur freien Information von einer Raterteilung eindeutig trennen und unterscheiden lassen, ein Unterfangen, das zumindest Literatur und Rechtsprechung, wie diese Arbeit gezeigt hat, bisher in den meisten Fällen nicht gelungen ist. Darüber hinaus ist fraglich, wie mit der Voraussetzung umgegangen werden soll, eine Beweislastumkehr sei nur dann gerechtfertigt, wenn man sich über den Rat nur „unvernünftigerweise" hätte hinwegsetzen können. Wie die Ausführungen in dieser Arbeit gezeigt haben[554] und noch zeigen werden, sind sich Literatur und Rechtsprechung grundsätzlich darüber einig, dass eine Anlageentscheidung oft genug gerade nicht auf rationalen und vernünftigen Erwägungen fußt. Anhand welcher Kriterien und aus wessen Sicht ließe sich dann aber beurteilen, ob es unvernünftig gewesen wäre, sich über einen Rat hinwegzusetzen? Außerdem ist darauf hinzuweisen, dass, wenn es für den Geschädigten vernünftigerweise nur eine einzige Möglichkeit gegeben hätte, sich aufklärungsrichtig zu verhalten, eigentlich keine Beweislastumkehr zu seinen Gunsten mehr nötig wäre. Denn dann könnte sich das Gericht schon im Rahmen seiner Beweiswürdigung nach § 286 ZPO davon überzeugen, dass die unterlassene oder fehlerhafte

---

[550] Vgl. statt vieler BGH, NJW 2002, 593; BGH, WM 1998, 1527; BGHZ 61, 118; *Palandt/ Heinrichs*, § 280, Rz. 39; *Vortmann*, aaO., Rz. 64.

[551] BGH, WM 1994, 1466; BGH, NJW 1981, 630, 632; BGH, NJW 1989, 2946; vgl. auch die Ausführungen bei *Roth*, ZHR 154 (1990), 513, 527 und bei *Lang*, WM 2000, 450, 460.

[552] BGHZ 123, 311; BGH, NJW 2004, 2967; BGH, WM 1998, 1527, 1529; BGH, WM 1997, 811, 813; allerdings hat der BGH in einer neueren Entscheidung vom 07.05.2002 eine Beweislastumkehr bejaht, obwohl es zwei vernünftige Handlungsalternativen gegeben hätte. Dies wurde damit begründet, dass beide Alternativen geeignet gewesen wären, den entstandenen Schaden zu vermeiden, BGH, ZIP 2002, 1238, 1240 (Consors).

[553] Vgl. die Ausführungen bei *Roth*, ZHR 154 (1990), 513, 527 und bei *Lang*, WM 2000, 450, 460, jeweils mit weiteren Nachweisen.

[554] Vgl. Rz. 233.

Aufklärung kausal für den Schaden geworden ist.[555] Außerdem stellt sich die Frage, ob sich im Nachhinein einwandfrei beurteilen lässt, ob eine oder sogar mehrere Handlungsalternativen den Schaden vermieden hätten. Denn dies hätte für jede der möglichen Alternativen zum damaligen Zeitpunkt nur durch eine Prognose geschehen können, deren Qualität aus heutiger Sicht unter Umständen nur schwer zu bestimmen ist.

Ebenfalls hinzuweisen ist auf den Versuch, die Beweislastumkehr danach auszu- 254
richten, ob es sich bei den Aufklärungs- und Beratungspflichten um verhaltensorientierte Schutzpflichten oder aber um erfolgsbezogene Leistungspflichten gehandelt hat.[556] Eine Schutzpflicht soll dann vorliegen, wenn es um die Sicherung des Erhaltungsinteresses im Sinne der Wahrung der schon vorhandenen Güter einschließlich des Vermögens geht. Für einen solchen Fall wird eine Beweislastumkehr abgelehnt. Eine erfolgsbezogene Leistungspflicht soll dagegen gegeben sein, wenn die Leistungspflicht auf eine Veränderung der Güterlage gerichtet ist. Für diesen Fall wird eine Beweislastumkehr bejaht.[557] Die Schwierigkeit einer solchen Unterscheidung besteht darin, dass für den Fall der Anlageberatung eine Differenzierung meines Erachtens nicht ohne weiteres möglich ist. So haben die Ausführungen zum „magischen Dreieck der Vermögensanlage" im Rahmen dieser Arbeit bereits gezeigt, dass ein Anleger bei seiner Anlageentscheidung sowohl vom Wunsch nach Sicherheit, also dem Erhalt seines Vermögens, als auch dem Wunsch nach Gewinn, also der Mehrung seines Vermögens, beeinflusst und geleitet wird. Man könnte freilich argumentieren, dass sich eine Vermögensanlage als eine erfolgsbezogene Leistungspflicht einordnen lasse,[558] da sie letztlich immer auf die Veränderung der Güterlage, also auf die Mehrung des Vermögens, gerichtet ist. Denn zur Sicherung des Vermögens würde es genügen, das Geld beispielsweise in einem Tresor zu verschließen. Versteht man die Sicherung der Güterlage allerdings nicht in einem tatsächlichen, sondern in einem wirtschaftlichen Sinne, so könnte man dagegen argumentieren, dass nur durch eine Geldanlage das vorhandene Vermögen erhalten werden könnte, da es im Falle eines Wegschließens durch die jährliche Inflation entwertet und somit gemindert würde. Die Geldanlage könnte mithin durchaus auch als Sicherung des Vermögens charakterisiert werden und somit als Schutzpflicht eingeordnet werden.

In diesem Zusammenhang wird auch mit dem Hinweis auf den Zweck von Auf- 255
klärungs- und Beratungspflichten argumentiert. Diese bestünden nicht nur darin,

---

[555] So *Roth*, ZHR 154 (1990), 513, 528.
[556] Vgl. zu dieser Unterscheidung auch *Palandt/Heinrichs*, § 280, Rz. 35.
[557] Vgl. die Ausführungen bei *Roth*, ZHR 154 (1990), 513, 530.
[558] So etwa *Roth*, ZHR 154 (1990), 513, 530, trotz Zweifeln an der Nützlichkeit einer solchen Differenzierung.

dem Partner eine sachgerechte Entscheidung, z.B. über den Abschluss von Geschäften, zu ermöglichen,[559] sondern auch darin, Aufschluss darüber zu erhalten, für welche Maßnahme er sich bei Abwägung des jeweiligen Risikos entscheiden würde.[560] Es sei Inhalt der Beratungs- oder Aufklärungspflichten, den in einem Näheverhältnis stehenden Vertragspartner vor Schäden zu bewahren. Der Zweck solch einer Pflicht werde aber nur dann erreicht, wenn Unklarheiten, die durch eine Aufklärungspflichtverletzung bedingt sind, also etwa eine Beweisnot, zu Lasten des Aufklärungspflichtigen gehen, dieser die Nichtursächlichkeit seiner Pflichtverletzung also zu beweisen hat.[561] Die Konsequenz eines solchen Arguments läge darin, dass bei Verstößen gegen eine Aufklärungs- bzw. Beratungspflicht der Nachweis einer Pflichtverletzung letztlich genügen würde, um dem Handelnden einen Verletzungserfolg anzulasten, vor dessen Eintritt die entsprechende Pflicht schützen sollte. Unter dem Hinweis auf den Schutzzweck der verletzten Aufklärungspflicht würde also das Risiko der Unaufklärbarkeit und damit das Prozessrisiko, dem Schädiger aufgebürdet.[562]

256 Dieses Ergebnis erscheint auf den ersten Blick gerechtfertigt. Schließlich hat der Anlageberater durch seine Pflichtverletzung, die der Kläger nach den allgemeinen Grundsätzen nach wie vor beweisen muss, die Voraussetzungen für eine Schädigung desselben überhaupt erst geschaffen. Hiergegen wird jedoch vorgebracht, dass allein eine Pflichtverletzung eine Beweislastumkehr nicht rechtfertigen könne, da ansonsten für jede Pflichtverletzung, bei der der Geschädigte in Beweisnot geraten könne, eine solche Beweislastumkehr gelten müsse.[563] Gerechtfertigt sei eine solche Beweislastumkehr außerdem nur in den Fällen, in denen es dem Schädiger tatsächlich möglich sei, den entsprechenden Gegenbeweis zu führen. Dies sei bei der Verletzung von Aufklärungspflichten indessen gerade nicht der Fall.[564] In der Tat sind hinsichtlich des obigen Arguments Zweifel angebracht.[565] So steht zwar dem beweisbelasteten Schädiger der Nachweis des Gegenteils offen. Der objektiv eindeutige Nachweis der Kausalität von Informationen kann jedoch aufgrund der im Laufe dieser Arbeit aufgezeigten strukturellen Beweisschwierigkeiten nicht oder nur äußerst schwer geführt wer-

---

[559] BGH, ZIP 1994, 116,118.
[560] BGHZ 61, 118.
[561] Vgl. z.B. BGH, ZIP 1994, 116, 119; BGH, WM 1992, 1935, 1937; BGH, WM 1989, 1286, 1288.
[562] Vgl. BGH, WM 1973, 1015; BGH, ZIP 1981, 1213, 1215.
[563] *Hofmann*, NJW 1974, 1641; *Stodolkowitz*, VersR 1994, 11,13; *Grigoleit*, aaO., 174 ff.; vgl. auch *Geibel*, aaO., 186, der in diesem Zusammenhang von einem „Totschlagargument" spricht. Außerdem handele es sich um einen Zirkelschluss, weil sich die Beweisnot erst daraus ergibt, dass man die Pflicht, die Beweisnot zu verhindern, überhaupt anerkennt und dass diese Pflicht dann verletzt wird. So auch *Grigoleit*, aaO., 174.
[564] Vgl. statt vieler *Grunewald*, ZIP 1994, 1162, 1163.
[565] Ablehnend auch *Lang*, WM 2000, 450, 467.

den, ein Umstand, auf den im Zusammenhang mit Beweisschwierigkeiten des Anlegers immer wieder hingewiesen wird.[566] Dies könnte im Ergebnis somit dazu führen, dass das Tatbestandsmerkmal der Kausalität gestrichen wird. Aufgrund der objektiven Ungewissheiten bezüglich Kausalität von Information käme es mithin zu einer (unechten) Gefährdungshaftung des Informierenden.

Kritisch muss auch darauf hingewiesen werden, dass durch eine Beweislastumkehr unterschiedliche Konstellationen und individuelle Umstände einzelner Fallgestaltungen, die möglicherweise Einfluss auf das Ergebnis einer Entscheidungsfindung des Anlegers gehabt haben, nicht berücksichtigt werden können. Nicht von der Hand zu weisen ist allerdings die Tatsache, dass eine Beweislastumkehr, wie sie z.B. in § 45 Abs. 2 Nr. 1 BörsG n.F. vom Gesetzgeber vorgenommen worden ist, in der Praxis immerhin den Vorteil der Stringenz und Rechtssicherheit bietet, dies aber um den Preis von argumentativ zweifelhaften und unter Umständen unbefriedigenden Ergebnissen. Zusammenfassend lässt sich somit feststellen, dass die Beweislastumkehr ein undifferenziertes Instrument ist, dessen Wirkung von einem Extrem unvermittelt zum anderen übergeht.[567] Sie entfernt sich zudem, beispielsweise im Gegensatz zur möglichen Lösung über eine Reduktion des Beweismaßes, am weitesten von dem im BGB verwurzelten Grundsatz, dass grundsätzlich der Kläger alle anspruchsbegründenden Tatsachen zu beweisen hat. Um eine solche Ausnahme und Abkehr von diesem Grundsatz rechtfertigen zu können, sind die zugunsten der Beweislastumkehr vorgebrachten Argumente meines Erachtens zu wenig überzeugend, zumindest dann, wenn noch andere, weniger rigorose Mittel und Wege existieren, mit deren Hilfe sich das skizzierte Problem lösen lässt. Es drängt sich vielmehr der Eindruck auf, dass mit einer Anwendung der Beweislastumkehr das Prozessrisiko auf die Partei abgewälzt werden soll, die es „verdient" hat, es sich somit letztlich um rechtspolitische Beweggründe handelt. 257

2. Vermutung aufklärungsrichtigen Verhaltens (Anscheinsbeweis) 258

Unabhängig davon, womit ein Anscheinsbeweis begründet wird, sei es die Lebenserfahrung, eine tatsächliche Vermutung oder die Vermutung aufklärungsrichtigen Verhaltens, begegnet dessen Verwendung grundsätzlichen Bedenken. Fraglich ist nämlich, ob sich angesichts der objektiven Ungewissheit über den informationellen Kausalverlauf mit dem Rückgriff auf den Anscheinsbeweis überhaupt arbeiten lässt. Voraussetzung des Anscheinsbeweises ist ein typischer Geschehensablauf, ein sich erfahrungsgemäß gleichförmig abspielender Lebensvorgang, durch dessen Typik es sich erübrigt, ein bestimmtes Geschehen in

566 Vgl. Rz. 251.
567 Vgl. auch die Ausführungen bei *Gasser*, aaO., 154.

all seinen Einzelheiten nachzuweisen.[568] Aufgrund der hohen Komplexität und Individualität des Selektions-, Verarbeitungs- und Entscheidungsprozesses bei einer Willensentscheidung lassen sich meines Erachtens aber grundsätzlich gerade keine typischen Erfahrungssätze bilden. Diese setzen voraus, dass man bestimmte Abläufe überhaupt statistisch identifizieren und erfassen kann, was bei der individuellen Entscheidungsfindung eben nicht der Fall ist. Auf welcher Grundlage, naturwissenschaftlich oder empirisch, sollen diese angeblich typischen Verhaltensweisen gesammelt worden sein? Wer hat eine Klassifizierung von typischem und atypischem Anlegerverhalten vorgenommen, wenn sich eigentlich alle darin einig sind, dass sich das Verhalten der Anleger gerade nicht in eindeutige Kategorien einordnen lässt? Ließe sich die Reaktion auf bzw. die Wirkung durch eine bestimmte Information einer typischen Anlageentscheidung zweifelsfrei zuordnen, so hätten wir rationale Börsen. Wie ist dann aber beispielsweise die Strategie der antizyklischen Investition erklärbar, die explizit darauf beruht, das Gegenteil von dem zu tun, was eigentlich aufgrund der am Markt verfügbaren Information als vernünftig (= typisch) erscheinen müsste? Gäbe es tatsächlich so etwas wie typisches Anlegerverhalten, dann dürfte es an den Börsen und den Kapitalmärkten eigentlich nicht zu Übertreibungen und Exzessen kommen, wie sie in der Realität häufig zu beobachten sind. Eine allgemeingültige Feststellung aufklärungsrichtigen Verhaltens ist in der Praxis demnach kaum durchführbar, auch weil sie sowohl von konkreten Verhältnissen und Interessen des Aufklärungsempfängers, als auch von dessen innerer Einstellung zu allgemeinen Lebens- und sogar Weltanschauungsfragen abhängig sein dürfte. So sind beispielsweise, je nach Risikoneigung oder finanziellem Hintergrund, unterschiedliche Reaktionen auf eine bestimmte Information ohne Zweifel denkbar.[569]

259 Genau deswegen relativiert auch die Rechtsprechung die Anwendbarkeit des Anscheinsbeweises grundsätzlich dort, wo es sich um die Feststellung eines individuellen Willensentschlusses handelt. Sie geht davon aus, dass es „grundsätzlich keinen Anscheinsbeweis für individuelle Verhaltensweisen von Menschen in bestimmten Lebenslagen gibt."[570] Die für den Beweis des ersten Anscheins vorausgesetzte Typik eines Geschehensablaufes, der nach der allgemeinen Lebenserfahrung auf eine bestimmte Ursache hinweist und so sehr das Gepräge des Gewöhnlichen und Üblichen trägt, dass die besonderen individuellen Umstände in ihrer Bedeutung zurücktreten, sei kaum je gegeben, wenn ein Willensent-

---

568 *Gasser*, aaO., 129.

569 *Stodolkowitz*, VersR 1994, 11, 15; zustimmend *Grunewald*, ZIP 1994, 1162, 1164; im Ergebnis auch *Gasser*, aaO., 147.

570 BGH, ZIP 2004, 1599, 1603; BGHZ 31, 351, 357; BGHZ 100, 214, 216; BGHZ 104, 256, 259; BGHZ 123, 311, 316 mit weiteren Nachweisen.

schluss in die Tat umgesetzt werde.[571] Besteht ferner nicht nur eine einzige verständige Entschlussmöglichkeit, sondern kommen verschiedene Handlungsweisen ernsthaft in betracht, und bergen sämtliche gewisse Risiken in sich, die zu gewichten und den Vorteilen gegenüber abzuwägen sind, sei kein Raum für einen Anscheinsbeweis.[572] Einschränkend wird hierzu in der Literatur teilweise vorgetragen,[573] dass zwar der nach streng zweckrationalen Gesichtspunkten entscheidende Anleger in der Realität tatsächlich kaum vorkomme, es aber ein Standardverhalten gebe, das von vielen, wenn nicht nahezu allen, befolgt würde. Wie dieses Standardverhalten aussieht, wird allerdings nicht näher erläutert.

Darüber hinaus ist in hohem Maße fraglich, ob mittels eines Anscheinsbeweises, 260
der pauschal[574] von einer bestimmten Verhaltensweise ausgeht ohne überhaupt in eine detaillierte Beweiswürdigung einzutreten, dem Variationsreichtum möglicher Fallgestaltungen Rechnung getragen werden kann. Diese Frage stellt sich sowohl bei einem undifferenzierten Rückgriff auf die Lebenserfahrung, als auch bei der pauschalen Anwendung der Vermutung aufklärungsrichtigen Verhaltens. So sind beispielsweise Sachverhaltskonstellationen denkbar, bei denen es nur darum geht, dem Aufklärungsadressaten die nötigen Informationen für die von ihm zu treffende Entscheidung zu geben und bei denen es völlig offen ist, wie ein vernünftiger Mensch sich bei ordnungsgemäßer Aufklärung verhalten hätte.[575] Die Rechtsprechung hat sich in einem viel beachteten Urteil[576] vom 19. Juli 2004 in umfassender und grundlegender Weise zur Kausalitätsproblematik, insbesondere bei Ad-hoc-Mitteilungen, geäußert. Darin stellt der BGH, neben anderen Dingen, zum wiederholten Mal unmissverständlich fest, dass eine Anlageentscheidung einen von so vielfältigen rationalen und irrationalen Faktoren, spekulativen Elementen beeinflussten und sinnlich nicht wahrnehmbaren individuellen Willensentschluss darstelle, dass es dafür grundsätzlich keinen Anscheinsbeweis für eine sicher bestimmbare Verhaltensweise gebe.[577]

3. Zusammenfassung und Diskussion

Die vorstehend dargestellten Aussagen des BGH im Hinblick auf die Schwierig- 261
keiten eines Anscheinsbeweises im Zusammenhang mit einer individuellen Wil-

---

[571] In BGHZ 123, 311, 317; vgl. auch *Palandt/Heinrichs*, § 280, Rz. 39.
[572] Vgl. statt vieler BGHZ 123, 311, 317.
[573] *Lang*, WM 2000, 450, 463 f.
[574] Vgl. dazu *Geibel*, aaO., 171: Dieser spricht von einem Anscheinsbeweis, der nur „abstrakt“ auf einem Erfahrungssatz beruht, im Gegensatz zu einem Vorgehen, bei dem der „konkrete“ hypothetische Geschehensablauf den Gegenstand des Beweises darstellt.
[575] Vgl. auch *Stodolkowitz*, VersR 1994, 11, 13.
[576] BGH, ZIP 2004, 1599.
[577] BGH, ZIP 2004, 1599, 1603; vgl. auch BGHZ 100, 214, 216, BGHZ 123, 311, 315 f, die zu denkbaren Ausnahmen von diesem Grundsatz Stellung nehmen.

lensentscheidung werfen nicht nur ein bezeichnendes Licht auf die in dieser Arbeit aufgeworfene Problematik, mit der man konfrontiert ist, will man die Kausalität von Information feststellen, sondern auch auf die grundsätzliche Unmöglichkeit, im Zusammenhang mit den vielfältigen, eine Anlageentscheidung beeinflussenden inneren wie äußeren Faktoren, in irgendeiner Form typische und allgemeine Erfahrungssätze zu entwickeln, ohne auf die individuellen Umstände des konkreten Falles einzugehen. Sowohl die Anwendung einer Beweislastumkehr als auch der Rückgriff auf den Anscheinsbeweis sind wie oben aufgezeigt, hinsichtlich ihrer argumentativen Überzeugungskraft eher fragwürdig. Dies gilt für den Anscheinsbeweis zumindest auch in der Form, in der er von der Rechtsprechung im Rahmen der Anlageberatung angewendet wird, nämlich generell ein aufklärungsrichtiges Verhalten anzunehmen, ohne auf Eigenarten von unterschiedlichen Konstellationen in den jeweils zu entscheidenden Fällen einzugehen. Im Ergebnis sind somit beide Ansätze abzulehnen. Dies bedeutet, dass es bei dem Grundsatz bleibt, dass der Kläger alle Voraussetzungen seines Anspruches darlegen und beweisen muss.[578] Es ist allerdings fraglich, wie es angesichts der Unmöglichkeit, die Kausalität von Information objektiv unzweifelhaft zu belegen, gelingen soll, den Nachweis eines solchen Zusammenhanges im Prozess zu führen.

262 Die Lösung dieses Problems kann in der Benennung von Einflüssen und der Bewertung daraus folgender Verhaltensweisen liegen, die die Frage nach dem Ursachenzusammenhang zwischen Information und Anlageentscheidung für jeden Einzelfall möglichst befriedigend beantworten. Dahinter verbirgt sich die Idee, angesichts der fehlenden empirischen Gewissheit der Kausalität von Information zumindest die (Diskurs)Chancen der Begründbarkeit einschlägiger Kausalurteile zu erhöhen. Der entscheidende Ansatz besteht allerdings darin, eine Beweiswürdigung auf konkrete Indizien aus der täglichen Börsenpraxis zu stützen, die als äußere und innere Einflussfaktoren identifizierbar und einer Bewertung zugänglich sind und sich nicht auf die pauschale Vermutung aufklärungsrichtigen Verhaltens zurückzuziehen, bei der eine Beweiswürdigung die diesen Namen verdient, nicht stattfindet. Doch auch ein Vorgehen, dass die Verhaltensweise eines Anlegers anhand bestimmter Indizien begründet, tut letztlich nichts anderes, als auf Lebenserfahrungen bzw. Erfahrungssätzen zurückzugreifen. Es ist daher fraglich, ob es sich dabei letztlich nicht ebenfalls wieder um Anscheinsbeweise handelt. Dies könnte man jedoch mit dem Argument zu entkräften versuchen, dass konkrete Indizien, die für jeden Einzelfall individuell geprüft und bewertet werden, lediglich als Hilfestellung und Denkanstoß für die freie Überzeugungsfindung des Richters dienen und sich nicht auf eine pauschale Bewertung stützen.

---

[578] Im Ergebnis auch *Lang*, WM 2000, 450, 467; ebenso *Gasser*, aaO., 165.

Diese Frage ist aufgrund einer Aussage des BGH von größter Bedeutung, die dieser in seinem Infomatec-Urteil vom 19. Juli 2004 getroffen hat. In diesem Urteil hat der BGH im Rahmen einer Entscheidung zu einer Ad-hoc-Mitteilung festgestellt, dass die Beweisnot eines Anlegers nicht dazu führt, dass an seine Behauptungen nur ein geminderter Wahrscheinlichkeitsmaßstab anzulegen wäre. Auch ein unverschuldeter Mangel an Beweismitteln rechtfertige insoweit keine Vergünstigungen gegenüber der anderen Partei.[579] Auch wenn in dieser Entscheidung fehlerhafte Ad-hoc-Mitteilungen zu beurteilen waren und die vorstehend dargelegten Ausführungen innerhalb der Anspruchsgrundlage des § 826 BGB erfolgten, so lässt sich diese allgemein gehaltene Aussage des BGH meines Erachtens auch auf die Kausalitätsproblematik im Rahmen der Anlageberatung übertragen. Der Rückgriff auf das Konzept des Anscheinsbeweises bedeutet aber letztlich nichts anderes als eine Herabsetzung der Beweismaßanforderungen und damit im Rahmen der Beweiswürdigung eine Beweismaßreduktion.[580] Auch die Anwendung einer Beweislastumkehr bedeutet für den Anleger letztlich nichts anderes, als dass er gegenüber dem Informationspflichtigen einen Vorteil erhält. Genau aus diesem Grund ist die obige Feststellung des BGH so entscheidend, denn sie hätte in dieser Form Auswirkungen auf sämtliche bisherigen Rechtfertigungsversuche von Rechtsprechung und Literatur, mit denen versucht worden ist, eine Beweislastumkehr bzw. den Anscheinsbeweis in der Form der Vermutung aufklärungsrichtigen Verhaltens argumentativ mit Beweisschwierigkeiten bzw. der Beweisnot des Klägers zu begründen. Aus dem Inhalt der obigen Aussage ist ebenfalls nicht ersichtlich, warum die Feststellung des BGH auf Kausalitätsprobleme im Rahmen einer Ad-hoc-Mitteilung beschränkt werden müsste. Dasselbe Problem der Beweisnot begegnet dem Anleger auch bei der Anlageberatung. Anhaltspunkte, warum die ablehnende Argumentation des BGH für die dortige Problematik nicht ebenfalls gelten sollte, sind nicht zu erkennen. Denn das Rechtsverständnis zur Risikoverteilung bei fehlerhaften Informationen, welches hinter dieser Aussage steckt, ist meines Erachtens ein universales. Führt man sich dies vor Augen, so ist im Rahmen von Anlageberatung und Aufklärungsgesprächen nicht nur die Möglichkeit verwehrt, zugunsten des geschädigten Anlegers eine Beweislastumkehr zur Anwendung zu bringen, sondern letztlich auch der Rückgriff auf einen Anscheinsbeweis. Es muss daher abgewartet werden, ob dieser Aussage des BGH tatsächlich eine so umfassende Bedeutung zugedacht war und inwieweit sie auch auf die Anlageberatung ausstrahlt.[581] **263**

[579] BGH, ZIP 2004, 1599, 1604.
[580] So z.B. vertreten von *Gasser*, aaO., 165; *Lang*, WM 2000, 450, 467; *Roth*, ZHR 154 (1990), 513, 521, mit weiteren Nachweisen; a.A. *Geibel*, aaO., 170.
[581] Vgl. z.B. die Besprechungen des Infomatec-Urteils in WuB I L 2-1.04 *(Schneider)*, und EWiR, 19/2004, 961 (*Lenenbach*), in denen diese Aussage überhaupt keine Beachtung findet.

264 Bevor Indizien benannt werden, die für eine Beweiswürdigung im Rahmen der Kausalitätsfrage herangezogen werden können, muss zunächst noch einmal der oben bereits gemachte Hinweis aufgegriffen werden, dass bei der Frage nach der Kausalität von Information zwischen haftungsbegründender und haftungsausfüllender Kausalität zu unterscheiden ist. Bei der Vorstellung einer möglichen Lösung der Kausalitätsproblematik muss diese Differenzierung berücksichtigt werden, weil für beide Bereiche unterschiedliche Indizien von Bedeutung sind. Im Hinblick auf eine sorgfältige Herangehensweise an diese Problematik wird der Blick im Rahmen dieser Arbeit zunächst auf den Kapitalmarkt gerichtet. Dort gibt es auf dem Primär- und Sekundärmarkt für die Fälle von unrichtigen Emissionsprospekten und Ad-hoc-Mitteilungen interessante Ausführungen, die zur Unterscheidung von haftungsbegründender und haftungsausfüllender Kausalität, auch für die Anlageberatung, einiges beitragen können. Dies gilt nicht nur in Bezug auf die dort praktizierten Lösungsansätze, sondern auch hinsichtlich der dagegen vorgebrachten Argumente.

XIV. Haftungsbegründende Kausalität im Primär- und Sekundärmarkt

1. Hintergrund kapitalmarktrechtlicher Publizitätspflichten

265 Die kapitalmarktrechtlichen Publizitätsregeln sollen, ähnlich wie die Beratungs- und Aufklärungspflichten bei der Vermögensanlage, Informationsasymmetrien beseitigen, so dass die Anleger eine verlässliche Kauf- bzw. Verkaufsentscheidung treffen und auf die Institution des Kapitalmarktes vertrauen können. Dessen Funktionsfähigkeit ist oberstes Regelungsziel.[582] Allerdings sind Börsenprospekt und Ad-hoc-Publizität diesem Ziel in unterschiedlichem Maße verpflichtet, was sich in den entsprechenden Haftungstatbeständen, insbesondere der durch das 3. und 4. Finanzmarktförderungsgesetz geschaffenen neuen Vorschriften, niederschlägt. Ein Börsenprospekt soll dem Publikum gem. § 30 Abs. 3 Nr. 2 BörsG ein zutreffendes Urteil über den Emittenten und die Wertpapiere ermöglichen. Er hat daher unter anderem detaillierte Angaben über den Emittenten, dessen Kapital, Geschäftstätigkeit sowie dessen Vermögens-, Finanz- und Ertragslage zu enthalten (§§ 18-21 BörsZulVO). Dadurch wird verdeutlicht, dass ein Börsenprospekt die zentrale Informationsquelle für den Erwerb von Wertpapieren ist und als Verkaufsinstrument des Emittenten angesehen werden kann.[583] Die Ad-hoc-Mitteilung soll gemäß § 15 WpHG verhindern, dass sich

[582] Vgl. *Veil*, ZHR 167 (2003), 365, 366.

[583] Vgl. BegrRegE 3. FinMFG zu §§ 45 bis 49; vgl. auch BGH, ZIP 2004, 1593, 1593: Ein Prospekt stellt in der Regel die für den Anlageinteressenten wichtigste und häufigste Informationsquelle dar und bildet im Allgemeinen die Grundlage seiner Anlageentscheidung. Er darf daher erwarten, dass er ein zutreffendes Bild über das Beteiligungsobjekt erhält, dass heißt,

unangemessene Preise bilden.[584] Anders als ein Börsenprospekt, dient sie nicht der Verkaufsanbahnung und Absatzförderung, sondern (nur) der Information des Sekundärmarktes.[585]

2. Problematik bei fehlerhafter Information im Primär- und Sekundärmarkt

Mit der Frage nach der haftungsbegründenden Kausalität von Informationen hat sich der Gesetzgeber bzw. die Literatur und die Rechtsprechung sowohl bei Haftungsfällen am Primärmarkt (z.B. fehlerhafte Prospekte gem. § 44 BörsG, § 13 VerkprospG), als auch am Sekundärmarkt (z.B. falsche Ad-hoc-Mitteilungen gemäß §§ 37b, 37c WpHG n.F.) auseinander gesetzt. Die Problematik bestand darin, dass ein Privatanleger in aller Regel vor einer Kaufentscheidung nicht den Emissionsprospekt eines Unternehmens lesen und analysieren wird. Auch Ad-hoc-Mitteilungen oder Zwischenberichte werden üblicherweise eher nicht systematisch verfolgt und ausgewertet.[586] Kauft nun ein Privatanleger aufgrund einer unrichtigen oder unterlassenen Information seitens des Unternehmens eine Aktie und macht später im Rahmen einer Klage geltend, dass er seine Kaufentscheidung auf die fehlerhafte Information gestützt hat, so würde es ihm in aller Regel schon schwer fallen nachzuweisen, dass er überhaupt Kenntnis von der veröffentlichten Information hatte. Als Ergebnis würden die meisten Schadensersatzprozesse schon an dieser Hürde scheitern, der durch die Publizitätsvorschriften bezweckte Anlegerschutz liefe letztlich leer. Um dies zu vermeiden, haben Rechtsprechung und Literatur Lösungsversuche entwickelt. 266

a) Lösungsansatz bei fehlerhafter Information im Primärmarkt

Die Lösung für die haftungsbegründende Kausalität am Primarmarkt bestand zunächst in der Entwicklung einer so genannten Anlagestimmung. Diese hat folgenden Hintergrund. Auch wenn Privatinvestoren in aller Regel keine Kenntnis von veröffentlichten Informationen haben, gibt es Akteure auf den Finanzmärkten, die ganz unzweifelhaft Kenntnis von diesen Veröffentlichungen neh- 267

---

dass der Prospekt ihn über alle Umstände, die für seine Entschließung von wesentlicher Bedeutung sind oder sein können, sachlich richtig und vollständig informiert.

[584] *Veil*, ZHR 167 (2003), 365, 370.

[585] *Sethe* in: *Assmann/Schneider*, Wertpapierhandelsgesetz, 3. Auflage, 2003, §§ 37b, 37c, Rz. 48.; vgl. auch BGH, ZIP 2004, 1593, 1595: Eine Ad-hoc-Mitteilung ist anlassbezogen auf neue, bislang nicht veröffentlichte gewichtige Einzeltatsachen, die lediglich die bekannten Informationen für den Sekundärmarkt ergänzen. Dabei erhebt die Bekanntgabe einer solchen kapitalmarktbezogenen Einzelinformation – anders als die den Primärmarkt betreffende Publizität eines (Emissions-)Prospektes – erkennbar nicht den Anspruch, eine das Publikum des Sekundärmarkts umfassend informierende Beschreibung zu sein.

[586] Vgl. z.B. *Baums*, ZHR 167 (2003), 139, 180; *Rützel*, AG 2003, 69, 74; *Veil*, ZHR 167 (2003), 365, 381.

men. Dies können Analysten, Rating-Agenturen, Banken, Börsendienste, Fondsmanager oder Anlageberater sein. Diese Kreise werden auch als Informationsintermediäre bezeichnet.[587] Sie sammeln systematisch die von den Emittenten herausgegebenen Informationen, analysieren und bewerten sie, ziehen Schlüsse und geben Empfehlungen, die wiederum veröffentlicht werden. Spätestens auf diesem Umweg gelangen die Informationen auch an die Privatinvestoren, zwar eventuell nicht in ihrer „reinen" Form, aber sie haben unstreitig Eingang in die Schlussfolgerungen der Informationsintermediäre gefunden und deren Meinung mitbestimmt. Durch den Umweg über diese Intermediäre wird somit am Markt eine Anlagestimmung erzeugt, von der der Anleger beeinflusst wird. Diese Stimmung[588] kann der Anleger, nach Art einer tatsächlichen Vermutung, für den Kausalzusammenhang zwischen Prospektfehlern und seinem Kaufentschluss für sich in Anspruch nehmen. Dies geschieht unabhängig von der individuellen Kenntnis des Anlegers vom Prospekt. Die Kausalitätsvermutung ist also selbst dann nicht als widerlegt anzusehen, wenn der Anleger den Prospekt gar nicht kannte.[589] Die Vermutung eines Zurechnungszusammenhanges zwischen einer fehlerhaften Angabe im Prospekt und dem Kaufentschluss des Anlegers beruht dabei darauf, dass ein (Emissions-)Prospekt die einzige oder zumindest die wesentliche Informationsquelle für den Anleger bildet und den Anspruch auf eine vollständige und richtige Darstellung aller anlagerelevanten Umstände erhebt.[590] Die Rechtsprechung ging für den speziellen Bereich der Emissionsprospekthaftung nach dem Börsengesetz alter Fassung mithin zugunsten des Anlegers davon aus, dass der Emissionsprospekt die Einschätzung des Wertpapiers in Fachkreisen mitbestimmt und damit beim Publikum eine so genannte „Anlagestimmung" erzeugt.[591] Die genaue Dauer einer solchen Anlage-

---

[587] Vgl. *Baums*, ZHR 167 (2003), 139, 180.

[588] Zur Anlagestimmung vgl. *Baums*, ZHR 167 (2003), 139, 180, mit weiteren Nachweisen: Die Figur der Anlagestimmung findet ihre Erklärung und Bestätigung in den Erkenntnissen der modernen Finanzökonomie. Sie geht von der weitreichenden Informationseffizienz der Kapitalmärkte aus. Danach sind, unter dem einschränkenden Hinweis auf die Möglichkeit von abnormalen Aktienkursverläufen und neuen Erkenntnissen aus der Verhaltenslehre, in den Preisen auf öffentlichen Wertpapiermärkten grundsätzlich alle Informationen über das Marktgeschehen, dazu gehören auch von Emittenten veröffentlichte Informationen, verarbeitet.

[589] BGH, WM 1982, 867; OLG Frankfurt/M., WM 1996, 1216, 1219; zusammenfassend BGHZ 139, 225, 233 f.; vgl. auch *Möllers/Leisch*, WM 2001, 1648, 1657, der zwischen der unmittelbaren und mittelbaren Kausalität unterscheidet, letztere jedoch für das Herstellen eines Ursachenzusammenhanges als ausreichend ansieht. Er begründet dies unter anderem mit § 45 Abs. 2 Nr. 1 BörsG n.F., der lediglich verlange, dass die Wertpapiere aufgrund des Prospektes erworben, nicht dagegen, dass sie in Kenntnis des Prospekts erworben wurden.

[590] OLG München, AG 2003, 106, 107; vgl. auch *Rützel*, AG 2003, 69, 74.

[591] BGH, ZIP 2004, 1599, 1603; BGHZ 139, 225, 233. Das Konzept der Anlagestimmung geht zurück bis auf Entscheidungen des Reichgerichtes, so z.B. RG LZ 1922, 155 f., RGZ 80, 196, 204 f.

stimmung blieb jedoch unklar. In aller Regel sollte sie spätestens ein Jahr nach der Prospektveröffentlichung nicht mehr bestehen.[592]

Durch die Vorschrift des § 45 Abs. 2 Nr. 1 BörsG n.F. hat der Gesetzgeber die Darlegungs- und Beweislast für den ursächlichen Zusammenhang zwischen fehlerhaftem Prospekt und Erwerb der Wertpapiere nun zugunsten des Erwerbers auf den Anspruchsgegner (z.B. den Emittenten) verlagert, gleichzeitig aber gemäß § 44 Abs. 1 S. 1 BörsG n.F. die Haftungsansprüche auf Erwerbsgeschäfte über Wertpapiere begrenzt, die innerhalb von sechs Monaten[593] nach ihrer erstmaligen Einführung und Prospektveröffentlichung erworben wurden. Dies setzt voraus, dass die für die Beurteilung der Wertpapiere wesentlichen Angaben unrichtig oder unvollständig sind. Für einen solchen Schadensersatzanspruch ist ein Kausalitätsnachweis gem. § 45 Abs. 2 Nr. 1 BörsG n.F. erforderlich. Danach sind Haftungsgründe ausgeschlossen, sofern die Wertpapiere nicht aufgrund des Prospekts erworben wurden. Das Gesetz geht mithin im Wege einer Beweislastumkehr davon aus, dass die fehlerhafte Information ursächlich für die Entscheidung war, die Wertpapiere zu erwerben, wenn dieser Erwerb sechs Monate nach erstmaliger Einführung der Wertpapiere erfolgt ist.[594] Es obliegt nach dem Wortlaut des § 45 Abs. 2 Nr. 1 BörsG n.F. dem Anspruchsgegner, die Kausalitätsvermutung zu widerlegen.[595] **268**

b) Lösungsansatz bei fehlerhafter Information im Sekundärmarkt

Es ist in der Literatur umstritten,[596] welche Konsequenzen die unterschiedliche Zielsetzung einer Ad-hoc-Mitteilung, nämlich die Information des Sekundärmarktes zur Verhinderung unangemessener Preisbildung, für die auch bei dieser Vorschrift auftretenden Kausalitätsprobleme hat. Das Gesetz erklärt in § 37b Abs. 1 WpHG den durch die Unterlassung von neuen Tatsachen verursachten Schaden für ersatzfähig. Nach § 37c Abs. 1 WpHG wird der Schaden ersetzt, **269**

[592] BGH, ZIP 2004, 1599, 1603; BGHZ 139, 225, 233.

[593] Vgl. RegE zum 3.FMG, BT-Drucks. 13/8933, 76 f.: Der zeitlichen Beschränkung liegt die Annahme des Gesetzgebers zugrunde, dass der Prospekt nur für eine verhältnismäßig kurze Zeitspanne als Grundlage der Erwerbsentscheidung herangezogen werden kann. Zweifelhaft ist in diesem Zusammenhang eine Entscheidung des OLG Frankfurt/M., ZIP 2004, 1317, 1318: In einem Börsenprospekt waren 63% der Umsätze eines Unternehmens fiktiv. Der Kläger macht einen deliktischen Anspruch geltend, da der Haftungszeitraum des § 44 Abs. 1 BörsG abgelaufen war. Das Gericht stellt dazu fest, dass die unrichtige Angabe im Prospekt adäquat ursächlich gewesen sei, denn der spätere Erwerb durch den Kläger sowie dessen Schädigung hätten nahe gelegen. Eine gesetzliche Vermutung für einen Ablauf der Ursachenkette nach sechs Monaten bestehe nicht.

[594] *Veil*, ZHR 167 (2003), 365, 369; *Baums*, ZHR 167 (2003), 139, 182.

[595] Vgl. *Baums*, ZHR 167 (2003), 139, 182.

[596] Vgl. statt vieler *Sethe*, aaO., §§ 37b, 37c, Rz. 49 ff. mit weiteren Nachweisen.

den ein Dritter dadurch erlitten hat, dass er auf die Richtigkeit von veröffentlichten unwahren Tatsachen vertraut hat.[597] Nach allgemeinen Grundsätzen wäre ein Anleger beweispflichtig dafür, dass er durch die Unterlassung bzw. Veröffentlichung einer unwahren Tatsache zum Kauf oder Verkauf von Wertpapieren bestimmt worden ist. Auch in diesem Zusammenhang wird jedoch erkannt, dass derartige innere Tatsachen dem Beweis nur schwer zugänglich sind und mit naturwissenschaftlicher Exaktheit ein Ursachenzusammenhang nicht zu klären ist.[598] Unklarheit besteht im Gegensatz zu derselben Problematik beim Emissionsprospekt allerdings darin, wie dieses Problem zu lösen ist, denn eine Umkehr der Beweislast wie in § 45 Abs. 2 Nr. 1 BörsG nF. ist vom Gesetzgeber in den §§ 37b, 37c WpHG, nicht vorgesehen.

270 Teilweise wird dafür plädiert, den börsenrechtlichen Ansatz heranzuziehen und auf die Beweislastumkehr bei § 45 Abs. 2 Nr. 1 BörsG zurückzugreifen.[599] Diese beruhe auf dem Gedanken, dass Börsenprospekte eine Anlagestimmung erzeugten, so dass vermutet werden könne, dass der (fehlerhafte) Prospekt ursächlich für den Erwerb von Wertpapieren durch den Anleger gewesen sei. Eine solche Anlagestimmung könne aber auch durch Ad-hoc-Mitteilungen hervorgerufen werden. Diese Annahme ergebe sich zum einen dadurch, dass in § 45 Abs. 2 Nr. 4 BörsG n.F. die Möglichkeit vorgesehen sei, einen unrichtigen Zulassungsprospekt durch eine Ad-hoc-Mitteilung zu korrigieren. Dies zeige, dass das Gesetz bei Zulassungsprospekten und Ad-hoc-Mitteilungen eine vergleichbare Publizitätswirkung voraussetze. Daher sei es willkürlich anzunehmen, dass Zulassungsprospekte eine Anlagestimmung erzeugten, Ad-hoc-Mitteilungen aber nicht.[600] Zum anderen lasse sich eine Anlagestimmung auch bei Ad-hoc-Mitteilungen dadurch begründen, dass Ad-hoc-Mitteilungen nach dem Wortlaut des § 37c I WpHG geeignet sein müßten, „den Börsenpreis der zugelassenen Wertpapiere erheblich zu beeinflussen." Denn auch Ad-hoc-Mitteilungen enthielten Informationen, die für die Beurteilung einer Anlage und damit für eine Anlageentscheidung bedeutsam seien. Wenn der Börsenpreis aber nichts anderes

---

[597] Vgl. zur Haftung für fehlerhafte Ad-hoc-Publizität auch *Groß*, WM 2002, 477.

[598] *Sethe*, aaO., §§ 37b, 37c, Rz. 67; vgl. auch *Rössner/Bolkart*, ZIP 2002, 1471, 1476.

[599] *Rössner/Bolkart*, ZIP 2002, 1471, 1476.

[600] *Möllers/Leisch*, WM 2001, 1648, 1660; Vgl. auch *Tilp*, ZIP 2002, 1729, 1730, Anmerkung zu OLG München, Urteil v. 14.5.2002, ZIP 2002, 1727: Dieser stellt darauf ab, dass durch eine fehlerhafte Ad-hoc-Mitteilung das Vertrauen des Anlegers in die Publizität missbraucht worden sei. Es spreche deshalb die Vermutung des aufklärungsrichtigen Verhaltens dafür, dass der Anleger die fragliche Anlage so nicht getätigt hätte. Ablehnend *Rützel*, AG 2003, 69, 74; differenzierend wohl *Baums*, ZHR 167 (2003), 139, 183: Zwar sei die Argumentation, eine Ad-hoc-Mitteilung könne anders als ein Prospekt keine Anlagestimmung verursachen, nicht überzeugend. Es gehe aber in diesem Zusammenhang nicht um eine gute Stimmung, sondern um die Erkenntnis, dass richtige wie falsche Informationen in den Marktpreis, zu dem der Anleger kauft oder verkauft, eingearbeitet sind.

sei als das Zahlen gewordene Verhältnis von Angebot und Nachfrage, so sei es unverständlich, wie eine Ad-hoc-Mitteilung dieses beeinflussen könne, ohne eine Anlagestimmung zu erzeugen.[601]

Von anderer Seite wird darauf hingewiesen, dass sich aufgrund des punktuellen Informationscharakters einer Ad-hoc-Mitteilung nicht ohne weiteres feststellen lasse, dass eine Anlageentscheidung durch eine fehlerhafte Information beeinflusst worden sei.[602] Aufgrund dieser Feststellung werden ein Rückgriff und eine Lösung des Problems durch das Instrument der „Anlagestimmung" und eine Umkehr der Beweislast wie bei § 45 Abs. 2 Nr. 1 BörsG n.F. abgelehnt. Dies wird vor allem mit einer generellen Kritik an dem Konzept der „Anlagestimmung" begründet. Bis heute fehle es an einer befriedigenden Erklärung, wann eine Anlagestimmung einen solchen Grad erreicht habe, dass auf einen kausalen Zusammenhang zwischen Information und Kaufentscheidung geschlossen werden könne. Die Gerichte hätten lediglich die zu einer Anlagestimmung führenden Umstände beschrieben. Eine fundierte Begründung, warum diese eine Umkehr der Beweislast rechtfertige, fehle bisher. Die Tatsache, dass die Rechtsprechung zur Anlagestimmung bis heute nicht hinreichend argumentativ abgesichert sei, spreche dagegen, diese Grundsätze auch noch für die Ad-hoc-Mitteilung heranzuziehen.[603] 271

Stattdessen muß nach dieser Ansicht[604] auf den Zusammenhang von Information und Preisbildung abgestellt werden.[605] Im Wege des Anscheinsbeweises sei es dann möglich, die Kausalitätsproblematik in den Griff zu bekommen. Ein solcher Ansatz kann nach Ansicht von *Veil*[606] aus der Erkenntnis abgeleitet werden, dass die Wertpapierpreise auf einem informationseffizienten Kapitalmarkt den öffentlich geäußerten Informationsstand reflektieren.[607] Zumindest in dem Ausmaß, in dem eine Ad-hoc-Publizitätspflicht bestehe, müsse der Kapitalmarkt aus unterschiedlichen Gründen deshalb als informationseffizient eingestuft werden. Ein Anleger, der ein Wertpapier zu einem bestimmten Preis erwerbe oder ver- 272

---

[601] *Rössner/Bolkart*, ZIP 2002, 1471, 1476; einen Rückgriff auf die Anlagestimmung ablehnend *Rützel*, AG 2003, 69, 74: Weder sei die Ad-hoc-Mitteilung die einzige wesentliche für eine (vernünftige) Anlageentscheidung, noch erhebe sie erkennbar den Anspruch, über alle anlagerelevanten Umstände zu informieren.

[602] *Veil*, ZHR 167 (2003), 365, 370 f.

[603] *Veil*, ZHR 167 (2003), 365, 382 f.

[604] *Veil*, ZHR 167 (2003), 365, 383.

[605] In der Begründung zustimmend *Baums*, ZHR 167 (2003), 139, 183, der allerdings nicht den Weg über den Anscheinsbeweis geht, sondern als Konsequenz bei wesentlichen Falschinformationen einen Zusammenhang mit der Kaufentscheidung des Anlegers, ähnlich den börsenrechtlichen Regelungen, vermuten will.

[606] *Veil*, ZHR 167 (2003), 365, 384 f.

[607] So auch *Baums*, ZHR 167 (2003), 139,180.

kaufe, vertraue unter diesen Voraussetzungen somit darauf, dass die öffentlich bekannten Informationen richtig seien, bzw. dass es keine anderen, publizitätspflichtigen Informationen gebe, die den Wertpapierpreis beeinflussen könnten.[608]

273 Ein weiterer Teil der Literatur[609] äußert sich differenziert zu der oben dargestellten Problematik. Dies liegt unter anderem daran, dass mehrere Arten von Kapitalanlegern unterschieden werden. Diese Ansicht geht grundsätzlich davon aus, dass falsche oder unterlassene Ad-hoc-Mitteilungen geeignet sind, Reaktionen des Marktes und damit auch der einzelnen Anleger hervorzurufen. Der Markt verlasse sich auf die verfügbaren Informationen über die einzelnen Emittenten und vermittle damit ein falsches Bild.[610] Jedoch habe dies für Anleger, die aus unterschiedlichen Motiven in das Wertpapier eines Emittenten investierten, verschiedene Bedeutungen. Ein Anleger mit dem Ziel der Kapitalanlage müsse von einem unternehmerisch handelnden Anleger bzw. einem Anleger, der erst durch eine (fehlerhafte) Ad-hoc-Mitteilung zur Kapitalanlage verleitet worden sei, unterschieden werden. Würde man hier in Analogie mit § 45 Abs. 2 Nr. 1 BörsG n.F. eine Beweislastumkehr zur Anwendung bringen, so ließe man all diese unterschiedlichen Interessenlagen außer betracht. Eine pauschale Vermutung für die Kausalität sei daher abzulehnen. Aus denselben Gründen verbiete sich auch ein Rückgriff auf das Instrument der „Anlagestimmung".[611]

274 Stattdessen will diese Ansicht, im Ergebnis ebenso wie *Veil*, mit dem Konzept eines individuell zu überprüfenden Anscheinsbeweises operieren.[612] Der Prozessgegner könne sich dann damit verteidigen, dass er den Anschein erschüttere, indem er eine atypische Folge des Vorgangs behaupte und dartue, dass der atypische Ablauf im konkreten Falle ernsthaft in betracht zu ziehen sei.[613] Verfolge der Anleger bspw. das Ziel der Kapitalanlage, könne man nach den Erfahrungen am Kapitalmarkt unterstellen, dass er Ad-hoc-Mitteilungen berücksichtige und in seine Entscheidungen mit einbeziehe. Auch der unternehmerisch handelnde Anleger werde die Ad-hoc-Mitteilung zur Kenntnis nehmen. Für seine Kauf- oder Verkaufsentscheidungen seien neben Ad-hoc-Mitteilungen jedoch noch andere Faktoren von Bedeutung, so dass hier nicht von einem typischen Kausalverlauf gesprochen werden könne.[614] Bei einem Anleger, der erst durch eine

---

[608] *Veil*, ZHR 167 (2003), 365, 385.

[609] *Sethe*, aaO., §§ 37b, 37c, Rz. 68 ff.

[610] *Sethe*, aaO., §§ 37b, 37c, Rz. 68.

[611] *Sethe*, aaO., §§ 37b, 37c, Rz. 68.

[612] *Sethe*, aaO., §§ 37b, 37c, Rz. 69.

[613] Statt vieler BGHZ 6, 169, 170; BGHZ 8, 239.

[614] Es ist meines Erachtens zweifelhaft, ob sich bei diesem Beispiel ein typischer Kausalverlauf zwischen Falschinformation und Kaufentscheidung tatsächlich verneinen lässt. Könnte man nicht argumentieren, dass gerade ein unternehmerisch handelnder Anleger ungeachtet

(fehlerhafte) Ad-hoc-Mitteilung zur Kapitalanlage verleitet worden sei, könne man nach allgemeiner Lebenserfahrung nicht unterstellen, dass er die Marktentwicklung beobachte, regelmäßig Ad-hoc-Mitteilungen berücksichtige und in seine Anlageentscheidung einbeziehe. Er müsse also beweisen, dass er nur aufgrund der Ad-hoc-Mitteilung die Wertpapiere des Emittenten erworben habe.[615] Ein Kausalzusammenhang entfalle auch dann, wenn ein Anleger die Wertpapiere unabhängig von der Kapitalmarktlage ohnehin habe erwerben wollen, etwa weil er regelmäßig zu einem bestimmten Termin Geld in Wertpapieren des Emittenten anlege oder weil er Belegschaftsaktien zu einem Vorzugspreis erwerben könne.[616]

3. Diskussion

Die obigen Ausführungen zu Emissionsprospekten und Ad-hoc-Mitteilungen **275**
zeigen, dass für die dortige Kausalitätsproblematik mit dem Rückgriff auf eine Beweislastumkehr bzw. die Anwendung eines Anscheinsbeweises, dieselben Lösungsvorschläge gemacht werden, wie für die Anlageberatung bzw. Aufklärungs- und Beratungspflichten in anderen Bereichen. Die Diskussion zeigt ebenfalls, dass sich die Argumente, die gegen bzw. für Beweislastumkehr und die Annahme einer bestimmten Vermutung vorgebracht werden, nicht wesentlich von denen im Rahmen der Anlageberatung unterscheiden. So ist beispielsweise bezeichnend, dass auch für die Frage der Kausalität im Rahmen der Ad-hoc-Mitteilung auf die Tatsache hingewiesen wird, dass eine pauschale Vermutung eines bestimmten Verhaltens bzw. eine Beweislastumkehr daran krankt, dass auf diesem Wege nicht berücksichtigt werden kann, dass es unterschiedliche Arten von Anlegern mit unterschiedlichen Motivationen gibt, für die eine bestimmte Information unter Umständen von ganz unterschiedlicher Bedeutung ist.

Für die hier interessierende Frage nach der haftungsbegründenden Kausalität ist **276**
vor allem das Konzept der Anlagestimmung und dessen Dauer von Bedeutung. So lässt sich für den Bereich der Ad-hoc-Mitteilung der Versuch beobachten, den Anscheinsbeweis für den Nachweis der Kenntnis des Anlegers von einer veröffentlichten unrichtigen Information in der Form einer Anlagestimmung fruchtbar zu machen, die von der Rechtsprechung ursprünglich für die Frage nach der Kausalität bei Börsenprospekten entwickelt worden ist. Dieses Konzept einer Anlagestimmung könnte eines der Indizien sein, auf das sich bei der Beantwortung der Frage nach der haftungsbegründenden Kausalität im Rahmen der

---

sonstiger wichtiger Faktoren sein Verhalten letztlich ausschließlich am Preis eines Wertpapiers festmacht, da sich allein daran entscheidet, ob eine Übernahme oder Beteiligung überhaupt finanzierbar ist?

[615] *Sethe*, aaO., §§ 37b, 37c, Rz. 69.

[616] *Sethe*, aaO., §§ 37b, 37c, Rz. 70.

Anlageberatung zurückgreifen ließe. Es bedarf daher einer näheren Untersuchung. Einer der Kritikpunkte gegen das Konzept der Anlagestimmung ist die Behauptung, dass dieses Konzept nicht argumentativ abgesichert und überzeugend sei. Bis heute fehle es an einer befriedigenden Erklärung, wann eine Anlagestimmung einen solchen Grad erreicht habe, dass auf einen kausalen Zusammenhang zwischen Information und Kaufentscheidung geschlossen werden könne. Die Gerichte hätten lediglich die zu einer Anlagestimmung führenden Umstände beschrieben.[617] Die Konstruktion einer Anlagestimmung begegnet auch meines Erachtens Bedenken. Es stellt sich die Frage, ob die generelle Problematik der Feststellung eines Ursachenzusammenhanges zwischen Information und Kaufentscheid eines Anlegers wiederum nicht nur verlagert wurde. Woher will man mit objektiver Gewissheit wissen, wie eine unrichtige Information seitens der Fachkreise eingeschätzt wurde? Auch diese bilden sich ihr Urteil schließlich aus einer Vielzahl von Informationen. Wie die Ausführungen in dieser Arbeit gezeigt haben, beinhaltet die Frage nach der Kausalität von Information Aspekte, die für jeden Personenkreis gelten, der als Informationsempfänger fungiert. Damit stellt sich die Frage, wie eine unrichtige Information gewichtet wurde, in dieser Form auch für die so genannten Fachkreise. Zum anderen stellt sich die Frage, wer oder was unter den vom BGH erwähnten Fachkreisen zu verstehen ist. Sind dies Analysten, Banken, Anlageberater und Rating-Agenturen? Gehören dazu auch Börsendienste und die Wirtschaftspresse? Auch könnte es unter Umständen Schwierigkeiten bereiten festzustellen, welche Ansicht die Fachkreise über ein bestimmtes Wertpapier haben. Wie ist beispielsweise mit dem Phänomen umzugehen, dass auch innerhalb der einschlägigen Fachkreise oft genug kontroverse Ansichten herrschen? Reicht eine Mehrheitsmeinung von 51% aus, um die Behauptung aufstellen zu können, ein Wertpapier werde von den Fachkreisen positiv eingeschätzt? Oder ist eine höhere Quote notwendig? Anhand welcher Kriterien würde eine solche Quote festgestellt?

277 Die Rechtsprechung hat sich in einem viel beachteten Urteil neueren Datums in umfassender und grundlegender Weise zur Kausalitätsproblematik, insbesondere bei Ad-hoc-Mitteilungen, geäußert. Die Äußerungen betrafen vor allem das Konzept der Anlagestimmung und dessen Dauer. In einem Urteil des BGH[618] vom 19. Juli 2004, welches einen Vorgang bei der Infomatec AG betraf, wurde ein ursächlicher Zusammenhang zwischen einer fehlerhaften Ad-hoc-Mitteilung und dem Kaufentschluss zweier Anleger verneint.[619] Der Rückgriff auf das Kon-

[617] Vgl. die grundlegende Kritik am Konzept der Anlagestimmung bei *Veil*, ZHR 167 (2003), 365, 382 f. und die Ausführungen unter Rz. 273.

[618] BGH, ZIP 2004, 1599.

[619] Die streitgegenständlichen Wertpapierkäufe haben sich zwischen Mai 1999 und Mai 2000 abgespielt. Daher ist der Fall nach altem Recht entschieden worden. Die Anspruchsgrundlagen der §§ 37b, 37c WpHG n.F., die durch das 4. Finanzmarktförderungsgesetz, das am

zept der Anlagestimmung wurde in diesem Fall ebenfalls verneint. Dies wird mit der unterschiedlichen Wirkung beider Veröffentlichungsarten begründet. Während der Prospekt eine umfassende Information über ein Unternehmen liefert und der Verkaufsförderung dient, soll eine Ad-hoc-Mitteilung nach Ansicht der Rechtsprechung grundsätzlich nur über einzelne aktuelle Ereignisse unterrichten. Ihr wird daher lediglich eine punktuelle, im Ergebnis soll dies wohl heißen geringere, Wirkung zugesprochen.[620]

Hinsichtlich des zweiten möglichen Indiz in der Form eines bestimmten Zeitfaktors, stellt der BGH in seinem Infomatec-Urteil fest, dass sich bei der Beurteilung der Dauer einer Anlagestimmung jede schematische, an einen bestimmten, festen Zeitraum angelehnte Betrachtungsweise aufgrund der vielfältigen kursbeeinflussenden Faktoren des Kapitalmarktes einerseits und der Uneinheitlichkeit der individuellen Willensentscheidungen der einzelnen Marktteilnehmer andererseits, verbiete. Man könne in diesem Zusammenhang somit nicht von einer Typik oder einer durch ständige Erfahrungen des täglichen Lebens bestätigten Wahrscheinlichkeit sprechen.[621] Angesichts dieser Unwägbarkeiten und der damit verbundenen Gefahr willkürlicher Entscheidungen könne einen solchen festen Zeitraum nur der Gesetzgeber festlegen, was er mit dem Sechs-Monats-Zeitraum in § 44 Abs. 1 S. 1 BörsG n.F. getan habe.[622] Liegt also kein vom Gesetzgeber festgelegter Zeitraum vor, muss die mögliche Dauer einer Anlagestimmung anhand der konkreten Umstände im Einzelfall untersucht und von der **278**

01.07.2002 in Kraft getreten ist, geschaffen worden sind, haben in dieser Entscheidung daher noch keine Rolle gespielt. Da diese Vorschriften jedoch keine Regelungen zur Beweislastfrage enthalten, wäre die Entscheidung des BGH auch nach neuer Rechtslage voraussichtlich nicht anders ausgefallen.

620 BGH, ZIP 2004, 1599, 1603; vgl. aber auch LG Augsburg, WM 2001, 1944: Dass der Nachweis eines ursächlichen Zusammenhangs zwischen Falschinformation durch eine Ad-hoc-Mitteilung und dem Kaufentschluss eines Anlegers dennoch zu führen ist, hat eine Gerichtsentscheidung in einem Fall gezeigt, der ebenfalls einen Vorgang bei der Informatec AG betraf. In einem vom LG Augsburg am 24. September 2001 in erster Instanz entschiedenen Fall hatte der Kläger von einer fehlerhaften Ad-hoc-Mitteilung Kenntnis erlangt. In dem ca. zweimonatigen Zeitraum zwischen der Ad-hoc-Mitteilung und dem Erwerb der Wertpapiere hatte er weitere Informationen aus Fachzeitschriften und von verschiedenen Banken eingeholt, die ihn in seiner Meinung bestätigten. Das LG Augsburg, zumindest hinsichtlich dieser Frage vom OLG München (vgl. ZIP 2002, 1989) und dem BGH (ZIP 2004, 1593) bestätigt, hat den ursächlichen Zusammenhang zwischen falscher Information und Kaufentschluss des Klägers bejaht.

621 Vgl. BGH, ZIP 2004, 1599, 1603: „Zur genauen Dauer einer solchen denkbaren Anlagestimmung lassen sich aber ebenso wenig – wenn nicht sogar weniger – verlässliche, verallgemeinerungsfähige Erfahrungssätze aufstellen wie für den bereits beschriebenen – insoweit schon unklaren – Bereich der Emissionsprospekte."

622 BGH, ZIP 2004, 1599, 1603 f.

beweisbelasteten Partei dargelegt werden.[623] Gesichert ist nach Ansicht des BGH lediglich die Erkenntnis, dass die Wirkung von positiven Informationen mit zeitlichem Abstand zur Veröffentlichung abnimmt und eine Anlagestimmung endet, wenn und sobald andere Faktoren[624] für die Einschätzung eines Wertpapiers bestimmend werden.[625]

4. Zusammenfassung

279 Schaut man sich die obigen Ausführungen zur Kausalität an, so stellt man fest, dass Anlagestimmung und Zeitfaktor zwei unterschiedliche Bereiche betreffen und damit zwei unterschiedliche Fragen beantworten. Die Bejahung der haftungsbegründenden Kausalität setzt zwei Dinge voraus. Der Anleger muss von der veröffentlichten Information Kenntnis gehabt und er muss diese Information zur Grundlage seiner Anlageentscheidung gemacht haben. Mit dem Konzept der Anlagestimmung wird dabei die Frage beantwortet, ob ein Privatanleger von einer bestimmten veröffentlichten Information überhaupt Kenntnis erlangt hat. Diese Kenntnis wird mit Hilfe der Anlagestimmung zugunsten des Anlegers fingiert, eine tatsächliche Kenntnisnahme ist nicht notwendig. Erst wenn dies feststeht, kann man sich der zweiten Frage zuwenden, nämlich ob die vom Anleger zur Kenntnis genommene, streitgegenständliche Information auch als Grundlage für eine Anlageentscheidung gedient hat. Zur Beantwortung dieser Frage wird auf den Zeitfaktor Rückgriff genommen. Dabei wird zugunsten des Anlegers

---

[623] Der Vergleich der von der früheren Rechtsprechung und nun dem Gesetzgeber für Emissionsprospekte festgelegten Ein-Jahres-, bzw. Sechs-Monats-Frist für die maximale Dauer einer Anlagestimmung zeigt eine enorme Spannweite. Diese Zeiträume beruhen somit offensichtlich auf willkürlichen Annahmen, und sind nicht etwa naturwissenschaftlich oder empirisch untermauert. Wurde eine Anlagestimmung bisher von der Rechtsprechung bejaht, betrug der Zeitraum zwischen Information und Wertpapierkauf immer weniger als sechs Monate, vgl. dazu OLG Frankfurt/M., WM 1994, 291= WuB I G 9.-2.94 *Schwark*: zweieinhalb Monate; OLG Frankfurt/M., 1996, 1216= WuB I G 8.-3.96 *Schwark*: vier Monate; OLG Düsseldorf, WM 1984, 586: fünf Monate. Umso überraschender erscheint in diesem Zusammenhang eine Feststellung in einem rechtskräftigen Beschluss des OLG Frankfurt/M. vom 07.11.2003, ZIP 2004, 1317 („Comroad III"): In dem dortigen Fall war im November 1999 ein Börsenprospekt veröffentlicht worden, der unrichtige Umsatzangaben enthielt. Am 03.08.2001, also ca. 20 (!!) Monate nach Veröffentlichung dieser Daten, erwarb die Klägerin Aktien des besagten Unternehmens. Das OLG Frankfurt/M. stellt die Ursächlichkeit zwischen den unrichtigen Angaben im Börsenprospekt und dem Kaufentschluss der Klägerin mit dem Satz fest, die falsche Prospektangabe sei für den Aktienerwerb ursächlich gewesen, weil sie nicht hinweggedacht werden könne, ohne dass der Aktienerwerb entfiele. Eine gesetzliche Vermutung für den Abbruch der Ursachenkette nach Ablauf von sechs Monaten bestehe nicht (OLG Frankfurt/M., ZIP 2004, 1317, 1318).

[624] Der BGH nennt als Beispiele eine Änderung des Börsenindex, der Konjunktureinschätzung, neue Unternehmensdaten oder aber eine neue Ad-hoc-Mitteilung.

[625] BGH, ZIP 2004, 1599, 1603.

angenommen, dass innerhalb einer bestimmten Zeitspanne die veröffentlichte Information im Bewusstsein des Anlegers so präsent ist, dass sie in seiner Anlageentscheidung Berücksichtigung findet. Erst wenn eine gewisse Zeit vergeht bzw. andere Informationen veröffentlicht werden, die die ursprüngliche Information in ihrer Bedeutung oder in ihrer Präsenz überdecken könnten, wird die ursprüngliche Vermutung zugunsten des Anlegers in Zweifel gezogen bzw. kann nicht mehr zu seinen Gunsten ins Feld geführt werden.

5. Bedeutung der Ergebnisse für die Anlageberatung 280

Auch wenn das Konzept der Anlagestimmung nicht über jeden Zweifel erhaben ist, so hat die Rechtsprechung mit dem Rückgriff auf dieses Konzept und der Frage nach seiner Dauer, im Rahmen von Börsenprospekt und Ad-hoc-Mitteilung zumindest zwei Indizien benannt, die bei der Beantwortung der Frage nach dem Ursachenzusammenhang zwischen einer unrichtigen Information und einer eventuell darauf fußenden Rechtsgutsverletzung des Anlegers herangezogen werden können. Dass eine solche Auseinandersetzung mit der Problematik im Rahmen der Anlageberatung fehlt, ist umso verwunderlicher, als es bei der grundlegenden Frage nach der Kausalität zwischen einer unrichtigen Information und einer Anlageentscheidung auf fehlerhafter Informationsgrundlage meines Erachtens keinen erkennbaren Unterschied zur gleichen Problematik bei einem Emissionsprospekt und einer Ad-hoc-Mitteilung gibt. Auf den ersten Blick mag man vielleicht einen Unterschied darin entdecken, dass bei Emissionsprospekt und Ad-hoc-Mitteilung die Schwierigkeit zunächst darin besteht festzustellen, ob ein Anleger von Prospekt und Mitteilung Kenntnis hatte, ob die vom Sender auf den Weg gebrachte Information also den Empfänger überhaupt erreicht hat. Dies könnte bei der Aufklärung und Beratung im Rahmen der Vermögensanlage anders sein, da dort ein Gespräch in den meisten Fällen von Angesicht zu Angesicht stattfindet und an der Kenntnisnahme des Anlegers unter normalen Umständen keine Zweifel bestehen können. Aber selbst dann bleibt auf der zweiten Ebene zumindest die Frage zu beantworten, ob und in welchem Ausmaß selbst bei feststehender Kenntnis des Informationsempfängers, der Kaufentscheid des Anlegers auf dieser Information fußt.

Während im Falle von Emissionsprospekt und Ad-hoc-Mitteilung mit der Dis- 281
kussion hinsichtlich eines Zeitfaktors ein möglicher Erfahrungssatz bzw. ein Indiz für eine solche Annahme zumindest benannt und im Rahmen der Kausalitätsfrage von der Rechtsprechung in den meisten Fällen ausführlich für den konkreten Einzelfall gewürdigt wird, wird dieses Problem bei der Anlageberatung gar nicht angesprochen. Eine detaillierte Beweiswürdigung, die diesen Namen

tatsächlich verdient, findet gar nicht oder aber nur äußerst selten statt.[626] Es soll deshalb im Folgenden versucht werden, die obigen Erkenntnisse auf den Bereich der Anlageberatung zu übertragen.

XV. Haftungsbegründende Kausalität bei der Anlageberatung

1. Kenntnis der Information

282 Bei fehlerhaftem Börsenprospekt und Ad-hoc-Mitteilung besteht das Hauptproblem darin, dass der Anleger in den meisten Fällen gar keine Kenntnis darüber besitzt, dass eine relevante (wenn auch unrichtige) Information veröffentlicht worden ist. Um bei den Begriffen zu bleiben, die in der obigen[627] Diskussion unter Rückgriff auf die Terminologie von *Gasser* verwendet worden sind, hat der Anleger in diesen Fällen keine Vorstellung von der Person des Senders und er weiß nicht, über welches Medium die Information verbreitet wurde. Dies stellt sich bei einem Gespräch zur Vermögensanlage grundlegend anders dar. Unabhängig davon, wer die Initiative zur Aufklärung bzw. Beratung ergriffen hat, werden sich Anlageberater und Anleger persönlich gegenübersitzen. Es kann somit kein Zweifel daran bestehen, dass der Anleger die für seine Anlageentscheidung relevanten Informationen zur Kenntnis nimmt. Selbst in den Fällen, in denen eine Aufklärung/Beratung telefonisch stattfindet, kann an einer Kenntnisnahme des Anlegers kein Zweifel bestehen. *Gasser* weist in den oben dargestellten Ausführungen darauf hin, dass die Kenntnisnahme von Information auch davon abhängt, ob der Informationsempfänger die (fehlerhafte) Information überhaupt verstanden und entsprechend intellektuell verarbeitet hat.[628] Man wird im Rahmen von Aufklärung und Beratung bei der Vermögensanlage jedoch davon ausgehen können, dass dies grundsätzlich immer der Fall ist. Durch die persönliche Situation wird ein Anlageberater sein Gespräch mit einem Kunden immer auf dessen intellektuelle Fähigkeiten und seinen Wissensstand abstimmen. Ebenso besteht für einen Anleger die Möglichkeit nachzufragen, wenn er etwas nicht verstanden hat. Der Anlageberater, der eine Dienstleistung anbietet und dessen Geschäftserfolg von einem zufriedenen Kunden abhängt, wird im Zweifel eine Information noch einmal wiederholen bzw. eine zusätzliche Erklärung liefern, sollte er den Eindruck haben, dass sein Kunde eine bestimmte Information nicht verstanden hat. Anders als bei Börsenprospekt oder Ad-hoc-Mitteilung, wo die Veröffentlichung auf nicht individualisierte Empfänger ausgerichtet ist, wird man im Rahmen der Anlageberatung somit schwerlich

[626] Vgl. auch den kritischen Hinweis bei *Geibel*, aaO., 184.
[627] Vgl. die Ausführungen unter Rz. 233 ff.
[628] Vgl. die Ausführungen unter Rz. 235.

argumentieren können, ein Anleger sei sich gar nicht über die Bedeutung einer Information klar gewesen.

2. Information als Entscheidungsgrundlage bei feststehender Kenntnis

Wie in den obigen Ausführungen dargelegt, ist mit den heutigen Mitteln der Technik und Forschung nicht nachvollziehbar, wie ein menschliches Gehirn eine bestimmte Information gewichtet und welchen Anteil sie demzufolge an einer konkreten Entscheidung hat. Man könnte daher argumentieren, ein Anleger habe eine bestimmte (unrichtige) Information für seine Anlageentscheidung überhaupt nicht berücksichtigt. In der Regel wird man jedoch davon ausgehen können, dass eine Information, von der ein Anleger Kenntnis hat, auch in seine Anlageentscheidung einfließt. Wie die obigen Ausführungen zu der Kausalität von Kaufentscheidungen im Falle eines Emissionsprospektes oder einer Ad-hoc-Mitteilung gezeigt haben, spielt bei der Frage, ob eine unrichtige Information tatsächlich als Grundlage für eine Anlageentscheidung gedient hat, der Zeitfaktor eine große Rolle. Ganz allgemein wird man feststellen können, dass die Wahrscheinlichkeit, dass ein Ursachenzusammenhang zwischen einer (falschen) Information und einer Anlageentscheidung besteht, umso größer ist, je näher eine Kaufentscheidung an der Beratung oder Aufklärung liegt. Es stellt sich somit die Frage, ob sich Erfahrungssätze dahingehend formulieren lassen, in welcher auf eine Beratung oder Aufklärung folgenden Zeitspanne eine Relevanz der Information für die Anlageentscheidung noch angenommen werden kann. Diesbezüglich hat der BGH in seinem Infomatec-Urteil eine eindeutige Aussage getroffen. Er hat festgestellt, dass sich für die Bestimmung einer genauen Dauer keine verlässlichen und verallgemeinerungsfähigen Erfahrungssätze aufstellen lassen. Es verbiete sich daher jede schematische, an einen bestimmten, festen Zeitraum angelehnte Betrachtungsweise.[629] 283

Es liegt daher zunächst grundsätzlich nahe, sich bei der Suche nach Anhaltspunkten für die Bestimmung eines Zeitraumes zumindest an dem zu orientieren, was Gesetzgeber oder Rechtsprechung in anderen vergleichbaren Bereichen ausdrücklich geregelt haben. Dies ist gemäß § 44 Abs. 1 S. 1 BörsG n.F. für einen Emissionsprospekt eine Dauer von sechs Monaten, für die eine Kausalität vermutet wird. Wie schon an andere Stelle dargelegt, war die Rechtsprechung vor der Neufassung des Börsengesetzes von einer maximalen Dauer von einem Jahr ausgegangen.[630] Auf welcher Grundlage die Bestimmung dieses Zeitraumes fußt, ist dabei nicht ersichtlich gewesen. Die Tatsache, dass der Gesetzgeber nun den relevanten Zeitraum, im Gegensatz zu früher, immerhin um die Hälfte verkürzt hat, zeigt meines Erachtens deutlich, dass die Festlegung mehr oder weni- 284

[629] BGH, ZIP 2004, 1599, 1603.
[630] BGHZ 139, 225.

ger willkürlich geschehen ist, so dass die Möglichkeit eines pauschalen Rückgriffs zweifelhaft erscheint.

285 Eine pauschale Festlegung auf eine bestimmte Monatsfrist verbietet sich meines Erachtens daher gänzlich. So kann grundsätzlich bereits wenige Tage nach einer Aufklärung oder Beratung ein Ereignis eintreten, dass eine Kausalität zwischen einer empfangenen Information und einer Kaufentscheidung in Frage stellt, weil die neue Information die alte überlagert.[631] Zu denken wäre etwa an eine deutliche Veränderung der Börsenlage oder des Aktienkurses,[632] sei es im negativen wie im positiven Sinne. So kann bei steigenden Kursen die Aktie eventuell zu teuer werden, bei fallenden Kursen können die Zukunftsaussichten plötzlich anders eingeschätzt werden. Dies gilt ebenfalls für das Auftreten einer Krise, einer branchenspezifischen Veränderung oder der Veröffentlichung neuer Daten über das Unternehmen. Nur wenn es keine solchen Ereignisse gegeben hat, kann auf eine pauschale Betrachtung zurückgegriffen werden, die sich dann als Maximalfrist wahrscheinlich an dem Sechs-Monats-Zeitraum des § 44 Abs. 1 S. 1 BörsG n.F. orientieren wird. Die Wichtigkeit der genauen Betrachtung jedes Einzelfalls wird auch durch ein Urteil des BGH bestätigt. So fühlt sich der BGH in seinem Urteil[633] vom 14. Juli 1998 verpflichtet darauf hinzuweisen, dass zwischen Berichtsveröffentlichung und Kaufentscheidung keine Umstände vorlagen, die die Annahme eines Kausalzusammenhanges hätten erschüttern können, obwohl zwischen beiden Ereignissen lediglich ein extrem kurzer Zeitraum von 15 Tagen lag.

3. Ergebnis

286 Für die Frage nach der haftungsbegründenden Kausalität ist im Rahmen der Anlageberatung davon auszugehen, dass ein Anleger von einer unrichtigen Information Kenntnis erlangt hat. Im Rahmen einer detaillierten Beweiswürdigung ist jedoch vor allen Dingen der Zeitfaktor zu berücksichtigen, wenn festgestellt werden soll, ob eine unrichtige Information tatsächlich als Grundlage für eine Anlageentscheidung gedient hat und ob dadurch die Dispositions- und Willensfreiheit des Anlegers verletzt worden ist. Dabei kann nicht auf eine schematische Festlegung eines solchen Zeitraumes zurückgegriffen werden. Vielmehr ist auch bei einem geringen Zeitraum zwischen Aufklärung/Beratung und dem Kaufentschluss des Anlegers für jeden Einzelfall zu prüfen, ob Ereignisse vorhanden

---

[631] So auch BGHZ 139, 225, 334.

[632] Vgl. auch BGHZ 139, 225, 234: Der BGH verneint einen Kausalzusammenhang zwischen einem Aktienkauf und einem unrichtigen Emissionsprospekt nach einem Zeitraum von 18 Monaten insbesondere damit, dass in der Zwischenzeit der Aktienkurs um 180% gestiegen war.

[633] BGHZ 139, 225, 234.

sind, die einen Ursachenzusammenhang zweifelhaft erscheinen lassen. Dies ist im Rahmen einer detaillierten Beweiswürdigung zu untersuchen.

XVI. Haftungsausfüllende Kausalität bei der Anlageberatung

Für die Frage nach der haftungsausfüllenden Kausalität ist entscheidend, wie sich der Anleger verhalten hätte, wenn er eine richtige Aufklärung/Beratung erhalten hätte. Wäre der Kauf des streitgegenständlichen Anlageobjektes auch bei pflichtgemäßer Beratung/Aufklärung erfolgt, müsste die Kausalität der unrichtigen Beratung/Aufklärung für den Schaden des Anlegers verneint werden. Die Bank könnte sich darauf berufen, dass der Schaden auch bei einem rechtmäßigen Alternativverhalten eingetreten wäre. Für die Beantwortung dieser Frage ist daher auf das hypothetische Verhalten des Anlegers abzustellen. Dies ist naturgemäß schwierig, weil dies mit objektiver Gewissheit nicht festzustellen ist und sich somit eine gewisse Unsicherheit nicht vermeiden lässt. Argumentativ lässt sich ein hypothetisches Verhalten eines Anlegers daher nur damit belegen, dass für eine bestimmte Handlungsweise eine überwiegende Wahrscheinlichkeit spricht. Bevor eine mögliche Bennennung und Bewertung von Indizien und Einflüssen für das vorstehend dargestellte Problem skizziert werden kann, müssen im Rückgriff auf die Ergebnisse aus dem ersten Kapitel dieser Arbeit zunächst die unterschiedlichen Fallkonstellationen identifiziert werden, die sich im Rahmen einer Aufklärung oder Beratung für den Anleger ergeben können. 287

1. Mögliche Fallkonstellationen 288

Konstellation 1:
Eine Beratung wird von einem Anleger nachgefragt, der entweder keine Kenntnis oder Erfahrung mit möglichen Anlageprodukten hat, sich eine eigene Auswahl nicht zutraut oder aber danach strebt, nicht nur eine passende, sondern eine optimale Anlagemöglichkeit zu finden. Eine solche Beratung wird in der Regel zum Ziel haben, dem Anleger möglichst umfassende Informationen zur Verfügung zu stellen. Der eigentliche Auswahlprozess erfolgt durch die Bank, so dass diese dem Anleger ihre Gründe für eine Empfehlung wird darlegen müssen. Zum einen, um die eigene Entscheidungsfindung zu erklären, zum anderen um dem Anleger, von dessen Zustimmung der Wertpapierkauf trotz allem letztlich abhängig ist, zu ermöglichen, die Auswahl der Bank nachzuvollziehen.

Konstellation 2: 289
Eine Aufklärung über ein beabsichtigtes Wertpapiergeschäft wird von einem Anleger nachgefragt, der bereits ein bestimmtes Anlageobjekt im Auge hat. Die Aufklärung wird sich demgemäß auf dieses konkrete Anlageobjekt beziehen. Sie

kann dabei einen unterschiedlich großen Umfang haben. Denkbar ist zum einen, dass das Produkt, über das Aufklärung nachgefragt wird, das Ergebnis eines Auswahlprozesses des Anlegers ist. Er wird in solch einem Fall bereits Informationen über dieses Anlageobjekt eingeholt haben, so dass er nun von dem Anlageberater nur noch einzelne und gezielte zusätzliche Informationen benötigt. Zum anderen sind aber auch Situationen denkbar, in denen der Anleger aus der Werbung, in einer Börsensendung, aus der Zeitung oder aber durch Hinweise von Dritten auf das konkrete Anlageobjekt aufmerksam geworden ist. In solch einem Fall wird er unter Umständen noch über keinerlei Informationen verfügen, so dass er mit der Bitte um eine umfassende Aufklärung über das von ihm ins Auge gefasste Anlageobjekt an die Bank herantreten wird.

290 Konstellation 3:
Eine Aufklärung über grundlegende Fragen der Kapitalanlage wird von einem Anleger nachgefragt werden, der sich entweder zunächst einen generellen Überblick über Risiken und Eigenschaften von Anlageformen verschaffen will (dies könnte man als Grundaufklärung bezeichnen) oder aber eine Aufklärung darüber wünscht, welche Anlageform für seine Anlageziele in Frage kommt. Einen solchen Anleger wird typischerweise auszeichnen, dass im Falle einer Grundaufklärung weder eine anlagebezogene, noch eine anlegerbezogene Individualisierung stattfindet. Im Falle einer Aufklärung, die seine Anlageziele berücksichtigt, wird der anlagebezogene Individualisierungsgrad nicht über das Benennen einer für den Anleger persönlich geeigneten Anlageform hinausgehen.

291 Unabhängig von der Untersuchung möglicher Einflussfaktoren auf die Entscheidung des Anlegers lässt sich an dieser Stelle bereits eines feststellen. Im Hinblick auf Konstellation 3 wird sich eine Kausalität für den Fall einer fehlerhaften Grundaufklärung nicht feststellen lassen. Dies hat seinen Grund in der fehlenden persönlichen wie auch anlagebezogenen Individualisierung. Darüber hinaus wird eine Grundaufklärung in der Praxis immer standardisiert sein, so dass Fehlinformationen praktisch ausgeschlossen werden können. Anders könnte dies für die Fälle sein, in denen die persönlichen Anlageziele und Wünsche des Kunden und eine daran anknüpfende Aufklärung zu einer anlageformbezogenen Individualisierung geführt hat. Wie in Kapital 2 dargelegt, kommt für einen Anleger, der beispielsweise eine sichere und risikolose Anlageform wünscht, nur ein mündelsicheres Wertpapier in betracht. Gibt die Bank hier einen Hinweis auf eine Anlageform, die diesem Kriterium nicht entspricht, so kann eine entsprechende Aufklärung des Kunden als nicht anlegergerecht bezeichnet werden, die Feststellung eines Ursachenzusammenhanges zwischen dieser Aufklärung und dem Schaden eines Anlegers läge somit zumindest nahe. Problematisch ist jedoch, dass dem Anleger innerhalb einer jeden Anlageform eine unüberschaubare Zahl von Anlagemöglichkeiten offen steht. Für welches konkrete Anlageobjekt er sich letztlich entscheidet, welche Auswahl er vornimmt, ist seine eigene Entscheidung. Die Bank in solch einem Fall für eine eventuelle Fehlinvestition haftbar zu machen, wäre unter Umständen schwierig. Denn diese könnte sich mit dem berechtigten Hinweis verteidigen, es hätte selbst in der für den Anleger nicht passenden Anlageform unzählige Anlageobjekte gegeben, mit denen er keine Verluste erlitten hätte.

2. Ausgangspunkt: Aufklärungsrichtiges Verhalten

Im Rahmen der Diskussion um Aufklärungs- und Beratungspflichten finden sich **292**
immer wieder die Sätze, das aufklärungsrichtige Verhalten des Anlegers werde vermutet oder aber, die Lebenserfahrung spreche dafür, dass ein Anleger dem Rat eines Experten folge. Warum dies so ist, auf welche tatsächlichen Beweggründe oder Überlegungen sich eine solche Vermutung argumentativ stützt, wird nicht offenbar. Wie oben bereits erwähnt, ist die Verarbeitung von Information und eine darauf gestützte Entscheidung oder Verhaltensweise ein Vorgang, der sowohl rationale als irrationale, intellektuelle als auch emotionale Facetten hat. Es erscheint daher schwierig, eine bestimmte, typische Verhaltensweise eines Anlegers zu konstruieren. Um mit Hilfe der Vermutung aufklärungsrichtigen Verhaltens aber zumindest eine Grundlage zu schaffen, an die eine weitere Diskussion auch argumentativ anknüpfen kann, ist es notwendig, die Beweggründe für die Annahme, dass ein Mensch grundsätzlich dem Rat eines Fachmanns folgt, zu benennen und auf ihre Plausibilität zu untersuchen. Die Rechtsprechung hat für die Frage der Kausalität im Primär- und Sekundärmarkt mit dem Konzept der Anlagestimmung und deren Abhängigkeit von der jeweiligen Wirkung und dem Zweck der veröffentlichten Information ein Konzept geschaffen, welches einen Erklärungsversuch für die Vermutung aufklärungsrichtigen Verhaltens liefern könnte, auch wenn dieses Konzept dort vor allem im Rahmen der haftungsbegründenden Kausalität Anwendung findet.

Der BGH beschreibt das Phänomen der Anlagestimmung als eine Stimmungsla- **293**
ge, die dem Anleger über den Umweg des Kapitalmarktes und eventueller Anlageberater oder Medien vermittelt wird.[634] Diese Anlagestimmung ist durch die im Börsenprospekt (im Ausnahmefall auch Ad-hoc-Mitteilung) enthaltenen positiven Informationen über ein Unternehmen verursacht worden. Durch diese positive Stimmung, aufgrund der durch sie vermittelten positiven Zukunftsaussichten des fraglichen Unternehmens, wird der Anleger sodann motiviert, Aktien des Unternehmens zu erwerben. Hätte das Unternehmen dagegen keine positiven Informationen veröffentlicht, sondern wäre mit den richtigen, den negativen Daten an die Öffentlichkeit gegangen, so hätte sich am Kapitalmarkt keine positive Anlagestimmung bilden können. Der Anleger wäre also nicht motiviert

[634] Vgl. BGHZ 139, 225, 233: Der Bericht muss die Einschätzung des Wertpapiers in Fachkreisen mitbestimmen.

worden, hätte keinen Grund gehabt, die Aktien des Unternehmens zu erwerben. Man könnte nun versuchen, diese Überlegungen auf die Situation in einer Beratung, in einem Aufklärungsgespräch zu übertragen. Dazu müssten beide Konstellationen, also Emissionsprospekt und Aufklärung/Beratung, miteinander vergleichbar sein.

294 Der Zweck eines Emissionsprospektes wird damit beschrieben, dass er den Anleger umfassend über das Unternehmen informieren wolle und daneben der Verkaufsförderung diene. Betrachtet man die Beschreibung einer Anlagestimmung und wie sie vermittelt wird, und schaut man sich nun eine Beratung an, wie sie in Konstellation 1 durchgeführt wird, so stellt man fest, dass sich die Grundsätze und Überlegungen einer Anlagestimmung, die durch einen Emissionsprospekt verursacht wird, auf die Anlageberatung durchaus übertragen lassen. Ein Anleger sucht die Hilfe der Bank, um sich durch diese darüber beraten zu lassen, welches Anlageobjekt seinen Wünschen und Zielen entspricht. Eine solche Beratung wird in der Regel umfassend sein, da die Bank dem Anleger ihre Auswahl und Empfehlung eines konkreten Anlageobjektes darlegen und begründen muss. Diese umfassenden Informationen stellen für den Anleger die Grundlage dar, auf der er seine Anlageentscheidung trifft. Wie bei Emissionsprospekt und Ad-hoc-Mitteilung erhält der Anleger Informationen, die er für seine Anlageentscheidung braucht. Diese Informationen kommen aus einer Quelle, die für sich Fachkompetenz und Expertise in Anspruch nimmt.

295 Gleichzeitig dient die Anlageberatung der Bank der Verkaufsförderung. Zwar nicht wie bei einem Emissionsprospekt, bei dem die Aktien des Unternehmens verkauft werden sollen, aber doch in einem ähnlichen Maße. Verkauft wird zwar ebenfalls ein Anlageprodukt, an dem die Bank über die Provisionen des Anlagegeschäftes Geld verdient. In erster Linie wird aber das Produkt „Beratung" verkauft. Auch dies dient der Verkaufsförderung, da der Anleger durch die unter Beweis gestellte „Beratungskompetenz" der Bank an das Wertpapierinstitut gebunden und eventuell für weitere, zukünftige Bankgeschäfte gewonnen werden soll. Ein Anleger, der mit der Bitte um Beratung an eine Bank herantritt und von dieser ein Anlageobjekt mittels positiver Informationen und Auskünfte als optimale Anlage empfohlen bekommt, erhält demnach genau den gleichen Anstoß zum Kauf eines bestimmten Anlageobjektes, wie es bei einem Emissionsprospekt eines Unternehmens der Fall ist, das Kapitalanleger dazu bewegen will, seine Aktien zu zeichnen. Die Bank will den Anleger bei der Beratung dazu bewegen, ihrer Kompetenz zu vertrauen und sich auf die Angaben der Bank zu verlassen, sie will ihn davon überzeugen, dass er mit ihrer Hilfe die für ihn optimale Kapitalanlage findet. Die Bank wird einem Anleger somit die von ihr gefundene Empfehlung begründen und ihm darlegen, warum diese Empfehlung die für ihn objektive Anlagemöglichkeit darstellt. Dazu wird sie ihm alle Informati-

onen aufzählen, die für ein Investment in dieses Anlageobjekt sprechen. Dabei wird es sich naturgemäß um positive Informationen handeln. Dem Anleger wird dadurch der Eindruck vermittelt, ein Engagement in dieses Anlageobjekt lohne sich, ähnlich wie bei einem Emissionsprospekt. Durch diese positiven Aussagen der Bank wird er somit motiviert, in das empfohlene Anlageobjekt zu investieren. Hätte die Bank ihn dagegen ordnungsgemäß informiert, hätte sie ihn bspw. über bestehende Risiken aufgeklärt, so wäre dem Kunden eine positive Anlagestimmung in solch einem Fall nicht vermittelt worden, zumindest nicht in diesem Maße. Er hätte keinen Anstoß für eine bestimmte Anlageentscheidung bekommen und das Investment nicht getätigt, da er an dessen Erfolg gezweifelt hätte. Mit Hilfe dieser Überlegungen kann man begründen, warum grundsätzlich die Annahme gerechtfertigt ist, dass ein Anleger der Empfehlung seines Anlageberaters folgt und im Umkehrschluss ein Investment nicht getätigt hätte, wenn ihn der Anlageberater richtig informiert hätte.

Konstellation 2 ähnelt dagegen sehr der Situation, wie sie bei einer Ad-hoc-Mitteilung vorzufinden ist. Da im Rahmen einer Ad-hoc-Mitteilung grundsätzlich einzelne bzw. punktuelle Informationen veröffentlicht werden, wird eine dadurch verursachte Anlagestimmung, wie oben dargelegt,[635] vom Bundesgerichtshof nur in Ausnahmefällen angenommen. Es muss daher darauf geachtet werden, in welchem Umfang der Anleger von der Bank Informationen nachfragt, um beurteilen zu können, ob die Situation im Aufklärungsgespräch mit der Situation einer Ad-hoc-Mitteilung vergleichbar ist oder nicht doch eher der einer Beratung ähnelt. Im Rahmen einer Aufklärung kann es durchaus vorkommen, dass ein Kunde nur ausgewählte Fragen an seine Bank hat und nur spezifische und punktuelle Informationen verlangt. Dies kann dann der Fall sein, wenn der Anleger selber auf die Idee des Anlageobjektes gekommen ist, eine Auswahl aufgrund eigener Überlegungen bereits getroffen und in diesem Zusammenhang schon Informationen über das Anlageobjekt gesammelt hat. Eine solche Situation ist einer Ad-hoc-Mitteilung sehr ähnlich. Zwar vertraut ein Anleger selbstverständlich auch bei einer Aufklärung auf die Kompetenz der Bank, um auf die vorstehend angeführte Argumentation zurückzugreifen. Er tut dies aber in einem deutlich geringeren Umfang bzw. in einer anderen Form. Während bei einer Beratung der entscheidende und wesentliche Beitrag der Bank darin besteht, für den Anleger den Auswahlprozess für ein Anlageobjekt vorzunehmen, wird sie im Rahmen eines Aufklärungsgespräches, in dem der Anleger sich schon selber informiert hat und lediglich einzelne Informationen nachfragt, nur unterstützend tätig. Der Schwerpunkt liegt also in der ergänzenden Vermittlung von Information, die allerdings neben die Informationen treten, die der Anleger bereits selber gesammelt hat. Desweiteren besteht die entscheidende Wirkung einer Anlage- 296

[635] Vgl. die Ausführungen unter Rz. 277.

stimmung gerade (auch) darin, aufgrund der positiven Informationen über ein Unternehmen den Anstoß zu geben bzw. den Grund dafür zu liefern, die Aktien dieses konkreten Unternehmens zu erwerben. Eine solche Wirkung haben die von der Bank zur Verfügung gestellten Informationen bei einem Anleger, der auf die Idee für den Kauf eines Wertpapiers durch eigenes Nachdenken, durch eigene Recherche, gekommen ist, möglicherweise nicht. Es wäre also zumindest nicht ohne weiteres gerechtfertigt, aus punktuellen Informationen auf eine dadurch entstandene Anlagestimmung zu schließen. Im Umkehrschluss heißt das, dass ein Anleger, der lediglich einzelne, punktuelle Informationen nachfragt, nicht ohne weiteres auf die Anlageentscheidung verzichtet hätte, wenn er über bestimmte Dinge ordnungsgemäß aufgeklärt worden wäre. Die Annahme eines aufklärungsrichtigen Verhaltens als Ausgangspunkt einer Diskussion über eine haftungsausfüllende Kausalität, ist also im Falle eines solchen Anlegers zumindest in ihrer Gültigkeit eingeschränkt.

297 Ein Anleger dagegen, der von dritter Seite auf das Anlageobjekt aufmerksam gemacht worden ist, wird sich im Regelfall noch nicht so ausführlich mit der Materie beschäftigt haben. Er wird demzufolge eher ausführlichere und umfassendere Information von der Bank nachfragen, so dass sich die Situation eher mit der einer Beratung vergleichen lässt und somit die Annahme einer durch die Bank verursachte Anlagestimmung grundsätzlich nahe liegt.

298 Wie oben bereits dargelegt, kann meines Erachtens grundsätzlich schon eine einzelne Meldung eine Anlagestimmung auslösen. Trotzdem kann man wohl davon ausgehen, dass je punktueller und weniger umfangreich die Informationen sind, die dem Anleger übermittelt werden, die Entstehung einer Anlagestimmung umso unwahrscheinlicher ist.[636] Denn eine Anlagestimmung wird, von Ausnahmen abgesehen, typischerweise erst durch eine Summe von Informationen ausgelöst, die alle denselben Inhalt haben und in ihrem Zusammenspiel dem Anleger eine scheinbare Gewissheit solcherart verschaffen, dass er meint, ein Irrtum sei ausgeschlossen.[637] Grundsätzlich vermag erst das Zusammentreffen mehrerer solcher voneinander unabhängiger Voraussetzungen für den Kurserfolg eines Unternehmens bei dem Anleger alle Zweifel zu zerstreuen, dass das von ihm ins Auge gefasste Anlagegeschäft nicht von Erfolg gekrönt sein wird.

[636] So auch der BGH in seinem Infomatec-Urteil, ZIP 2004, 1599, 1603.

[637] Als Beispiel sei ein Automobilunternehmen gewählt. Das Unternehmen betreibt eine Modellpolitik, die von Kunden wie Fachleuten positiv angenommen wird. Die Absatzmenge an Autos ist deshalb in der Vergangenheit gestiegen. Darüber hinaus belebt sich die Konjunktur, was typischerweise besonders Autowerten zugute kommt. Außerdem befindet sich der Euro gegenüber anderen Leitwährungen wie z.B. dem US-Dollar in einer Schwächephase, was Unternehmen zugute kommt, die wie die Automobilindustrie einen wesentlichen Teils ihrer Gewinne aus Exporten generieren.

Nur wenn eine einzelne Nachricht von so besonderer Wichtigkeit und Bedeutung ist, dass sich allein aus dieser einen Information eine eindeutige Tendenz für die Zukunft eines Unternehmens ableiten lässt, wird sie die Tatsache überdecken können, dass es keine anderen Informationen gibt, die dieselbe Tendenz transportieren und sie somit in den Augen des Anlegers bestätigen könnten. Hat eine Information aber eine solche Wichtigkeit und Bedeutung, dann kann sie damit auch bei einen Anleger, der sich bereits selber informiert und eine eigene Meinung gebildet hat, dessen ursprüngliche Ansicht überdecken und ihn in einem Maße motivieren, dass eine Anlagestimmung angenommen werden kann.

Zusammenfassend lässt sich festhalten, dass die Wahrscheinlichkeit einer Anlagestimmung umso größer ist, je umfangreicher die Informationen sind, die der Anleger zur Verfügung gestellt bekommen hat. Dies trifft grundsätzlich auf eine Beratungssituation zu. Bei einer bloß punktuellen Aufklärung ist das Vorliegen einer Anlagestimmung dagegen fraglich und daher die Vermutung aufklärungsrichtigen Verhaltens nicht ohne weiteres als Ausgangspunkt heranzuziehen. Es kann weiterhin davon ausgegangen werden, dass ein Anleger deshalb eine bestimmte Entscheidung trifft, weil er die Gründe für diese Entscheidung als plausibel ansieht und mögliche Zweifel hinsichtlich des Erfolges einer Anlage zerstreut worden sind. Dies wird durch die Informationen eines Experten bewirkt, dem der Anleger vertraut. Im Umkehrschluss kann daher argumentiert werden, dass sich der Anleger im Falle einer negativen Information aufklärungsrichtig verhalten und die fragliche Anlage nicht getätigt hätte. Eine solche Annahme wird erst dann erschüttert, wenn Situationen oder Gründe existieren, aufgrund derer der Anleger entweder das Vertrauen in die Kompetenz des Experten und damit in die Bedeutung seiner Informationen verliert oder aber Umstände gegeben sind, die dazu führen, dass sich der Anleger über die Informationen des Experten hinwegsetzt. In der Folge gilt es somit, solche Umstände und Situationen zu benennen und auf ihre Wirkung für das Verhalten eines Anlegers zu überprüfen. 299

3. Einflussfaktoren und ihre Wirkung auf den Anleger 300

Durch die Benennung von inneren sowie äußeren Einflüssen sollen verschiedene Einflussfaktoren dargestellt[638] und jeder einzelne hinsichtlich seiner möglichen Wirkung auf einen Anleger in den oben vorgestellten Konstellationen untersucht werden. Diesem Ansatz liegt die Annahme zugrunde, dass man sich die Anlageentscheidung eines Anlegers in etwa so vorstellen kann, dass er für seine Entscheidungsfindung aus einer Vielzahl von Impulsen und Einflüssen schöpft, die bei jedem Anleger und für jede Anlageentscheidung aufs neue individuell wahrgenommen und gewichtet werden. Für die Rechtsprechung muss dies bedeuten,

---

[638] Vgl. dazu auch *Gasser*, aaO., 186 ff.

dass eine Beweiswürdigung zwingend durchgeführt werden muss, und zwar anhand einer Überprüfung der individuellen Einflussfaktoren für jeden einzelnen Fall. Sie darf daher nicht, wie bisher, in ihren Überlegungen und Argumentationen bei dem stereotypen Einsatz der Vermutung des aufklärungsrichtigen Verhaltens stehen bleiben.[639]

301 a) Verhältnis zwischen Anleger und Berater

Die nachfolgenden Ausführungen betreffen eine grundsätzliche Überlegung bezüglich des Verhältnisses zwischen einem Anleger und seinem Berater. Die Vermutung des aufklärungsrichtigen Verhaltens fußt auf der Prämisse, dass ein vernünftiger, rationaler[640] Mensch der Empfehlung eines Experten folgt und den von ihm erhaltenen Informationen nicht nur die entsprechende Bedeutung beimisst, sondern danach auch seine Entscheidung ausrichtet. So hat sich beispielsweise bei der Arzthaftung[641] und bei rechtlichen Beratern, wie Anwälten oder Steuerberatern, für bestimmte Konstellationen eine weitgehend unstreitige Umkehr der Beweislast bzw. die Verwendung eines Anscheinsbeweises etabliert.[642] Die oben beschriebene Vermutung, dass ein rational handelnder Mensch dem Rat eines von ihm aufgesuchten Experten folgt, geht unter anderem von einem Über-/Unterordnungsverhältnis zwischen dem Informationssuchenden und dem Informationsgeber aus, dass sich aus der unterschiedlichen Kompetenz speist, die beide Parteien in Bezug auf den Gegenstand haben, über den Information eingeholt wird. Man könnte dies mit dem Begriff „Wissenshierarchie" umschreiben. Fraglich ist jedoch, ob diese Situationen eines Über-/Unterordnungsverhältnisses und die daraus gezogenen Argumente, ohne weiteres auch auf die Anlageberatung übertragbar sind.

302 Man könnte beispielsweise argumentieren, dass ein Rechtsanwalt, ein Steuerberater oder auch ein Arzt Berufe ausüben, die ein Fachwissen erfordern, dass sich nur durch eine langjährige akademische Ausbildung erlangen lässt. Mit diesem

---

639 So auch *Gasser*, aaO., 161.

640 Schon an dieser Voraussetzung könnte man die Vermutung aufklärungsrichtigen Verhaltens scheitern lassen, denn wie in dieser Arbeit wiederholt dargelegt worden ist, gehen sowohl Rechtsprechung als auch Literatur davon aus, dass eine Anlageentscheidung gerade nicht, oder zumindest nicht überwiegend, auf rationalen Grundlagen ruht. Vgl. dazu aber auch *Geibel*, aaO., 173 ff., der bei der Formulierung seiner Erfahrungssätze ebenfalls von einem vernünftigen Anleger ausgeht.

641 Vgl. statt vieler *Palandt/Heinrichs*, § 280 Rz. 42; *Lang*, WM 2000, 450, 461mit weiteren Nachweisen. Während es für die Arzthaftung bei der so genannten Sicherungsaufklärung bei der ursprünglichen Beweislastverteilung bleibt, ist für die so genannte Selbstbestimmungsaufklärung eine Beweislastumkehr anerkannt.

642 Vgl. statt vieler *Hirte*, aaO., 11ff.; *Palandt/Heinrichs*, § 280 Rz. 38a f.; BGHZ 123, 311; *Lang*, WM 2000, 450, 462 f. mit weiteren Nachweisen.

Hinweis soll nicht etwa die fachliche Qualifikation eines Anlageberaters in Frage gestellt werden, sondern die Aufmerksamkeit auf einen anderen interessanten Aspekt gelenkt werden. Es wird einem Mandanten oder Patienten grundsätzlich nicht möglich sein, die Kompetenz und Expertise eines Rechtsanwaltes oder aber Arztes zu erlangen, auch nicht ansatzweise. Denn weder die Mechanismen und Strukturen, noch die Arbeitsweise eines Rechtsanwaltes oder Arztes und die daraus resultierenden Ergebnisse lassen sich für den Laien von außen ohne weiteres beobachten, nachvollziehen oder verstehen. Dies ist im Hinblick auf das tägliche Börsengeschehen anders. Es gibt unstreitig Parameter und Eckpunkte sowie grundsätzliche Zusammenhänge, anhand derer man zumindest theoretisch bestimmte grundlegende Kurs- bzw. Marktentwicklungen festmachen kann. Diese Zusammenhänge sind zumindest in der Theorie durchaus überschaubar und auch für einen Anfänger relativ leicht zu verstehen.[643] Zwar lässt sich auch hier nicht immer genau erkennen, welcher konkrete Umstand eine bestimmte Kursentwicklung verursacht hat. Aber durch die Beschäftigung mit der Materie lässt sich auch für einen Laien durchaus ein gewisses Verständnis der Mechanismen und Funktionsweisen der Kapitalmärkte erlangen. Nicht umsonst ist eine Investition am Kapitalmarkt grundsätzlich jedem Anleger möglich. Der wichtigste und entscheidende Unterschied zur juristischen oder medizinischen Materie besteht aber darin, dass sich Aussagen und Prognosen von Akteuren an den Kapitalmärkten, seien es Fondsmanager, Analysten oder Banken, täglich überprüfen lassen. So kann man ständig kontrollieren, ob die Prognosen und Einschätzungen dieser Spezialisten tatsächlich eintreffen.

Die Möglichkeit festzustellen, ob Spezialisten mit ihren Einschätzungen recht 303
hatten, kann sich vertrauensmindernd auswirken, wenn deren Prognosen nicht eingetroffen sind. Diese Möglichkeit der Überprüfung einer Empfehlung oder einer Prognose gibt es bei Ärzten oder rechtlichen Beratern so nicht. Es lässt sich im Nachhinein in der Regel nicht feststellen, ob eine andere Behandlungsmethode eine bessere Heilungschance gebracht hätte oder ob mit einer anderen Prozessstrategie der Rechtsstreit gewonnen worden wäre. Auch das eigene Wissen, dass man sich (scheinbar) angeeignet hat, lässt sich durch ein Engagement an der Börse täglich überprüfen, selbst wenn es sich nur um ein Engagement handelt, dass lediglich im Kopf des Anlegers stattgefunden hat. Jeder, der sich für die Börse und den Kapitalmarkt interessiert, kennt die Situation, in der man einen guten Zeitpunkt für eine Investition in ein bestimmtes Anlageobjekt ausgemacht zu haben glaubt, um sich dann bei steigenden Kursen zu ärgern, wenn man die Investition doch nicht getätigt hat. So haben viele Anleger das oft trüge-

---

[643] Dies sei für das Beispiel einer Aktie verdeutlicht. Verallgemeinernd könnte man sagen, dass man vor allem auf drei Dinge achten muss. Wie ist die wirtschaftliche Situation des Unternehmens? Wie sind die zukünftigen Aussichten des Unternehmens bzw. der Branche einzuschätzen? Wie entwickelt sich der Gesamtmarkt?

rische Gefühl, über einen großen Erfahrungsschatz zu verfügen, weil sie in der Theorie schon große Gewinne an der Börse erzielt haben. Fatal wirkt sich dabei aus, dass man sich praktisch immer an die verpassten Chancen erinnert, aber nicht daran, wie oft man mit einer Anlageentscheidung einen Verlust erlitten hätte.

304 Es kann somit dazu kommen, dass ein Anleger (berechtigt oder unberechtigt) der Meinung ist, vom Kapitalmarkt, der Börse und den Anlageprodukten etwas zu verstehen und die jeweilige Marktsituation ebenfalls einschätzen und beurteilen zu können. Anders als ein Rechtsanwalt oder Arzt sieht sich der Anlageberater somit gegebenenfalls einem Menschen gegenüber, der meint, die Materie besser oder zumindest ebenso gut zu verstehen wie er.[644] Ein solcher Anleger traut sich dann unter Umständen zu, seinem eigenen Urteil zu folgen und sich über die Meinung des Experten hinwegzusetzen. Dies könnte dazu führen, dass eine Empfehlung oder der Inhalt einer Information vom Anleger mit weniger Überzeugung betrachtet und akzeptiert wird, als dies bei einem vergleichbaren Gespräch mit einem Arzt oder Rechtsanwalt der Fall wäre. Es kann also im Verhältnis Anleger und Berater zumindest nicht pauschal von einem Über-/Unterordnungsverhältnis aufgrund einer Wissenshierarchie und den sich daraus ergebenden Konsequenzen ausgegangen werden.

305 b) Vorwissen

Direkt aufbauend auf den vorstehend dargestellten Überlegungen ist es für die Frage nach der Kausalität von Information von großer Bedeutung, welches

[644] Im Rahmen der Börsenhausse und der Euphorie über Internet und Neue Märkte zum Ende der 90er Jahre kam es beispielsweise schon relativ früh nach teilweise atemberaubenden Kurssteigerungen zu kritischen Hinweisen durch Experten, in denen vor Übertreibungen und einem Ende des Kursfeuerwerkes, zumindest vor einer deutlichen Gegenreaktion und einem Kurseinbruch, gewarnt wurde. Zur Überraschung aller Marktteilnehmer stiegen die Kurse jedoch noch über Jahre immer weiter und weiter. Für jemanden, der den Markt zu dieser Zeit beobachtet hat, musste sich aufgrund der täglich erlebten, tatsächlichen Börsensituation, die nur Kurssteigerungen kannte, der Eindruck aufdrängen, dass die Experten keine Ahnung hatten und man bereits ein Vermögen verdient hätte, selbst wenn man erst nach dem Aufkommen der ersten Warnungen investiert hätte. Ein anderes prominentes Beispiel ist der weltbekannte Investor und Börsenguru Warren Buffet. Dieser weigerte sich hartnäckig, in Unternehmen der neuen Technologien zu investieren, weil er von deren Geschäft nichts verstehe. Der Kurs seiner *Berkshire*-Aktien brach dramatisch ein, viele Anleger und auch andere Experten waren angesichts der immensen Kurssteigerungen auf dem Technologiesektor der Meinung, für den heute 74jährigen sei die Zeit gekommen, sich aus dem Geschäft zurückzuziehen, weil er den neuen Trends nicht mehr gewachsen sei. Heute ist der Kurs seiner Aktien längst wieder auf alten Höhen angekommen, Buffet ist mit einem persönlichen Vermögen von 42,9 Mrd. Dollar, das fast ausschließlich in seinen eigenen Aktien steckt, hinter Bill Gates der zweitreichste Mann der Welt.

Vorwissen ein Anleger besitzt. Dieses Vorwissen kann sich zum einen auf grundsätzliche Erfahrungen mit Anlageprodukten beziehen, aber auch auf die Beschäftigung mit einem konkreten Anlageobjekt. Im Hinblick auf die oben vorgestellten Konstellationen lassen sich auf der Grundlage dieser Überlegung unterschiedliche Konsequenzen ziehen. Dabei stellt sich immer die hypothetische Frage, ob ein Anleger, selbst wenn er richtig informiert worden wäre (also z.B. den Hinweis auf eine negative Einschätzung oder über Bedenken hinsichtlich der Geeignetheit einer Anlageform bekommen hätte), die fragliche Anlageentscheidung trotzdem getroffen hätte. Bei Konstellation 1 wird am ehesten ein unerfahrener Anleger oder jemand, der sich eine eigene Auswahl nicht zutraut, einer Empfehlung oder einer Information seitens des Anlageberaters Gehör und Beachtung schenken und seine Anlageentscheidung entsprechend treffen. Dementsprechend liegt dann auch die Annahme nahe, dass er bei einer richtigen Information oder aber einer richtigen Empfehlung die betreffende Anlageentscheidung so nicht getätigt hätte. Anders könnte es dagegen schon bei einem Anleger aussehen, der über eigene Wertpapiererfahrung verfügt und z.B. die Beratung nur deshalb in Anspruch nimmt, weil er sich davon eine optimale Anlagemöglichkeit verspricht. In solch einem Fall könnte es möglich sein, dass der Anleger eine negative Einschätzung anders gewichten und ihr nicht soviel Bedeutung zumessen würde, als dass sie die Entscheidung für das Anlageobjekt beeinflusst hätte.

Auch bei Konstellation 2 kann es auf der Grundlage des Vorwissens eines Anle- **306**
gers Unterschiede geben. Ein Anleger, der aufgrund eigener Überlegungen die Wahl für ein bestimmtes Anlageprodukt getroffen hat, gibt schon dadurch zu erkennen, dass er eine eigene, und zwar meist positive Meinung hinsichtlich dieses Produktes hat. Ansonsten würde er sich nicht mit der Bitte um weitere Informationen an die Bank wenden. In solchen Fällen wäre es durchaus denkbar, dass der Anleger auf der Grundlage seiner Auswahlkriterien eine eigene Entscheidung bereits getroffen hat und mit der Einholung weiterer Information lediglich sein Gewissen beruhigen möchte. Ein solcher Anleger könnte einer Bewertung seitens der Bank, die seinen Ansichten nicht entspricht, durchaus skeptisch gegenüber stehen oder diese ignorieren. Die Information, die er seitens der Bank bekommt, könnte von seinen eigenen, bereits vorgefaßten Meinungen, überlagert werden. Anders kann es dagegen bei einem Anleger aussehen, der lediglich von dritter Seite auf ein Anlageobjekt aufmerksam gemacht worden ist. In solch einem Fall wird er sich möglicherweise noch nicht eingehend mit dem entsprechenden Anlageprodukt beschäftigt haben, so dass er relativ unbeeinflusst in das Aufklärungsgespräch geht und der Einschätzung der Bank durchaus offener gegenübersteht. Aber auch in einer solchen Situation könnte es von Bedeutung sein, von wem und in welcher Form der Anleger auf das Anlageobjekt aufmerksam gemacht geworden ist. Hat er die Idee zu dieser Anlage aus einer

Börsenzeitung oder aus einer Börsensendung, also aus einer auf den ersten Blick fachlich kompetenten Quelle, die in werbender Weise die einmaligen Chancen der Investition beschreibt, so kann man zwar nicht sagen, dass der Anleger sich selber mit dem Anlageobjekt beschäftigt hat. Er hat aber aus dritter Hand Informationen solcherart erhalten, die scheinbar nur eine einzige Schlussfolgerung, nämlich den Wertpapierkauf, zulassen. Anders könnte man die Situation wiederum beurteilen, wenn die Idee z.B. von einem Bekannten stammt. Dieser kann zwar ebenfalls dem Anleger darlegen, wie und warum er diese Anlageentscheidung für geeignet und vielversprechend hält. Ein solcher Bekannter wird aber im Zweifel vom Anleger nicht als ausgewiesener Anlageexperte wahrgenommen, sondern allenfalls als Privatmann, der Erfahrung mit Wertpapieren hat. Die Wirkung und der Einfluss, den ein solcher Hinweis auf den Anleger hat, kann also geringer sein, als wenn er aus einer Quelle stammt, die für sich Expertise und professionelle Kompetenz in Anspruch nimmt.

307 c) Positive Anlagestimmung verursacht durch den Markt

Bei allen Ausführungen zur Anlagestimmung hat die Rechtsprechung bisher anscheinend kaum in Betracht gezogen, dass eine Anlagestimmung nicht nur von der „Angebotsseite“ verursacht, sondern auch durch den Markt, also die „Nachfrageseite“, ausgelöst werden kann. Zwar wird im Rahmen eines Emissionsprospektes dem Anleger die Anlagestimmung auch über den Umweg des Marktes vermittelt. Ihren Ausgangspunkt hat sie aber in den Daten, die der Emissionsprospekt enthält. Es sind aber auch Konstellationen denkbar und in der Praxis vorgekommen, wie gleich zu zeigen sein wird, in denen sich die Meinung von Analysten und Experten wie z.B. Anlageberatern, mit den tatsächlichen Geschehnissen am Kapitalmarkt nicht deckt. Die Kaufentscheidung eines Anlegers kann also auch durch die Situation und die Umstände beeinflusst sein, wie sie sich für den Anleger aus der Beobachtung des Kapitalmarktes darstellt.

308 Im Infomatec-Urteil des BGH[645] vom 19. Juli 2004 findet sich ein einzelner Satz, der auf eine solche Möglichkeit hinweist. Er stammt nicht vom BGH, sondern vom Berufungsgericht, dessen Ausführungen und Begründungen der BGH in seiner Entscheidung darstellt. Der entscheidende Satz lautet, dass es sogar wahrscheinlicher sei, dass die Kläger durch die allgemeine Markteuphorie, nicht aber durch die schon länger zurückliegenden Ad-hoc-Meldungen, zum Kauf veranlasst worden sind.[646] Der BGH stellt am Ende des Rückgriffs auf diese Ausführungen des Berufungsgerichts sodann fest, ohne dabei freilich auf einzelne Argumente einzugehen, dass die Beweislastentscheidung (des Berufungsge-

[645] BGH, ZIP 2004, 1599.
[646] BGH, ZIP 2004, 1599, 1602.

richtes) zum Nachteil der Kläger der revisionsrechtlichen Prüfung im Ergebnis standhält.

Der vorstehend dargestellte Aspekt verdient eine nähere Überprüfung. Die von der Rechtsprechung zum Emissionsprospekt entwickelte positive Anlagestimmung geht davon aus, dass ein Anleger durch die von einem Unternehmen veröffentlichten positiven Informationen von einer Euphorie oder Überzeugung erfasst wird, die die Kaufentscheidung für ein bestimmtes Wertpapier als die einzige logische und vernünftige Folge aus den dem Anleger zur Verfügung gestellten Informationen erscheinen lässt. Eine solche Euphorie und Überzeugung kann sich aber auch aus der anderen Richtung, aus der Richtung des Marktes, entwickeln. Ein Anleger bekommt eine Beratung oder Aufklärung durch die Bank nicht unter abstrakten, sterilen Bedingungen. Er ist äußeren Einflüssen ausgesetzt, die ihn vielleicht überhaupt erst dazu gebracht haben, sich Gedanken darüber zu machen, sein Geld am Kapitalmarkt zu investieren. Nicht umsonst ist etwa die Aktienquote deutscher Haushalte im Zuge der Börsenhausse Ende der 90er Jahre zur Freude der Banken und der Akteure auf den Kapitalmärkten deutlich gestiegen. Besaßen im Jahr 1997 insgesamt 5,6 Millionen Deutsche Aktien und/oder Fonds, betrug diese Zahl im ersten Halbjahr 2001 schon 13,4 Millionen. Nach dem Zusammenbruch der Kurse ging diese Zahl allerdings wieder deutlich zurück und betrug im zweiten Halbjahr 2004 nur noch 10,4 Millionen.[647] 309

Man erinnere sich an diese Zeit mit immer weiter steigenden Kursen, an Börsengänge von Unternehmen, deren Aktien sich nach der Erstnotiz verdoppelten oder verdreifachten, ohne Ansicht des dahinter stehenden Konzepts, solange sie nur im Entferntesten mit der *New Economy* zu tun hatten. Man erinnere sich an die Tatsache, dass Börsengänge vielfach überzeichnet waren und Anleger hektisch Konten bei verschiedenen Banken eröffneten, um die Chancen zu vergrößern, die entsprechenden Aktien zu zeichnen, um so von den fast automatisch eintretenden Kurssteigerungen nach einer Erstnotiz in möglichst großem Umfang profitieren zu können. Die Banken legten Branchenfonds aus den Bereichen Biotechnologie, Internet und Medien auf. Deren Kursentwicklung kannte nur eine Richtung, nämlich nach oben. Unternehmen, die an die Börse strebten, starteten riesige Werbekampagnen in allen verfügbaren Medien, in denen den potentiellen Aktionären über Monate die Vorzüge der Aktien schmackhaft gemacht wurden und die ihnen suggerierten, wer keine Aktien zeichne und außen vor bleibe, sei selber schuld. Herausragendes Beispiel war hier die Deutsche Telekom, die sich von einem ehemals trägen und uninteressanten Staatsunternehmen plötzlich in ein modernes und attraktives Unternehmen der *New Economy* 310

[647] Vgl. F.A.Z. vom 14.01.2005, 19: Die Zahl deutscher Aktienanleger ist weiter rückläufig.

verwandelt hatte, das in der Lage war, die Phantasie der Börsianer zu beflügeln. Von einer Volksaktie war die Rede und ein bekannter Showmaster und sein Bruder klärten das Anlegervolk über die Vorzüge des Unternehmens auf.

311 In einer solchen Atmosphäre kommt ein Anleger in der Konstellation 1 zu seiner Bank und lässt sich beraten. Man stelle sich vor, der Anleger äußert den Wunsch, an dem allgemeinen Boom teilhaben, ebenfalls mit Aktien viel Geld verdienen zu wollen und bittet die Bank um eine Beratung im Hinblick auf ein chancenreiches Investment. Hier liegt meines Erachtens die Vermutung nahe, dass ein solcher Anleger, selbst wenn er von der Bank eine richtige, also negative Information über ein entsprechendes Investment bekommen hätte, sich nicht unbedingt gegen eine solche Anlage entschieden hätte. Dass Anleger negative Informationen bewusst ignoriert haben, zeigt gerade die Tatsache, dass während der vergangenen Hausse einzelne Unternehmen und ganze Branchen teilweise über Jahre ihre Aktienkurse stetig steigern konnten. Und das angesichts der Tatsache, dass es von Anfang an zahlreiche Stimmen gab, die sich eindeutig gegen ein solches Investment aussprachen, die Zweifel an den Erklärungsversuchen der Banken hatten, die den Segnungen der *New Economy* nicht trauten und auf die exorbitanten Bewertungen und das überdurchschnittlich hohe KGV der Unternehmen hinwiesen.

312 Auch hinsichtlich der Deutschen Telekom wurde beispielsweise von Anfang an auf deren immens hohe Verschuldung aufmerksam gemacht, ein Aspekt, der unter anderem auch bei Fokker-Anleihen eine Rolle spielte. Dort hat z.B. das OLG Braunschweig ein Beratungsverschulden unter anderen damit begründet, dass der Kläger über die problematische wirtschaftliche Lage des Unternehmens hätte informiert werden müssen.[648] Die Vermutung aufklärungsrichtigen Verhaltens ist sodann ohne weitere Ausführungen festgestellt worden.[649] Wie ist es aber dann zu erklären, dass jeder Börsengang der Telekom, jede Tranche die an den Markt gebracht wurde, überzeichnet gewesen ist? Hätte ein vernünftiger, rationaler Telekom-Anleger aufgrund der vorhandenen warnenden Hinweise auf die hohen Verbindlichkeiten des Unternehmens im Einklang mit der Vermutung aufklärungsrichtigen Verhaltens nicht eine andere Anlageentscheidung treffen müssen? Hätten nicht die Exzesse, z.B. am Neuen Markt, nie stattfinden dürfen, da ein vernünftiger und rationaler Anleger, zumindest als die Hausse schon geraume Zeit andauerte und die warnenden Stimmen vor einer Übertreibung immer lauter wurden, nicht in dieses Segment investiert hätte? Diese Beispiele aus der Praxis zeigen, dass es gelegentlich Situationen gibt, in denen warnende

[648] OLG Braunschweig, WM 1998, 375, 376.
[649] OLG Braunschweig, WM 1998, 375, 377.

Hinweise und negative Einschätzungen von den Anlegern in ihrer Euphorie und ihrem Streben nach Gewinn bewusst ignoriert werden.[650]

Angesichts dieser eindeutigen und nachweisbaren irrationalen und unvernünftigen Verhaltensweisen von Anlegern pauschal und ohne Ansicht der individuellen Umstände von einer Vermutung aufklärungsrichtigen Verhaltens auszugehen, ist daher meines Erachtens nicht haltbar. Erst recht nicht, wenn die Anlageempfehlung der Bank ein Marktsegment, eine Branche oder ein Unternehmen betrifft, dass im Fokus der Medien und des öffentlichen Interesses steht, so dass durchaus eine Wahrscheinlichkeit besteht, dass der Anleger durch eine vom Markt ausgehende Anlagestimmung gegenüber den Informationen der Bank unter Umständen zu einem gewissen Grade voreingenommen oder zumindest beeinflusst ist. Innehalten sollte man gegebenenfalls auch dann, wenn die Empfehlung der Bank zwar keines dieser vorstehend aufgezeigten Marktsegmente oder Unternehmen betrifft, jedoch in einer Zeit stattfindet, in der die Börse boomt. Auch hier kann bei einem Börsenaufschwung, der unter Umständen schon länger andauert, eine gewisse Sorglosigkeit oder positiv ausgedrückt, Zuversicht entstehen, die den Anleger vor negativen Informationen die Augen schließen lässt. Wenn aus dem gesamten Umfeld und aus den Medien immer nur positive Nachrichten kommen, wird das Wissen, dass es bei Investitionen am Kapitalmarkt auch Risiken gibt, in den Hintergrund gedrängt und bestimmt nur zu einem geringen Teil eine etwaige Anlageentscheidung. So ist beispielsweise während der Börsenhausse darauf hingewiesen worden, dass Millionen von Privatanleger im Markt investiert waren, die, veranlasst durch die allgemeine Aktieneuphorie, zum ersten Male Aktien gekauft hatten[651] und noch nie die Erfahrung sinkender Kurse gemacht hatten. Die positive Entwicklung der gesamten Börse 313

---

[650] Vgl. auch „Die Welt" vom 22.01.2005, 17: Wissenschaft hilft Börsianern. Der Artikel beschäftigt sich mit *Behavioural-Finance* im Rahmen der Neuroökonomie. Danach lässt sich die Art, wie Entscheidungen entstehen, zu einem gewissen Teil anhand der Erregungszustände der Neuronen im menschlichen Gehirn ablesen. Neuroökonomen verwerfen dabei das Bild der klassischen Wirtschaftswissenschaft, die von einem rational agierenden Investor ausgeht. Der Neuroökonomie zufolge sind die Handlungen von Anlegern vorwiegend emotional gesteuert. In einer umfassenden Neuroökonomie-Studie legt *Dresdner Kleinwort Wasserstein* in London dar, dass die Börsenperformance von Investoren hauptsächlich von zwei Verhaltensweisen geprägt ist. Zum einen ist dies der Hang zum kurzsichtigen Denken. Die Gehirne von Anlegern seien von Natur aus darauf programmiert, nach dem schnellen Kursgewinn zu streben. Offenbar stimulieren kurzfristige Gewinne die Emotionszentren des menschlichen Gehirns und führen dazu, dass der Glücksstoff Dopamin ausgeschüttet wird. Die zweite Verhaltensweise ist der bei Menschen ausgeprägte Herdentrieb. Nur die wenigsten Investoren würden es ertragen, gegen die Mehrheit des Marktes zu agieren. Der Schmerz der sozialen Ausgrenzung manifestiere sich in den gleichen Hirnarealen wie physischer Schmerz. Diese beiden Effekte werden von verschiedenen Studien belegt, unter anderem von einem Experiment der Harvard Universität.

[651] Vgl. dazu die Ausführungen unter Rz.309.

kann hier unter Umständen eine Erwartungshaltung erzeugen, die auf alle Bereiche und Anlageprodukte ausstrahlt.[652]

314 Existiert also eine solche allgemeine positive Anlagestimmung an den Börsen, so sollte die Vermutung des aufklärungsrichtigen Verhaltens zumindest in Frage gestellt werden, selbst wenn das entsprechende Anlageobjekt selber nicht im öffentlichen Fokus steht. In diesem Zusammenhang sei auf ein Urteil des BGH vom 13.07.2004 hingewiesen.[653] Es handelt sich um das einzige dem Verfasser bekannte Urteil, welches eine solche Überlegung aufgreift und einen Schadensersatzanspruch des Klägers aufgrund des nicht erbrachten Nachweises der Kausalität der fehlerhaften Aufklärung ablehnt. Im streitgegenständlichen Fall ging es um den Erwerb von Aktien und Indexzertifikaten des Neuen Marktes. Bei der Frage nach der Kausalität führt der BGH aus, dass eine tatsächliche Vermutung nicht gegeben sei. Diese setzte voraus, dass es nur eine bestimmte Möglichkeit aufklärungsrichtigen Verhaltens gebe. Dies sei jedoch nicht der Fall gewesen. Aktien des Neuen Marktes seien nicht nur mit Risiken behaftet gewesen, sondern boten – wie die über längere Zeit gestiegenen Kurse zeigten – auch entsprechende Gewinnchancen. Dies habe Ende der 1990er Jahre zahlreiche Anleger veranlasst, in den Neuen Markt zu investieren. Vor diesem Hintergrund sei offen, wie sich der Kläger nach gehöriger Information verhalten hätte. Da mehrere Möglichkeiten der Reaktion des Klägers auf eine gehörige Aufklärung denkbar seien, habe dieser den vollen Beweis dafür zu erbringen, dass er die Aktien des Neuen Marktes und die Indexzertifikate nicht erworben hätte, wenn die Beklagte ihre Aufklärungspflicht ordnungsgemäß erfüllt hätte.[654]

315 Auch in die umgekehrte Richtung ist eine Beeinflussung durch die Marktstimmung zu beobachten. Nach dem massiven Kurseinbruch im Jahre 2001 zogen sich Anleger aus dem Aktienmarkt zurück, verzeichneten Investmentfonds hohe Mittelabflüsse, obwohl nach dem Ende des Kursrückgangs und der sich daran anschließenden Erholung die Zeit für einen Einstieg durchaus wieder günstig wäre. Doch die Kursverluste der vergangenen Jahre bestimmen noch immer das

---

[652] Die umfassende Ausstrahlungswirkung einer allgemeinen positiven Stimmung ist z.B. in Politik und Wirtschaft allgemein anerkannt. Nicht umsonst hat sich beispielsweise die deutsche Politik in den letzten Jahren immer wieder bemüht, durch positive Nachrichten eine optimistische Aufbruchsstimmung bei den Bürgern zu erzeugen, um deren Kaufzurückhaltung zu beenden, auch wenn die tatsächliche wirtschaftliche Lage einer solche positiven Stimmung unter Umständen (noch) nicht entspricht. Die Überlegung, die dahinter steckt, besteht darin, dass jemand, der optimistisch und in Erwartung einer allgemeinen positiven Entwicklung in die Zukunft schaut, Geld ausgibt, Güter konsumiert, dadurch die Konjunktur belebt und in der Folge Arbeitsplätze schafft. Diese Annahme und die daraus abgeleiteten Konsequenzen lassen sich ohne weiteres auf die Anlageberatung übertragen.

[653] BGH, ZIP 2004, 1636.

[654] BGH, ZIP 2004, 1636, 1639.

Denken der meisten Anleger und deren Bild von der Börse.[655] Die Anleger scheinen zu ignorieren, nun zum anderen Extrem neigend, dass viele Unternehmen ihre Restrukturierung abgeschlossen haben und teilweise wieder Gewinne bzw. positive Gewinnerwartungen bekannt gegeben werden. Diese positiven Tatsachen werden von den Anlegern nicht wahrgenommen oder vermögen sie nicht zu überzeugen, viele Privatanleger sind noch nicht wieder an die Börse zurückgekehrt.

Ganz ähnliche Überlegungen treffen auch auf die Konstellation 2 zu. Hat sich ein Anleger bereits mit dem Anlageobjekt vor der Aufklärung durch die Bank beschäftigt und hat er sich über das von ihm gewünschte Anlageobjekt schon informiert, so kann es sein, dass er bereits durch eine am Kapitalmarkt herrschende positive Anlagestimmung beeinflusst worden ist. Selbst wenn also seine eigene positive Einschätzung und die „Meinung" der Börse nun durch einen Warnhinweis der Bank getrübt worden wären, so wäre es möglich, dass er aufgrund einer bereits vorhandenen Anlagestimmung den Kauf des fraglichen Wertpapiers trotzdem getätigt hätte. Gleiches lässt sich bei einem Anleger vermuten, der von Dritter Seite auf das Anlageobjekt aufmerksam gemacht worden ist. Wie am Beispiel der Deutschen Telekom gezeigt, kann er durch massive Werbung oder durch die euphorische Empfehlung des Anlageobjektes in einer Börsenzeitung oder Börsensendung bereits so in seiner Ansicht über die Erfolgsaussichten des von ihm beabsichtigten Anlagegeschäftes überzeugt sein, dass er von der Bank seine Auffassung im Grunde nur noch bestätigt haben möchte. Warnende Hinweise könnten dann durchaus ignoriert oder aber als nicht relevant abqualifiziert werden. 316

d) Risikobereitschaft und Anlagemotive 317

Ein weiterer wichtiger Anknüpfungspunkt für die Frage nach der Kausalität von Information besteht darin, welche Ziele ein Anleger hat. Wünscht er eine sichere und risikolose Geldanlage oder ist er bereit, ein gewisses Risiko in Kauf zu nehmen? Die Wahrscheinlichkeit dass jemand, der eine sichere Geldanlage wünscht, bei einer Information, die ihn richtigerweise auf ein bestehendes Risiko hingewiesen hätte, von der entsprechenden Anlageentscheidung abgesehen hätte, ist wesentlich größer als bei jemandem, der von vorne herein bereit gewesen ist, ein bestimmtes Risiko in Kauf zu nehmen. Denn jemand, der eine sichere Geldanlage möchte, ist gerade nicht gewillt, überhaupt irgendein Risiko einzugehen. Für ihn stehen nicht etwaige Chancen und Gewinnerwartungen im

[655] Vgl. F.A.Z. vom 14.01.2005, 19: Der Rückgang der Zahl von Aktien- und Fondsbesitzern wird von Seiten des Deutschen Aktieninstituts (DAI) mit einer Vertrauenskrise der Anleger am Kapitalmarkt begründet, und nicht etwa mit schlechten wirtschaftlichen Zukunftsaussichten der Unternehmen.

Vordergrund seines Anlagewunsches, sondern das Bedürfnis nach Sicherheit und dem Erhalt seines Vermögens. Ein Anleger dagegen, der sich selber als renditeorientiert und risikobereit bezeichnet, hat bereits im Vorfeld, bei der Entscheidungsfindung für seine Anlageziele, eine höhere Rendite und Gewinnchance mit einem möglichen Verlustrisiko abgewogen. Er ist daher grundsätzlich bereit, ein Risiko einzugehen. Für einen solchen Anleger würde ein Hinweis auf ein weiteres oder größeres Risiko als ursprünglich angenommen, möglicherweise weniger ins Gewicht fallen. Diese Annahme trifft allerdings dann nicht zu, wenn das zusätzliche Anlagerisiko, über das der Anleger richtigerweise hätte aufgeklärt werden müssen, das Risiko der Anlage im Verhältnis zu ihren Renditechancen so stark verändert hätte, dass die Eingehung dieses zusätzlichen Risikos keinen Sinn gemacht hätte.[656]

318 In diesem Zusammenhang ist zu berücksichtigen, wie hoch die Rendite der getätigten Anlage ist, um Erkenntnisse darüber zu gewinnen, ob es wert gewesen wäre, ein zusätzliches oder größeres Risiko einzugehen. Hierzu hat das OLG Braunschweig in zwei Entscheidungen aus den Jahren 1996[657] und 1997[658] interessante Ausführungen gemacht. Im ersten Fall hatte die Klägerin eine mit 6% verzinste Anleihe (*Polly-Peck*) erworben. Im Rahmen der Frage nach der Schadensursächlichkeit der pflichtwidrigen Anlageempfehlung stellt das Gericht fest, dass die Zinshöhe keinen Anlass gegeben habe, ein größeres Wagnis einzugehen oder überhaupt ein nicht nur unbedeutendes Risiko auf sich zu nehmen.[659] Im zweiten Fall handelte es sich um eine Anleihe (*Fokker*) mit einer Verzinsung von 6,5%. Hierzu stellt das Gericht fest, dass nicht ohne weiteres zu erwarten war, dass der Kläger bereit gewesen wäre, zur Erzielung eines gegenüber festverzinslichen Wertpapieren um gut 1% höheren Zinssatzes ein nicht ganz unwesentlich erhöhtes Rückzahlungsrisiko einzugehen.[660] Allerdings wird diese Überlegung im Gegensatz zu dem vorangegangenen Urteil nicht im Zusammenhang mit der Frage nach dem Ursachenzusammenhang diskutiert. Dieser wird lediglich mit dem Hinweis auf die Vermutung einer Schadenskausalität bejaht. Man könnte anhand dieser beiden Urteile somit zusammenfassend formulieren, dass die Wahrscheinlichkeit, dass selbst ein Anleger, der grundsätzlich bereit ist, ein gewisses Risiko einzugehen, nur dann einen warnenden Hinweis ignoriert hätte und die Anlage trotzdem getätigt hätte, wenn sich dieses erhöhte Risiko aufgrund einer nicht unwesentlich höheren Gewinnchance auch gelohnt hätte. Abgestellt werden kann dabei entweder auf die absolute Höhe der Rendite der

---

[656] Vgl. auch die Ausführungen bei *Geibel*, aaO, 176.
[657] OLG Braunschweig, WM 1996, 1484.
[658] OLG Braunschweig, WM 1998, 375.
[659] OLG Braunschweig, WM 1996, 1484, 1486.
[660] OLG Braunschweig, WM 1998, 375, 377.

Anlage oder aber auf einen Vergleich mit der Rendite von vergleichbaren Anlageprodukten, bei denen ein geringeres Risiko vorhanden gewesen wäre.[661]

In diesem Zusammenhang könnte man auch die Berücksichtigung von Anlage- 319
motiven fruchtbar machen.[662] Ein Anleger, der auf das investierte Geld dringend angewiesen ist, weil er von den erwirtschafteten Zinsen seinen Lebensunterhalt bestreiten muss[663] oder der es zeitnah investieren will, weil er mit dem Gewinn in naher Zukunft sein bäuerliches Anwesen ausbauen möchte[664] oder plant, ein Eigenheim zu errichten,[665] wird unter Umständen anders auf einen warnenden Hinweis reagieren als jemand, der für seine Altersvorsorge in 30 Jahren spart oder aber Kapital zu Spekulationszwecken an der Börse investiert hat.

e) Genereller Unterschied zwischen Beratung und Aufklärung?

Wie die obigen Ausführungen zeigen, ist bei den unterschiedlichen Einflussfak- 320
toren in den meisten Fällen zwischen einer Beratungs- und einer Aufklärungssituation unterschieden worden. Eine solche Unterscheidung wird in der Literatur teilweise kritisch betrachtet.[666] Es bedeutet meines Erachtens für die Frage nach einem Ursachenzusammenhang jedoch durchaus einen Unterschied, ob jemand der Bank den Auswahlprozess und die sich daraus ergebende Anlageempfehlung überlässt und damit zu erkennen gibt, dass er sich eine solche Entscheidung selber nicht zutraut oder ob ein Anleger selber einen Auswahlprozess durchführt, bei dem er sich von der Bank dann durch das Einholen zusätzlicher Informationen nur noch helfen bzw. unterstützen lässt. Dass eine solche Abgrenzung aber nichts mit einer pauschalen Differenzierung zwischen Beratung und Aufklärung zu tun hat, sondern sich aus konkret vorhandenen Unterschieden in den ver-

---

[661] Vgl. zu diesem Komplex auch *Geibel*, aaO., 180 ff.: Dieser plädiert dafür, eine Analyse in zwei Denkschritten vorzunehmen. Zunächst soll aus der Perspektive des Anlegers zum Zeitpunkt des Anlageerwerbs festgestellt werden, ob ein vernünftiger Anleger (gemeint ist wohl die Sicht eines objektiven Dritten) die Anlageentscheidung angesichts des Rendite-Risiko-Verhältnisses grundsätzlich getätigt hätte. In einem zweiten Schritt soll dann festgestellt werden, ob besondere innere oder äußere Einflüsse vorlagen, die diese grundsätzliche Annahme in Frage hätten stellen können.

[662] Der Rückgriff auf Anlagemotive ist von den Gerichten teilweise dann abgelehnt worden, wenn es um die Frage und den Nachweis ging, ob ein Anleger eine sichere oder aber eine risikoreichere Anlageform gewünscht habe, vgl. z.B. BGH, WM 1996, 664.

[663] OLG Braunschweig, WM 1996, 1484.

[664] BGH, WM 1996, 664, 665.

[665] OLG Schleswig, WM 1996, 1487.

[666] Vgl. z.B. *Vollkommer*, Beweiserleichterungen für den Mandanten bei Verletzung von Aufklärungs- und Beratungspflichten durch den Anwalt?, in: Festschrift für *Gottfried Baumgärtel*, 1990, 585, 587 ff.; *Geibel*, aaO., 173 f.

schiedenen Fallkonstellationen ergibt,[667] zeigt gerade das Beispiel der Aufklärung, welches wie oben dargelegt, zwei unterschiedliche Konstellationen beinhalten kann. Ein Anleger, der nur von dritter Seite auf das Anlageobjekt aufmerksam gemacht worden ist und sich mit diesem noch nicht selber beschäftigt hat, wird typischerweise eine umfangreiche Aufklärung nachfragen. In dieser Hinsicht ist er dann wiederum, was die Frage nach der Kausalität angeht, eher mit einem Anleger zu vergleichen, der um eine Beratung nachsucht.

4. Ergebnis

321 Die Anwendung einer Beweislastumkehr oder die ohne Ansicht des Einzelfalls vorgenommene, pauschale Vermutung aufklärungsrichtigen Verhaltens, ist abzulehnen.[668] Dazu sind Anlageentscheidungen im Hinblick auf Situationen und Umstände, unter denen sie getroffen werden, zu komplex und zu vielschichtig. Ein Festhalten an dieser Vorgehensweise trägt den tatsächlichen Gegebenheiten, mit denen sowohl Anleger als auch Berater täglich konfrontiert sind, nicht Rechnung und führt zu unbefriedigenden, wenn nicht ungerechten, Ergebnissen. Die Anlageentscheidung muss als ein Vorgang betrachtet werden, der durch eine Vielzahl von Impulsen und Einflüssen, inneren wie äußeren, beeinflusst wird. Auch wenn sich deren Bedeutung für die Entscheidungsfindung nicht mit wissenschaftlicher Sicherheit nachweisen lassen, so existiert eine Beweisnot, wie immer wieder behauptet wird, in diesem Umfang nicht. Zunächst lassen sich mögliche Einflüsse, die für eine Anlageentscheidung grundsätzlich von Bedeutung sein können, zumindest zum großen Teil identifizieren. Danach ist es möglich zu untersuchen, wie sich diese Einflüsse und Umstände auf die individuelle Anlageentscheidung eines Anlegers im Einzelfall möglicherweise ausgewirkt haben könnten. Dabei kann es durchaus geschehen, dass mehrere der obigen Indizien vorliegen und dass deren hier beschriebene Wirkung eventuell sogar gegensätzliche Schlüsse zulässt. Es muss dann gegebenenfalls für den Einzelfall entschieden werden, welcher Einfluss überwiegt oder welche Wirkung als die wahrscheinlichere erscheint.

322 Zwar kann auch das hier vorgestellte Instrumentarium keine über jeden Zweifel erhabene Lösung liefern. Es zeigt und benennt aber zumindest Anhaltspunkte, auf deren Grundlage eine Beweiswürdigung für den Einzelfall von den beteiligten Parteien aufgebaut werden kann. Dabei kann das Gericht berücksichtigen, dass die Führung eines wissenschaftlichen und objektiven Beweises, insbesondere hinsichtlich der haftungsausfüllenden Kausalität und der Frage nach einem

---

[667] Vgl. im Ergebnis auch *Geibel*, aaO., 174: Eine Unterscheidung zwischen Ratschlags- und Selbstentscheidungsaufklärung ist zu grob, wenn sie ohne Berücksichtigung des Umstands erfolgt, über den der Aufklärungspflichtige unrichtig oder unvollständig aufgeklärt hat.
[668] Im Ergebnis auch *Geibel*, aaO., 178.

hypothetischen Alternativverhalten, nicht möglich ist. Hilfe leistet hier § 287 ZPO, der eine überwiegende, auf gesicherter Grundlage beruhende Wahrscheinlichkeit ausreichen lässt. Aufgrund einer detaillierten Beweiswürdigung kann die Kausalitätsfrage als ein durchaus erwünschter Filter dienen, mit dem z.B. etwaigen Spekulationen von Anleger vorgebeugt und verhindert werden kann, dass die Bank zum Bürgen für missglückte Geschäfte wird.[669] Das Argument, es sei dem Kläger nicht möglich, einen Kausalitätsnachweis zu führen, so dass ihm eine Beweislastumkehr bzw. ein Anscheinsbeweis zugute kommen müsse, ist aufgrund der obigen Ausführungen meines Erachtens entkräftet. Dies zum einen deshalb, weil es diese Beweisnot so nicht gibt,[670] was mit den Ausführungen in dieser Arbeit belegt worden ist. Entkräftet ist es zum anderen insbesondere auch aufgrund der kürzlich vom BGH in seinem „Infomatec-Urteil" gemachten Aussage, dass auch ein unverschuldeter Mangel an Beweismitteln keine Vergünstigungen rechtfertige.[671]

Im Falle eines Prozesses muss der streitgegenständliche Fall daher sowohl von Kläger- wie auch Beklagtenseite auf mögliche Einflüsse hin untersucht werden, um auf deren Grundlage Argumente zu formulieren, wie diese Einflüsse die Kaufentscheidung des Anlegers beeinflusst haben könnten. Hierzu sollte, vielleicht in größerem Maße als bisher, nicht nur auf den Ablauf des Aufklärungs- bzw. Beratungsgespräches insoweit Rückgriff genommen werden, als es die objektbezogenen Informationen betrifft, sondern es muss auch die Atmosphäre des Gespräches in betracht gezogen werden. Was waren die Beweggründe für das Herantreten des Kunden an die Bank? Hat er sich dazu geäußert, warum er gerade jetzt eine Investition tätigen will? Wie war das Auftreten des Anlegers, wie sein Verhalten? Hat er sich die Informationen und Erklärungen des Beraters angehört oder hat er Erklärungsversuche mit dem Hinweis abgeblockt, darüber wisse er Bescheid? Hat er erkennen lassen, dass er selber eine abweichende oder kritische Ansicht vertritt? Hier liegt es eventuell im eigenen Interesse der Bank, mehr noch als bisher im Gespräch auch scheinbar nebensächliche Dinge zu dokumentieren, um im Falle eines Prozesses, sozusagen auf der zweiten Verteidigungsebene, gegebenenfalls die Kausalität der Falschinformation widerlegen zu können. 323

Festzuhalten bleibt, dass die in dieser Arbeit aufgezeigte Vorgehensweise dazu führt, dass der Kläger für den Fall, dass er die Kausalität der fehlerhaften Beratung sowohl für seine Anlageentscheidung als auch für den eingetretenen Schaden nicht nachweisen kann (*non-liquet*), das Darlegungs- und damit auch das Prozessrisiko trägt. Im Vergleich zur bisherigen Rechtssprechungspraxis würde 324

[669] So *Geibel*, aaO, 197.
[670] Vgl. im Ergebnis auch *Geibel*, aaO., 184.
[671] BGH, ZIP 2004, 1599, 1604.

somit eine Umkehr der Risikoverteilung zwischen Anlageberater und Anleger im Hinblick auf die Schadenszurechnung bezüglich einer Fehlinformation stattfinden.

XVII. Thesen

Kapitel 1

1.
Über die Frage, ob es einen Unterschied zwischen Aufklärung und Beratung im Rahmen der Vermögensanlage gibt, herrscht Unklarheit. Teilweise werden die Begriffe Aufklärung und Beratung in einem Atemzug als synonyme Begriffe verwendet, während an anderer Stelle eine genaue Unterscheidung zwischen beiden Begriffen vorgenommen und befürwortet wird. Aber auch diejenigen, die auf eine genaue Differenzierung Wert legen, finden nicht immer eine eindeutige und befriedigende Antwort auf die Frage, was den entsprechenden Unterschied ausmacht und anhand welcher Kriterien eine Abgrenzung vorgenommen werden kann.[672]

2.
Mit der Vorschrift des § 31 WpHG ist die Pflicht eines Wertpapierdienstleistungsunternehmens zur Mitteilung von zweckdienlichen Informationen im Hinblick auf ein beabsichtigtes Anlagegeschäft gesetzlich konkretisiert worden.[673] Die Frage, ob § 31 WpHG neben einer Aufklärungspflicht auch eine Pflicht des Wertpapierdienstleisters zur Beratung statuiert, ist umstritten.[674] Richtigerweise beinhaltet § 31 WpHG lediglich eine Aufklärungspflicht.[675] Diese umfasst zum einen die Grundaufklärung eines Anlegers über für ihn in Frage kommende Anlageformen. Zum anderen umfasst sie aber auch eine detaillierte Aufklärung über ein konkretes Anlageobjekt.[676]

3.
Der Ablauf eines Gespräches zur Vermögensanlage lässt sich grundsätzlich in vier Stufen untergliedern. In der ersten Stufe holt der Anlageberater Erkundigungen über Anlageziel, Risikobereitschaft, Anlagezeitraum, Anlagesumme und Vermögensverhältnisse des Kunden ein.[677] In der zweiten Stufe informiert er den Kunden über allgemeine, anlageformbezogene Umstände, sowie über markt- und umfeldbezogene Umstände.[678] Auf der dritten Stufe findet eine Information des Anlegers über spezielle, anlageformbezogene Umstände statt.[679] Auf der vierten Stufe mündet der Auswahlprozess des Anlageberaters in eine

[672] Vgl. Rz. 6.
[673] Vgl. Rz. 17.
[674] Vgl. Rz. 18.
[675] Vgl. Rz. 23.
[676] Vgl. Rz. 42.
[677] Vgl. Rz. 51.
[678] Vgl. Rz. 52.
[679] Vgl. Rz. 53.

oder mehrere Empfehlungen von Anlageobjekten, die für die Bedürfnisse des Anlegers geeignet sind. Die Informationen, die der Anleger auf dieser letzten Stufe mitgeteilt bekommt, kann man als spezielle, anlageobjektbezogene Informationen bezeichnen.[680]

4.
Die in der Literatur vorgenommenen Abgrenzungsversuche von Aufklärung und Beratung anhand eines einzelnen Kriteriums, führen nicht zu befriedigenden Ergebnissen. Dies hat seinen Grund vor allem darin, dass die als Abgrenzungsmerkmal vorgeschlagenen Kriterien auf jeder Stufe eines Anlagegespräches vorkommen und eine Abgrenzung von Aufklärung und Beratung deshalb nicht erlauben.[681]

5.
Eine Beratung zeichnet sich vielmehr durch drei Kriterien aus, die kumulativ vorliegen müssen: (1.) eine Abgleichung zwischen Anlageformen und Anlagezielen des Kunden, (2.) ein Auswahlprozess des Anlageberaters, (3.) eine Individualisierung (im Sinne einer Empfehlung) auf ein oder mehrere geeignete Anlageobjekte.[682]

6.
Eine Warnung des Anlageberaters vor einem bestimmten Anlageobjekt ist der Aufklärung und nicht der Beratung, zuzuordnen. Dies lässt sich zum einen anhand der in dieser Arbeit gefundenen Abgrenzungskriterien begründen.[683] Zum anderen spricht dafür auch ein systematisches Argument. Denn die Vorschrift des § 31 WpHG gilt (auch) dem Anlegerschutz. Wenn ein Anlageberater somit gemäß § 31 WpHG im Rahmen eines Aufklärungsgespräches einen positiven bzw. aktiven Schutz des Kunden zu gewährleisten hat, so muss dies auch für einen negativen Schutz dergestalt gelten, dass ein Kunde vor der Investition in eine für ihn nicht geeignete Anlageformen gewarnt wird.[684]

7.
Aufklärung und Beratung unterscheiden sich sowohl hinsichtlich der Ansprüche, die ein Anleger an sie stellt, als auch hinsichtlich ihrer Pflichteninhalte. Eine Aufklärung soll den Kunden in die Lage versetzen, eine eigene, informierte Entscheidung zu treffen. Eigenverantwortlichkeit bedeutet aber auch, dass Entscheidung und Auswahl eines konkreten Anlageobjekts aufgrund eigener

680 Vgl. Rz. 54.
681 Vgl. Rz. 71.
682 Vgl. Rz. 93.
683 Vgl. Rz. 98 ff.
684 Vgl. Rz. 98.

Schlussfolgerungen und Überlegungen des Anlegers erfolgen. Dies bedeutet, dass er mit Hilfe der von der Bank geleisteten Aufklärung zwar in die Lage versetzt wird, eine für ihn passende Anlageform zu finden. Damit ist allerdings nicht gewährleistet, dass das von ihm innerhalb dieser Anlageform ausgewählte Anlageobjekt auch eine optimale Vermögensanlage darstellt.[685]

8.
An eine Beratung stellt ein Anleger andere Ansprüche. Er erwartet nicht nur, dass er eine passende Anlagemöglichkeit präsentiert bekommt, sondern auch, dass unter mehreren passenden Möglichkeiten das für ihn optimale Anlageobjekt ausgesucht wird. Die Wahrscheinlichkeit, dass ein Anlageobjekt besser auf die persönliche Risikostruktur des Kunden zugeschnitten ist und mit seinen Anlagezielen übereinstimmt, ist bei einer Beratung ungleich größer als bei einer Aufklärung. Diese Wahrscheinlichkeit gründet in der besonderen Expertise der Bank. Der Anleger kann von einer Anlageempfehlung mithin eine „erhöhte Richtigkeitsgewähr" erwarten. [686]

9.
Aufklärung soll ein Informationsgefälle, eine Asymmetrie an Wissen, beseitigen und die Basis für eine eigene Anlageentscheidung, eine eigene intellektuelle Leistung des Anlegers in der Form eines Auswahlprozess, bereiten. Eine Beratung dagegen nimmt dem Anleger den Entscheidungsfindungsprozess ab und präsentiert ihm als Ergebnis dieses Auswahlprozesses eine Anlageempfehlung. Bei der Beratung übernimmt die Bank somit für den Kunden dessen Denkarbeit.[687]

10.
Daraus ergeben sich Konsequenzen für die Rechtsgrundlage einer Aufklärungs- und Beratungspflicht. Dem Kunden den Auswahlprozess und die Entscheidung für ein bestimmtes Anlageobjekt abzunehmen, ist eine Leistung bzw. Verpflichtung der Bank, die gegenüber dem Herstellen einer Informationsgleichheit ein „Mehr" darstellt. Dieses „Mehr" kann nicht unter eine vorvertragliche Aufklärungs-/Informationspflicht subsumiert werden. Denn nach den Grundsätzen von Treu und Glauben gemäß § 242 BGB kann eine Vertragspartei redlicherweise nicht erwarten, dass die andere Partei für sie eine Leistung übernimmt und eine Entscheidung trifft, die ausschließlich ihre Interessen berücksichtigt. Dies ist nur dann der Fall, wenn solch eine Verpflichtung ausdrücklich durch einen Beratungsvertrag vereinbart worden ist.[688]

---

[685] Vgl. Rz. 90.
[686] Vgl. Rz. 91.
[687] Vgl. Rz. 123.
[688] Vgl. Rz. 123.

Kapitel 2

11.
Für den Inhalt und Umfang von Aufklärungs- und Beratungspflichten ist es entscheidend, ob es sich bei dem Kunden um einen unerfahrenen oder einen erfahrenen Anleger mit einschlägigem Fachwissen handelt. Auch hängt es für die Auswahl geeigneter Anlageprodukte davon ab, welche Anlageziele der Kunde verfolgt, ob er eine sichere und risikolose, eine spekulative und begrenzt risikoreiche oder aber eine hochriskante Vermögensanlage anstrebt. Dies sind Fragen, die im Vorfeld der eigentlichen Aufklärung/Beratung geklärt werden müssen. Denn diese Angaben stellen nicht nur die Weichen für den weiteren Fortgang des Gesprächs, sondern beeinflussen auch die korrespondierenden Kausalitätsfragen.[689]

12.
Auch bei einem Anleger mit einem Beruf, der wirtschaftliche Kompetenz erfordert, kann in der Regel nicht davon ausgegangen werden, dass er sich aufgrund seiner beruflichen Tätigkeit mit den Mechanismen und Risiken von Wertpapiergeschäften auskennt. Dies gilt auch dann, wenn es sich um anscheinend offensichtliche Zusammenhänge handelt. Selbst wenn ein Anleger im Rahmen seiner Ausbildung ein grundsätzliches Wissen über Wertpapiere vermittelt bekommen hat, muss genau differenziert werden, welche konkreten Umstände in Bezug auf das beabsichtigte Wertpapiergeschäft von Relevanz sind. Nur wenn ein Anleger beruflich tatsächlich direkt mit Wertpapieren zu tun hat, kann davon ausgegangen werden, dass er Erfahrungen mit Wertpapiergeschäften besitzt.[690]

13.
Grundsätzliche Erfahrungen mit Wertpapiergeschäften sind für die Beantwortung der Frage, ob einem Anleger einschlägiges Fachwissen mit Geschäften der vorgesehenen Art attestiert werden kann, nicht ausreichend. Es müssen vielmehr Erfahrungen mit exakt der Anlageform vorhanden sein, die Gegenstand der konkreten Vermögensanlage sein soll. Dies hat seinen Grund darin, dass jede Anlageform anders konzipiert ist und unterschiedliche Eigenschaften, Strukturen und Funktionsweisen aufweist und sich daher Chancen und Risiken grundsätzlich nicht vergleichen lassen.[691]

14.
Eine allgemein gehaltene, undifferenzierte Aufklärung über Risiken einer bestimmten Anlageform ist dann nicht ausreichend, wenn es sich bei dem beab-

---

[689] Vgl. Rz. 129.
[690] Vgl. Rz. 158.
[691] Vgl. Rz. 164.

sichtigten Wertpapiergeschäft um eine Investition in die Variante einer Anlageform handelt, welche sich von der üblichen Ausstattung dieser Anlageform unterscheidet und zusätzliche oder andersartige Risiken aufweist. Verfügt ein Anleger nicht über Erfahrungen mit der konkreten Variante einer Anlageform, die Gegenstand seiner Vermögensanlage ist, so kann nicht davon gesprochen werden, dass er hinsichtlich seiner Anlageentscheidung über einschlägiges Fachwissen verfügt und daher als erfahren eingestuft werden kann. Seine Aufklärungsbedürftigkeit bleibt somit bestehen.[692]

15.
Findet der Wertpapierhandel in einem Markt statt, in welchem unter Umständen die Gefahr von Marktenge, Kursmanipulation und Handelsunterbrechung besteht, so birgt dies Risiken, über die ein Kunde, der seine Wertpapieranlagen bisher in einem effektiven und liquiden Handelssystem getätigt hat, besonders aufgeklärt werden muss. Von einem Anleger mit einschlägigem Fachwissen kann in solch einem Fall nicht gesprochen werden.[693]

16.
Aus der Erfahrung eines Anlegers mit einer spekulativen und risikoreichen Geldanlage kann nicht automatisch gefolgert werden, dass er auch über Erfahrungen in Bezug auf Eigenschaften und Risiken einer weniger komplizierten und sicheren Geldanlage verfügt. Eine Divergenz in der Kategorie „Anlageform" kann demnach nicht durch den Vorteil der Erfahrung mit Anlageprodukten einer höheren Risikoklasse ausgeglichen werden.[694] Dies hat seinen Grund darin, dass das Risiko einer Anlageform keine abstrakte Größe ist und sich nicht pauschal in hoch oder niedrig unterteilen lässt. Vielmehr können sich die Risiken der verschiedenen Anlageformen aus ganz unterschiedlichen Quellen speisen und damit völlig unterschiedliche Kenntnisse und Wissen erfordern.[695]

17.
Als sichere Anlageformen ohne Risiko können nur Wertpapiere bezeichnet werden, die man unter dem Oberbegriff „mündelsicher" zusammenfassen kann.[696] Denn die Verwendung des Begriffs „Sicherheit" muss, im Interesse des Anlegerschutzes und dem Streben nach Rechtssicherheit, als absoluter, objektiver Begriff verstanden werden. Mit dem Wunsch nach dem „Substanzerhalt" des eingesetzten Vermögens wird auch von Anlegerseite deutlich gemacht, dass das Anlageziel nach einer sicheren und risikolosen Geldanlage so verstanden wer-

---

[692] Vgl. Rz. 176.
[693] Vgl. Rz. 182.
[694] Vgl. Rz. 185.
[695] Vgl. Rz. 186.
[696] Vgl. Rz. 201.

den muss, dass das Anlageprodukt tatsächlich sicher ist und nicht nur sicher erscheint.[697] Für ein relatives und subjektives Verständnis des Begriffes „Sicherheit“ ist ausnahmsweise nur dann Raum, wenn der Anleger eine bestimmte Anlageform bereits selber vorgegeben und damit zum Ausdruck gebracht hat, dass er sich der spezifischen Risiken innerhalb dieser Anlageform bewusst ist.[698]

18.
Alle anderen Anlageformen lassen sich lediglich einer groben Einteilung unterwerfen, weil sich die einzelnen Anlageobjekte innerhalb der jeweiligen Anlageformen in Bezug auf ihr konkretes Risiko zu sehr voneinander unterscheiden können. Als spekulativ müssen alle die Anlageformen bezeichnet werden, bei denen zwischen dem An- und Verkaufspreis eine Differenz auftreten kann, sei es durch ein Kurs- oder Bonitätsrisiko. Darunter fallen Anleihen und Aktien, aber auch Fonds.[699] Zu den hochspekulativen/hochriskanten Anlageformen gehören solche Wertpapiere, die angesichts der Tatsache, dass sie gegenüber den spekulativen Anlageformen nach einem bestimmten Zeitablauf automatisch verfallen und wertlos werden, einen zusätzlichen Risikofaktor aufweisen. Unter diese Kategorie fallen alle Arten von Optionsscheinen und Termingeschäfte.[700]

19.
Die Konsequenz einer solchen Klassifizierung von Anlageformen besteht darin, dass ein Verstoß einen absoluten Haftungsgrund schafft, der schlicht darauf beruht, dass die empfohlene Anlageform nicht mit den Anlagezielen des Kunden übereinstimmt.[701] Um dies zu vermeiden, müssen die Anlageberater noch vor dem eigentlichen Beginn eines Aufklärungs-, bzw. Beratungsgespräches gewährleisten, dass Widersprüche in den Anlagezielen der Kunden aufgedeckt und geklärt werden können.[702]

Kapitel 3

20.
Bei der Frage nach der Kausalität ist zwischen der haftungsbegründenden und haftungsausfüllenden Kausalität zu unterscheiden. Bei der haftungsbegründenden Kausalität geht es darum festzustellen, ob ein Ursachenzusammenhang zwischen dem Verhalten des Schädigers und der eingetretenen Rechtsgutsverlet-

[697] Vgl. Rz. 206 und Rz. 214.
[698] Vgl. Rz. 208.
[699] Vgl. Rz. 215.
[700] Vgl. Rz. 216.
[701] Vgl. Rz. 206.
[702] Vgl. Rz. 218 ff.

zung des Anlegers besteht. Die haftungsausfüllende Kausalität dagegen bezieht sich auf den Ursachenzusammenhang zwischen der Rechtsgutsverletzung und dem Schaden des Anlegers.[703]

21.
Der Nachweis der Kausalität von Information ist aus mehreren Gründen problematisch. Für den Bereich der haftungsbegründenden Kausalität kann sich zum einen die Frage stellen, ob der Anleger von einer bestimmten Information überhaupt Kenntnis erlangt hat. Trifft dies zu, so muss festgestellt werden, ob er seine Entscheidung tatsächlich auf die übermittelte Information gestützt hat. Da dies ein intellektueller Vorgang und innerer geistiger Prozess ist, der von außen nicht sichtbar ist, kann diese Frage nicht mit objektiver Gewissheit geklärt werden. Auch die Frage nach der haftungsausfüllenden Kausalität bereitet Schwierigkeiten, weil sie letztlich auf einem hypothetischen Verhalten aufbaut, welches wegen der Natur der Sache ebenfalls nicht mit objektiver Gewissheit zu klären ist.[704]

22.
Das entscheidende Problem für die Beurteilung informationsbezogener Kausalität liegt darin, dass auf naturwissenschaftliche Weise eine objektive Gewissheit über Ursache-Wirkungs-Zusammenhänge nicht zu erlangen ist. Außerdem ist aufgrund der zahlreichen individuellen Einflussgrößen eine differenzierte Betrachtungsweise erforderlich, was eine generalisierende Antwort auf die Frage nach einem Ursachenzusammenhang grundsätzlich verbietet.[705] Denn der Input an Information wird in einem äußerst komplexen Prozess der Signalverarbeitung unbewusst und bewusst, emotional und rational, unter Einbezug des äußeren und inneren Kontexts, bewertet und gedeutet (Bedeutungs- und Sinnstiftung) und in der Folge gegebenenfalls in äußerlich wahrnehmbare Reaktionen, Handlungen oder Entscheidungen umgesetzt.[706]

23.
Diese Problematik wird von der Rechtsprechung durch die Anwendung einer Beweislastumkehr oder aber durch den Rückgriff auf einen Anscheinsbeweis in der Form einer pauschalen Vermutung aufklärungsrichtigen Verhaltens gelöst. Bei beiden Lösungsansätzen ist es jedoch unmöglich, auf die individuellen Umstände des konkreten Falles einzugehen. Angesichts der vielfältigen inneren wie äußeren Faktoren, die eine Anlageentscheidung beeinflussen, sind daher sowohl die Anwendung einer Beweislastumkehr, als auch der Rückgriff auf den An-

[703] Vgl. Rz. 224.
[704] Vgl. Rz. 232.
[705] Vgl. Rz. 238.
[706] Vgl. Rz. 233.

scheinsbeweis hinsichtlich ihrer argumentativen Überzeugungskraft äußerst fragwürdig.[707] Hinzu kommt, dass beide Lösungsansätze vor allem dadurch begründet werden, dass der Anleger im Falle einer Klage unter einer Beweisnot zu leiden hätte. Dieses Argument ist jedoch nicht aufrechtzuerhalten, da der Bundesgerichtshof in einem Urteil, welches auch auf die Anlageberatung anwendbar ist, ausgeführt hat, dass auch ein unverschuldeter Mangel an Beweismitteln keine Vergünstigungen gegenüber der anderen Partei rechtfertige. Die Beweisnot eines Anlegers könne deshalb nicht zur Folge haben, dass an seine Behauptungen nur ein geminderter Wahrscheinlichkeitsmaßstab anzulegen wäre.[708]

24.
Die Anwendung einer Beweislastumkehr oder die ohne Ansicht des Einzelfalls vorgenommene, pauschale Vermutung aufklärungsrichtigen Verhaltens, ist im Ergebnis daher abzulehnen. Dazu sind Anlageentscheidungen im Hinblick auf die Situationen und Umstände, unter denen sie getroffen werden, zu komplex und zu vielschichtig. Genau deswegen relativiert auch die Rechtsprechung die Anwendbarkeit des Anscheinsbeweises grundsätzlich dort, wo es sich um die Feststellung eines individuellen Willensentschlusses handelt. Sie geht davon aus, dass es grundsätzlich keinen Anscheinsbeweis für individuelle Verhaltensweisen von Menschen in bestimmten Lebenslagen gibt. Dies bedeutet, dass es auch bei der Anlageberatung bei dem Grundsatz bleibt, dass der Kläger alle Voraussetzungen seines Anspruches darlegen und beweisen muss.[709]

25.
Für die Frage nach der haftungsbegründenden Kausalität ist im Rahmen der Anlageberatung davon auszugehen, dass ein Anleger von einer unrichtigen Information Kenntnis erlangt hat. Im Rahmen einer detaillierten Beweiswürdigung ist sodann vor allem der Zeitfaktor zu berücksichtigen, wenn festgestellt werden soll, ob eine unrichtige Information tatsächlich als Grundlage für eine Anlageentscheidung gedient hat und dadurch die Dispositions- und Willensfreiheit des Anlegers verletzt worden ist. Dabei kann nicht auf die schematische Festlegung eines solchen Zeitraumes zurückgegriffen werden. Vielmehr ist auch bei einem geringen Zeitraum zwischen Aufklärung/Beratung und dem Kaufentschluss eines Anlegers für jeden Einzelfall zu prüfen, ob Ereignisse vorhanden sind, die einen Ursachenzusammenhang zweifelhaft erscheinen lassen.[710]

---

[707] Vgl. Rz. 261.
[708] Vgl. Rz. 263.
[709] Vgl. Rz. 259.
[710] Vgl. Rz. 286.

26.
Für die Frage nach der haftungsausfüllenden Kausalität müssen für jeden Einzelfall Einflüsse und Indizien ermittelt werden, die Auswirkungen auf das Verhalten des Anlegers gehabt haben könnten. Diese sind im Rahmen einer detaillierten Beweiswürdigung zu bewerten.[711] Dabei kann die Vermutung aufklärungsrichtigen Verhaltens als Ausgangspunkt für Überlegungen hinsichtlich der Kausalität von Information durchaus Anwendung finden. Dieses Konzept fußt auf der Annahme, dass ein Anleger grundsätzlich dem Rat oder der Empfehlung eines Experten folgt. Dies lässt sich argumentativ durch die Annahme einer Anlagestimmung stützen, die seitens des Anlageberaters durch dessen Beratung vermittelt wird.[712] Dabei ist die Wahrscheinlichkeit einer Anlagestimmung umso größer, je umfangreicher die Informationen sind, die dem Anleger zur Verfügung gestellt wurden. Bei einer bloß punktuellen Aufklärung ist das Vorliegen einer Anlagestimmung dagegen fraglich, und daher die Vermutung aufklärungsrichtigen Verhaltens nicht ohne weiteres als Ausgangspunkt heranzuziehen.[713]

27.
Mögliche Umstände, die eine Vermutung aufklärungsrichtigen Verhaltens im Einzelfall in Frage stellen können, sind a) das Verhältnis zwischen Anleger und Berater, b) Vorwissen des Anlegers, c) eine durch den Markt verursachte Anlagestimmung, d) Risikobereitschaft und Motive des Anlegers.[714] Bei der Beurteilung dieser Umstände müssen ebenfalls die unterschiedlichen Konstellationen Berücksichtigung finden, die sich daraus ergeben, ob ein Aufklärungs- oder Beratungsgespräch vorliegt.[715]

---

[711] Vgl. Rz. 300.
[712] Vgl. Rz. 292 ff.
[713] Vgl. Rz. 299.
[714] Vgl. Rz. 301 ff.
[715] Vgl. Rz. 320.

Literaturverzeichnis

Allmendinger, Stefan	Finanzinnovationen, Börsentermingeschäfte und Optionsscheine, Bankrecht 1998, 287
Arendts, Martin	Die Haftung für fehlerhafte Anlageberatung, 1998
(ders.)	Die Haftung der Banken für fehlerhafte Anlageberatung nach der neuen deutschen Rechtsprechung, ÖBA 1994, 251
Assmann, Heinz Dieter / Schütze, Rolf	Handbuch des Kapitalanlagerechts, 2. Auflage, 1997
Assmann, Heinz Dieter / Schneider, Uwe H. (Hrsg.)	Wertpapierhandelsgesetz, 3. Auflage, 2003
Balzer, Peter	Discount – Broking im Spannungsfeld zwischen Beratungsausschluss und Verhaltenspflichten nach WpHG, DB 1997, 2311
(ders.)	Rechtsfragen des Effektengeschäfts der Direktbanken, WM 2001, 1533
(ders.)	Anlegerschutz bei Verstößen gegen die Verhaltenspflichten nach § 31 ff. Wertpapierhandelsgesetz (WpHG), ZBB 3/1997, 260

(ders.) Aufklärungs- und Beratungspflichten bei der Vermögensverwaltung, WM 2000, 441

Baumbach, Adolf/ Hopt, Klaus J. Handelsgesetzbuch, Kommentar, 32. Auflage, 2006

Baums, Theodor Haftung wegen Falschinformation des Sekundärmarktes, ZHR 167 (2003), 139

Bechtel, Marcus Michael Anlageberatung der Kreditinstitute im Wandel. Aufklärungs-, Beratungs- und Informationspflichten, 1998

Besch, Volker/ Kiene, Lorenz H. Die Verjährung von Anlegeransprüchen gegenüber Anlagevermittler und Anlageberater zum 1.1.2005, DB 2004, 1819

Bliesener, Dirk H. Aufsichtrechtliche Verhaltenspflichten beim Wertpapierhandel, 1998

Brandt, Markus Aufklärungs- und Beratungspflichten der Kreditinstitute bei der Kapitalanlage, 2001

Buhk, Matthias Die Haftung eines Wertpapierdienstleistungsunternehmens bei der Anlagevermittlung und der Anlageberatung, 1998

Burkhard, Edgar Vorsicht Vermögensberatung, 1997

Cahn, Andreas Grenzen des Markt- und Anlegerschutzes durch das WpHG, ZHR 162 (1998), 1

Canaris, Claus-Wilhelm — Bankvertragsrecht, 4. Auflage, 1988

Claussen, Carsten-Peter — Bank- und Börsenrecht, 3. Auflage, 2003

Deutsche Bank AG — Private Banking der Deutschen Bank. Vermögensanlagen in Wertpapieren. Eine Basisinformation. Frankfurt am Main, 2000

Dötsch, Claudio-Alberto/ Kellner, Mathias — Aufklärungs- und Beratungspflichten der Kreditinstitute beim Vertrieb von Aktienanleihen, WM 2001, 1994

Ellenberger, Jürgen — Die neuere Rechtsprechung des Bundesgerichtshofes zu Aufklärungs- und Beratungspflichten bei der Anlageberatung, WM 2001 Sonderbeilage zu Heft 1, 2

(ders.) — Prospekthaftung im Wandel, 2001

Ellgering, Ingo/ Rüdelstein, Konrad/ Engel, Dagmar — Die wichtigsten Formen der Geldanlage, 11. Auflage, 1997

Emmerich, Volker — in: Münchener Kommentar BGB, 4. Auflage, 2001

Franke, Jörg / Imo, Christian — Anlegerschutz an der deutschen Terminbörse, ZBB 1/1990, 104

Froehlich, Arndt-Justus — Die Haftung von Anlageberatern für fehlerhafte Dienstleistungen nach deutschem und U.S.- amerikanischem Recht, 1996

Gasser, Urs	Kausalität und Zurechnung von Information als Rechtsproblem, 2001 (Sankt Gallen, Schweiz)
Gaßner, Otto/ Escher, Markus	Bankpflichten bei der Vermögensverwaltung nach Wertpapierhandelsgesetz und BGH-Rechtsprechung, WM 1997, 93
Geibel, Stefan J.	Der Kapitalanlegerschaden, 2002
Grigoleit, Hans Christoph	Vorvertragliche Informationshaftung: Vorsatzdogma, Rechtsfolgen, Schranken, 1997
Groß, Wolfgang	Haftung für fehlerhafte oder fehlende Regel- oder Ad-hoc-Publizität, WM 2002, 477
Grübel, Bernd / Schubert, Eckehard	Wertpapiergeschäft / Vermögensberatung, 3. Auflage, 1999
Grunewald, Barbara	Die Beweislastverteilung bei der Verletzung von Aufklärungspflichten, ZIP 1994, 1162
Gsell, Beate	Anmerkung zu BGH, Urteil vom 18.02.2002 – II ZR 355/00, BKR 2002, 504

Hadding, Walter — Zur Abgrenzung von Unterrichtung, Aufklärung, Auskunft, Beratung und Empfehlung als Inhalt bankrechtlicher Pflichten in: Festschrift für Herbert Schimansky, 1999, 67

Hainmüller, Dietmar — Der Anscheinsbeweis und die Fahrlässigkeit im heutigen deutschen Schadensersatzprozess, 1966

Hartmann, Peter — in: Baumbach, Adolf/Lauterbach, Wolfgang/ Albers, Jan/ Hartmann, Peter, Zivilprozessordnung, 64. Auflage, 2006

Heinrichs, Helmut — in: Palandt, 65. Auflage, 2006

Heinsius, Theodor — Anlageberatung durch Kreditinstitute, ZHR 145 (1981), 177

(ders.) — Pflichten und Haftung der Kreditinstitute bei der Anlageberatung, ZBB 1/1994, 47

(ders.) — Anlageberatung durch Kreditinstitute – ein Thema ohne Ende, in:Wirtschafts- und Medienrecht in der offenen Demokratie, Freundesgabe für Friedrich Kübler, 1997

Herkströter, Caroline — Haftungsprobleme beim Direkt-Banking, 1999

von Heymann, Ekkehard / Merz, Christian — Bankenhaftung bei Immobilienanlagen, 16. Auflage 2005 (ders.) in: Assmann, Heinz Dieter / Schütze, Rolf, Handbuch des Kapitalanlagerechts, 2. Auflage, 1997

Hirte, Heribert Berufshaftung – Ein Beitrag zur Entwicklung eines einheitlichen Haftungsmodells für Dienstleistungen, 1994

Hofmann, Edgar Zur Beweislastumkehr bei Verletzung vertraglicher Aufklärungs- oder Beratungspflichten, NJW 1974, 1641

Hopt, Klaus J. Der Kapitalanlegerschutz im Recht der Banken, 1975

(ders.) Grundsatz und Praxisprobleme nach dem Wertpapierhandelsgesetz, ZHR 159 (1995), 135

(ders.) in: Schimansky, Herbert / Bunte, Hermann-Josef / Lwowski, Hans-Jürgen (Hrsg.), Bankrechtshandbuch, 2. Auflage, 2001

Horn, Norbert Anlageberatung im Privatkundengeschäft der Banken – Rechtsgrundlage und Anforderungsprofil, WM 1999, 1

(ders.) Die Aufklärungs- und Beratungspflichten der Banken, ZBB 2/1997, 139

(ders.)	Der Ausschluß von Aufklärung und Beratung im Anlegerschutzrecht, in: Festschrift für Herbert Schimansky, 1999, 653
Horn, Norbert/ Felke, Klaus	in: WuB I G 1.-4.00. – Urteilsanmerkung zu BGH, WM 2000, 1441
Huber, Christian	Bankrecht, 2001
Jost, Fritz	Vertragslose Auskunfts- und Beratungshaftung, 1991
Joswig, Dietrich	Aufklärungspflichten bei der Vermittlung amerikanischer Billigaktien (Penny Stocks), DB 1995, 2253
Kaufmann, Hans,	Aktien- und Unternehmensbewertung: back to basics, http://www.zfu.ch/service/fartikel/fartikel_01_kau.htm
Kegel, Gerhard	Sicherheit und Wahrscheinlichkeit im Recht, in: Festsschrift für Stefan Riesenfeld, 1983, 129
(ders.)	Beweislast und Relationskunst, in: Festschrift für Gottfried Baumgärtel, 1990, 201
Keßler, Jürgen	Zivilrechtliche Haftungsrisiken von Kreditinstituten beim Vertrieb von Immobilienanlagen, VuR 1/1998, 3

Kienle, Christopher	in: Schimansky, Herbert / Bunte, Hermann-Josef / Lwowski, Hans-Jürgen, Bankrechtshandbuch, 2. Auflage, 2001, Band III
Köndgen, Johannes	Wieviel Aufklärung braucht ein Wertpapierkunde? ZBB 4/1996, 361
(ders.)	Die Entwicklung des privaten Bankrechts in den Jahren 1990 bis 1991, NJW 1992, 2263
(ders.)	Die Entwicklung des privaten Bankrechts in den Jahren 1992 bis 1995, NJW 1996, 558
Koller, Ingo	in: Assmann, Heinz Dieter / Schneider, Uwe H., Kommentar zum Wertpapierhandelsgesetz, 3. Auflage, 2003
Koriath, Heinz	Kausalität, Bedingungstheorie und psychische Kausalität, 1988
Kübler, Friedrich	Anlageberatung durch Kreditinstitute, ZHR 145 (1981), 204
Kümpel, Siegfried	Die allgemeinen Verhaltensregeln des Wertpapierhandelsgesetzes, WM 1995, 689
(ders.)	Bank- und Kapitalmarktrecht, 3. Auflage, 2004

Lang, Volker	Aufklärungspflichten bei der Anlageberatung, 1995
(ders.)	Die Beweislastverteilung im Falle der Verletzung von Aufklärungs- und Beratungspflichten bei Wertpapierdienstleistungen, WM 2000, 450
Lange, Hermann	in: Lange, Hermann / Schiemann, Gottfried, Handbuch des Schuldrechts, Band 1, 2003
Lehmann, Michael	Die zivilrechtliche Haftung der Banken für informative Angaben im deutschen und europäischen Recht, WM 1985, 181
Lenenbach, Markus	in: EWiR, 19/2004, 961, Besprechung des BGH-Urteils vom 19.07.2004=WM, 2004, 1721
Lorenz, Werner	Das Problem der Haftung für primäre Vermögensschäden bei der Erteilung einer unrichtigen Auskunft, in: Festschrift für Karl Larenz, 1973, 575
Mansel, Heinz-Peter	Immaterialität, Ubiquität und Paradoxität der Information und das Produkthaftungsgesetz: The medium is no longer the message, in: Festschrift für Rolf A. Schütze, 1999
(ders.)	Eigen- und Fremdverantwortung im Haftungsrecht – zu den außerjuristischen Triebkräften der Haftungsverschärfung, in: Festschrift für Dieter Henrich, 2000, 425

(ders.) Informationshaftungsrechtliche Verkehrspflichten im Rahmen des § 823 Abs. 1 BGB, in: Festschrift für Werner Lorenz, 2001, 215 ff.

(ders.) Reziprozität und Utilität als Auslegungselemente bei konkludentem Vertragsschluß – am Beispiel unentgeltlicher Informationsgewährung, in: Gedächtnisschrift für Alexander Lüderitz, 2000, 487

Medicus, Dieter Schuldrecht I, Allgemeiner Teil, 15. Auflage, 2004

(ders.) in: Hadding, Walter / Nobbe, Gerd, Bankrecht 2000

(ders.) in: Staudinger, Julius von, Kommentar zum BGB, 12. Auflage, 1983

Meixner, Rüdiger in: WuB I G 7.-2.00, Besprechung des BGH-Urteils vom 05.10.1999=BGH, WM 1999, 2300

Metz, Rainer Discount-Broker: Bankgeschäfte und technologische Veränderungen, VuR, 1996, 183

Michna, Hans-Georg, Spekulanten, Juni 2000 http://www.michna.com/spekulanten.htm.

Möllers, Thomas M. J. Besprechung von: Schimansky/Bunte/Lwowski, Bankrechts – Handbuch, JZ 1998, 404

Möllers, Thomas M. J. / Ganten, Ted — Die Wohlverhaltensrichtlinie des BaWe im Lichte der neuen Fassung des WpHG – Eine kritische Bestandsaufnahme, ZGR 4/1998, 773

Möllers, Thomas M. J. / Leisch, Franz Clemens — Neuere Gesetze und Rechtsprechung zur bank- und kapitalmarktrechtlichen Informationshaftung, JZ 2000, 1085

(dies.) — Haftung von Vorständen gegenüber Anlegern wegen fehlerhafter Ad-hoc-Meldungen nach § 826 BGB, WM 2001, 1648

(dies.) — Schadensersatzansprüche wegen fehlerhafter Ad-hoc-Mitteilungen, BKR 2001, 78

Mülbert, Peter O. — Konzeption des europäischen Kapitalmarktrechts für Wertpapierdienstleistungen, WM 2001, 2081

Musielak, Hans-Joachim — Haftung für Rat, Auskunft und Gutachten, 1974

Nobbe, Gerd — Aufklärungs- und Beratungspflichten bei Wertpapieranlagen in: Horn, Norbert / Schimansky, Herbert, Bankrecht 1998, 235

Oetker, Hartmut — in: Münchener Kommentar BGB, 4. Auflage, 2001

Oikonomou, Anastasios	Bankenhaftung bei der Anlageberatung - Beratungspflichten beim Optionsscheingeschäft, 1999
Pfingsten, Andreas	Stichwort: Rating, BKR 3/2001, 139
Preute, Thomas	Interessengerechte Anlageberatung, Dogmatik, Ökonomische Analyse und Rechtsvergleich, 2000
Raeschke-Kessler, Hilmar	Bankenhaftung bei der Anlageberatung über neue Finanzprodukte, WM 1993, 1830
Rehkugler, Heinz/ Volgt, Martina/ Kraus, Birgit/ Otterbach, Andreas	Die Qualität der Anlageberater, Die Bank, 1992, 316
Reich, Norbert	Informations-, Aufklärungs und Beratungspflichten beim Anlagengeschäft unter besonderer Berücksichtigung des „Execution-only-business“ (EOB), WM 1997, 1601
Richrath, Jochen	Aufklärungs- und Beratungspflichten – Grundlagen und Grenzen, WM 2004, 653
Rössner, Michael-Christian/ Bolkart, Johannes	Schadensersatz bei Verstoß gegen Ad-hoc-Publizitätspflichten nach dem 4. Finanzmarktförderungsgesetz, ZIP 2002, 1471

Roth, Günter H.	in: Münchener Kommentar zum Bürgerlichen Gesetzbuch, 4. Auflage, 2001
(ders.)	in: Assmann, Heinz Dieter/ Schütze, Rolf, Handbuch des Kapitalanlagerechts, 2. Auflage, 1997
Roth, Herbert	Beweismaßstab und Beweislast bei der Verletzung von bankvertraglichen Aufklärungs- und Beratungspflichten, ZHR 154 (1990), 513
Roth, Markus	Der allgemeine Bankvertrag, WM 2003, 480
Rothenhöfer, Kay	Mitverschulden des unrichtig informierten Anlegers? WM 2003, 2032
Rottenburg, Franz von	Rechtsprobleme beim Direktbanking, WM 1997, 2381
Roxin, Claus	Strafrecht Allgemeiner Teil, Band 1, 3. Auflage, 1997
Rützel, Stefan	Der aktuelle Stand der Rechtsprechung zur Haftung bei Ad-hoc-Mitteilungen, AG 2003, 69
Schäfer, Frank A.	Allgemeine Aufklärungs- und Beratungspflichten – vor einer Wende? in: Horn, Norbert / Schimansky, Herbert, Bankrecht 1998, 27

Schäfer, Frank A. / Müller, Jörg	Haftung für fehlerhafte Wertpapierdienstleistungen, 1999
Schiemann, Gottfried	in: Staudinger, J. von (Hrsg.), Kommentar zum BGB, 13. Bearbeitung, 1998
Schimansky, Herbert	Bankvertragsrecht und Privatautonomie, WM 1995, 461
Schimansky, Herbert / Bunte, Hermann-Josef / Lwowski, Hans-Jürgen (Hrsg.)	Bankrechtshandbuch, 2. Auflage, 2001
Schneider, Sven H.	in: WuB I L 2.-1.04, Besprechung des BGH-Urteils vom 19.07.2004=BGH, WM 2004, 1721
Schödermeier, Martin	Nachforschungspflichten einer Bank Vermögensverwalterin zur Person ihres Kunden, WM 1995, 2053
Schwark, Eberhard	Die Verhaltensnormen der §§ 31 ff. WpHG in: Hadding, Walter/Hopt, Klaus J./Schimansky, Herbert (Hrsg.), Das Zweite Finanzmarktförderungsgesetz in der praktischen Umsetzung – Bankrechtstag 1995
(ders.)	WuB I G 4-9.93: Besprechung von BGH, WM 1993, 1455 (Bond-Urteil)
(ders.)	WuB I G 9.-2.94: Besprechung von OLG Frankfurt/M., WM 1994, 291

(ders.)	WuB I G 8.-3.96: Besprechung von OLG Frankfurt/M., WM 1996, 1216
Schwennicke, Andreas	Die Dokumentation der Erfüllung von Verhaltenspflichten nach § 31 Abs. 2 WpHG durch die Bank, WM 1998, 1101
Schwintowski, Hans Peter/ Schäfer, Frank A.	Bankrecht, 2. Auflage, 2003
Schwintowski, Hans Peter	Kurzkommentar zu: BGH, Urteil v. 14.5.1996, EWiR 1996, 791
(ders.)	Kurzkommentar zu: BGH, Urteil v. 24.9.1997, EWiR 1997, 71
Sethe, Rolf	in: Assmann/Schneider (Hrsg.), Wertpapierhandelsgesetz, 3. Auflage, 2003
Siol, Joachim	Beratungs- und Aufklärungspflichten der Discount Broker, in: Festschrift für Herbert Schimansky, 1999, 781
(ders.)	in: Schimansky, Herbert / Bunte, Hermann-Josef / Lwowski, Hans-Jürgen, Bankrechtshandbuch, 2. Auflage, 2001, Band I
Sprau, Hartwig	in: Palandt, Bürgerliches Gesetzbuch, 65. Auflage, 2006

Steuer, Stephan	Haftung für fehlerhafte Anlageberatung – Eine unendliche Geschichte, in: FS für Herbert Schimansky, 1999, 793
Stodolkowitz, Heinz-Dieter	Beweislast und Beweiserleichterung bei der Schadensursächlichkeit von Aufklärungspflichtverletzungen, VersR 1994, 11
Strunz-Happe, Anne	Externe Ratingagenturen – Marktregulierung durch Basel II, WM 2004, 115
Tilp, Andreas W.	Anmerkung zu OLG München, Urteil v. 14.05.2002, ZIP 2002, 1729
Veil, Rüdiger	Die Ad-hoc-Publizitätshaftung im System kapitalmarktrechtlicher Informationshaftung, ZHR 167 (2003), 365
Vieweg, Klaus	in: Staudinger, Julius von, BGB, Eckpfeiler des Schuldrechts, 2005
Vollkommer, Max	Beweiserleichterungen für den Mandanten bei Verletzung von Aufklärungs- und Beratungspflichten durch den Anwalt?, in: Festschrift für Baumgärtel, Gottfried, 1990, 585
Vortmann, Jürgen	Aufklärungs-, Beratungs- und sonstige Warnpflichten der Banken, 2006, 8. Auflage

Werner, Horst S./ Machunsky, Jürgen	Rechte und Ansprüche geschädigter Kapitalanleger, 3. Auflage, 1991
Wieneke, Laurenz	Discount-Broking und Anlegerschutz, 1999
Zuber, Markus	Bedürfnisse privater Kapitalanleger bei der Anlageberatung, 2002

FSC
www.fsc.org
MIX
Papier | Fördert gute Waldnutzung
FSC® C083411

Kolibri 360 GmbH
Ferdinand-Jühlke-Straße 7
99095 Erfurt, Deutschland
produktsicherheit@kolibri360.de

Druck:
CPI Druckdienstleistungen GmbH
im Auftrag der
Kolibri 360 GmbH
Ferdinand-Jühlke-Str. 7
99095 Erfurt